越境するポピュラー文化と〈想像のアジア〉

土佐昌樹・青柳寛 編

めこん

越境するポピュラー文化と〈想像のアジア〉
　目　次

序　章　ポピュラー文化が紡ぎ出す〈想像のアジア〉
　　　　　　　　　　　　　　　　　　　　　　　　　土佐昌樹・青柳　寛　5
　　1．アジアの風　5
　　2．アジアにおける文化の越境　7
　　3．ポピュラー文化研究史の概観　9
　　4．民族誌的アプローチから見た「アジア」の行方　15
　　5．現代アジア文化の民族誌：7つの事例から　17

第Ⅰ部　日本から

第1章　ソフトに売り、ハードに稼ぐ：
　　　　アジアのJカルトをマーケティングする
　　　　　　　　　　　　　　　　　　　　　　　　　ブライアン・モラン　25
　　1．ポピュラー文化に見るアジア的情景　25
　　2．Jカルトの広がり　28
　　3．女性誌のオリエンタリズム　32
　　4．Jカルトの臭い　35

第2章　ギャル文化と人種の越境　　　　　　　　　シャロン・キンセラ　43
　　1．メディアの中のヤマンバとガングロ　43
　　2．原始人／動物のヤマンバ、ガングロ、そしてギャル　46
　　3．少女のような地　50
　　4．少女研究　51
　　5．少女文化における民族的反応　54
　　6．西欧的外見　56
　　7．少女文化におけるブラック・コネクション（B系）　57
　　8．黒い肌と性的挑戦　60
　　9．人種の越境と移動する少女文化　65

第3章　琉ポップの越境性と現代沖縄の若者たち　　　青柳　寛　73
　　1．本土復帰30周年が意味するもの　75
　　2．琉ポップパフォーマンスと「なまぬうちなーぬわかもん」　82
　　3．琉ポップのグローカルな役割——結びに代えて　96

第Ⅱ部　アジアへ

第4章　映画が国境を越えるとき：
アジアの"ハリウッド"が築いたムービーロード……松岡 環　105
- はじめに……105
- 1. アジア映画越境の軌跡……107
- 2. 越境を促したもの……130
- 結びに代えて：継承されない越境の記憶……132

第5章　台湾のスポーツにみる文化の交錯……清水 麗　141
- はじめに……141
- 1. 日本統治時代の「体育」とスポーツ……145
- 2. 中国国民党統治時代のスポーツ……152
- 3. 台湾文化の再構成……157
- むすびにかえて……163

第6章　イデオロギーと脱イデオロギーの狭間から：
韓国の青少年が夢中になる日本のポピュラー文化……張竜傑　167
- はじめに……167
- 1. 静かなる「日流」……171
- 2. 日本文化を見る目の変遷……177
- 3. 日常生活の中での日本のポピュラー文化……185
- 結論……194

第7章　「韓流」はアジアの地平に向かって流れる……土佐昌樹　199
- はじめに……199
- 1. 「韓流」の起源……200
- 2. 日本の韓流……205
- 3. ミャンマーの韓流……211
- 4. 韓流が結びつけるもの……219
- 5. 歴史へ……224

あとがき……229
索引……232

序章　ポピュラー文化が紡ぎ出す〈想像のアジア〉

土佐昌樹・青柳　寛

1．アジアの風

　アジアは多様であり、単一の実体ではない。そう言うことはたやすく、また今もって正しくもあるだろう。それに対して、「アジアはひとつ」と主張することは、いかにもドンキホーテ的な幻影に身をまかせることであり、また明らかに事実に反している。

　しかし、人間の生活におけるイメージと想像力の役割に一定の敬意を払うとすれば、アジアという言葉にまやかし以上の地位を与えるのは今や無理な問題設定ではない。ハリウッドがアメリカに対するイメージを造形・発信しているという主張に意味があるとすれば、アジアという「幻影」にいかなる現実味が生まれようとしているかを問うことにも正当性が与えられておかしくない。ポピュラー文化の越境を主題化することで、私たちはアジアという枠組みについて経験論的な水準で再検討を加えてみたい。

　1990年代あたりから、アジア域内で国境を越える文化の流れが加速しつつある。香港映画、日本のアニメ、そして最近では韓国のテレビドラマなどがその目立った例であるが、そうしたポピュラー文化の流れがアジアの未来を予兆する錯綜としたうねりとなっている。民族誌的アプローチを重視しながら、新たな文化交流が提示する未来像を重層的に捉えること、それが本書の狙いである。

そうした試みを通じて浮かび上がってくる「アジア」は、依然としてはっきりした輪郭をまとってはいない。それが単数なのか複数なのかも判然としないまま、しかしアジアが今や、国家や民族といった「主体」の境界が危うくなるほどに複雑な絡み合いを「内部」で繰り広げながら、自らの存在を知らしめようとしているかのようなのである。

　この点は、たとえば2004年のカンヌ国際映画祭を一瞥しただけでもはっきり確認することができる。新聞の見出しに躍った「アジア勢健闘」、「アジアの風が吹いた」といった表現だけでも新たな時代を予感させるに十分だが、もう少し受賞の内容を詳しく見れば、ここで言うアジアとは単一の主体でなく、複数の「主体」のネットワークに他ならないことがわかる。グランプリを受賞した韓国映画『オールド・ボーイ』が日本のマンガを原作にしていること、審査員賞を受賞したタイ映画『トロピカル・マラディ』が日本の小説を翻案した作品であることなどがすぐ例として浮かぶ。そして、男優賞を得た『誰も知らない』は東京の閉ざされた空間を対象にした作品だが、是枝裕和監督が過去に在日朝鮮人の分裂的アイデンティティを描いたドキュメンタリー『日本人になりたかった…』を撮っていたという事実も、この文脈できわめて意味のあるエピソードであろう。

　また、香港のマギー・チャンがフランス映画『クリーン』で女優賞を獲得したことや、審査委員長のタランティーノが自分の映画に香港映画や日本のアニメからのパスティシュを好んで多用するといった例に見られるように、「アジア」は決して閉ざされた空間ではない。むしろ、それは欧米との関係なしには決して浮かび上がってこない影絵のようなものであった。だが今や、アジアの「内部」において、映画、マンガ、小説、アニメといった「想像」のレベルで、かつてない濃密なやり取りが繰り広げられ、そこに幻影にとどまらない「なにか」が浮き彫りになりつつある。ポピュラー文化は、現代社会における想像の作用を映し出す格好の舞台であり、そこでは真剣な考察に値する物語が上演されようとしているのである。

2．アジアにおける文化の越境

　文化の越境を主題化するにあたり、そもそもアジアの現代史において文化は国境を越えない、という方が真実に近かったように思われる。近隣の国々でどういった歌やドラマが流行っていようと、関心を持つ人はまれであった。心惹かれる外国文化といえば欧米文化に決まっていた。少し前まで韓国映画にほとんどの日本人は興味を持っていなかったし、ベトナム料理を食べてみようとするタイ人もまれであった。国家が政策的に文化のバリアを張りめぐらせる場合もあったが、そうでなくともアジアの大衆は自国以外のアジアの文化にそもそも関心がなかったという方が正しいであろう。

　アジアは、あるいはアジアもまた、長いあいだナショナリズムの忠実な生徒であった。領土的境界と民族的・文化的境界を一致させようとする政治原理に忠実なあまり、外国人や外国文化は異質な要素として排除される傾向にあった［ゲルナー 2000］。こうした傾向が古代から連綿と続いてきたわけではない。実際、ナショナリズムの時代に先行する植民地主義の時代には、民族や国家を越える文化の流れは当たり前であった（欧米列強や日本の支配下においてという但し書きがついたにせよ）。ここではこの時代に触れる余裕はないが、ポピュラー文化の越境という時、既に多くの先行例がこの時代に見られたことを忘れてはならないだろう。

　脱植民地化の過程の中で、アジアの新興国家は植民地時代の文化的越境性を忘却した。しかし今、グローバル化という新たな名前で類似の現象が起きている。とりわけ、労働、留学、移民、観光といった形での大規模な人口移動、そしてインターネットや衛星放送に代表されるメディア・テクノロジーの発達が促した情報とイメージの膨大な越境は、ナショナリズムの命にとどめを刺す動きであると言えるだろう。

　ポピュラー文化が国境を越えて享受されるようになった現実の背景には、そうした大きな歴史的転換が横たわっている。たとえば、1955年にインドネシアのバンドンで開かれたAA（アジア・アフリカ）会議と1989年に発足したAPEC（アジア太平洋経済協力会議）とを比較するだけでも、「アジア」の内実が

いかに急速に変化してきたかがはっきりするだろう。前者におけるアジアは貧困と植民地支配からの解放を共通の課題とする政治的連帯を意味していたのに対し、後者のアジアは経済成長や貿易の自由化を象徴するような積極的な力の源泉を連想させる。政治経済的な枠組みとしてのアジアは、20世紀後半に驚くような意味の変貌を遂げたのである。

こうした脈絡において、1903年に岡倉天心が『東洋の理想』の中で発した「アジアはひとつ」という政治的宣言にも、別の角度から照明が当てられるべきであろう。岡倉の指摘は、アジアの諸文明が日本において融合して「ひとつ」となっているという点にあったが、必ずしもアジアが単一の実体として存在しているとか、存在すべきだとかを言っているわけではない。今の言葉で言うなら、岡倉のアジアとはハイブリッドなネットワークの意味に他ならないが、そのネットワークとしての「アジア」がどこでもない日本でこそ結晶化したというのである。[1] 今や、そうした文化のハイブリッド化は、日本のみならず、豊かになりつつあるアジアの多くの地域でも日常的に目撃できる光景となった。ポピュラー文化の越境が日常化することで進行するハイブリッド化がどのようなアイデンティティへと発展していくかを問うことは、岡倉の時代よりはるかに自然な問題設定となった。

残念ながら、アジアの現状を見る限り、国境を越える文化的流れがナショナリズムの力に打ち勝つと断言できるまでにはまだほど遠いと言うべきかもしれない。FTAの進展や東アジア共同体の構想など、政治経済的なレベルで急速な展開を予感させる動きはある。しかし一方で、歴史認識や領土問題などをきっかけに、ナショナリズムに根ざす集団的感情がいつ噴出してもおかしくない条件が消えたわけでないことを、韓国と中国で激化した2005年春の「反日騒動」はあらためて教えてくれた。ただ、見方を変えるなら、ナショナリズムがどのような過激な相貌で立ち現れようとも、アジアで進展し続ける活発な相互交流を止める力などないということも一連の騒動から明らかになった。日本の女性

---

[1] 岡倉は、アジアの多様性をひとつにまとめ上げた日本の特性を「複雑性のなかの統一」と呼び、島国としての地理的・歴史的孤立が日本をして「アジアの思想と文化を託する真の貯蔵庫とした」と述べている［岡倉 1984：104］。戦後のアジア(少なくともその一部)は、平和と経済成長を享受することで、増進し続ける文化交流の成果を自らの中に蓄え、今や創造的なプロセスへと高める段階に入ろうとしている。

が韓国ドラマの舞台を訪れる「韓流ツアー」も衰えることなく続いており、文化の流れをナショナリズムの論理で制圧できないという事実は、アジアというものを固定的な共同体でなく、もっと柔軟な文化的ネットワークから考えていくときにきわめて示唆的な意味を持つ。

　こうしてグローバル化の進行とともに、文化と空間との結びつきがナショナリズムの手を離れて流動化していく時代に私たちは生きている。ハイブリッド化、ディアスポラ化、脱領属化(deterritorialization)などと呼ばれるプロセスが進行し、文化のあり方に大きな影響を与えている。

　その一方で、グローバル化は文化の多様性を押し潰し、強者による弱者の支配に導くとする批判もある。文化帝国主義のテーゼと呼ばれるこの主張は、アメリカ化、マクドナルド化、コカ・コーラ化などとも呼ばれ、そうしたテーゼは多国籍企業の横暴に対する批判へと還元されがちである。こうした考え方は、現実をあまりに単純化しすぎており、実際の文化変容はそういう方向に必ずしも進まないという有力な批判が多数ある［たとえば、Miller 1992；Liebes and Katz 1990］。特定の空間との結び付きを失った文化は、また別の空間の中で予期せぬ再生や発展を遂げ、土着化や混淆を繰り返していく。本書も、グローカリゼーションや再領属化(reterritorialization)と呼ばれるこの複雑でダイナミックな過程について、具体的なケースを通じて少しでも明らかにできればと願っている。

3．ポピュラー文化研究史の概観

　ここで、ポピュラー文化の越境を主題化するに際し、本書の特徴的なスタンスをもう少し説明しておきたい。ポピュラー文化の研究には簡単に要約できない歴史があるが、あくまで本書の特徴をあぶり出すという限定付きでその素描を試みることにする。

　ポピュラー文化に対する学術研究は、1960年代後半イギリスに現れたカルチュラル・スタディーズから始まったと言ってよいであろう。R．ウィリアムズやS．ホールに代表されるバーミンガム学派の研究者たちは、それまで学界

では取るに足らないとされていた同時代のポップアートやサブカルチャーの領域に注目し、あたかもビートルズやキンクスなどイギリス発ロックバンドのグローバル化と歩調を合わせるかのように新風を巻き起こした。

バーミンガム学派がポピュラー文化に着目した理由としては、それが文化的価値観の生成プロセスをリアルタイムで観察するための格好の題材になりえること、このプロセスの動因となる力関係（政治的、経済的、階級的、あるいは性差的）が、国際社会や国家といったマクロのレベルではなく日常というミクロのレベルでより現実的に働いている様子を観察できること、そして大衆のライフスタイルを支配する社会装置としてのメディアの分析が可能になることなどが挙げられる。

社会学の一分野として開花したカルチュラル・スタディーズは次第に文学や歴史学、女性学、社会地理学、メディア研究などの領域でも幅広く応用され、テキスト分析の方法論を取り込みながらハイブリッドな学問として発展してきた。ケース・スタディーとしては、労働者階級と学校文化の関係に関するウィリスの研究［Willis 1977］、フィスクとハートリーのテレビ文化論［Fiske and Hartley 1978］、ヘブディジのサブカルチャー研究［Hebdige 1979］などから、より最近ではマスコミのイデオロギー論［Thompson and Alvarado 1990］やショッピングモールに関する研究［Miller 1993, 1994］などに至る例が挙げられる。

ポピュラー文化に対する体系的な研究の道を切り開いてきた功績は大きいが、欧米の都市社会を念頭に置いたカルチュラル・スタディーズにはいくつかの限界がつきまとっている。まず、ポピュラー文化の享受を政治的反抗の身振りと同一視する強い偏向が見られる。とりわけ階級社会におけるサブカルチャー的実践にそうした読み込みが目立っている。その種の解釈にはもちろんそれなりの歴史的正当性もあるが、ポピュラー文化の消費をめぐる複雑な力関係が「支配する体制 vs. 抵抗する民衆」という素朴な構図に還元されることで、見失われるものも少なくない。

さらに、この点に深く関わっている問題だが、研究者の主観が果たす決定的な役割について指摘しておきたい。すなわち、テキストに対する研究者の解釈が、そのテキストに内在する公共的意味のように扱われる強い傾向が見られる

のである。この問題は、文化の越境を主題とする時とりわけ切実に迫ってくる。すなわち、メッセージの送り手と受け手が同一の社会的脈絡に属していないので、あるテキストの「読み」は研究者の主観を裏切るような形で「飛躍」することが通例なのである。この問題に最終的な解決はないにせよ、それだけなおさら慎重に臨むことが必要になるのである。

　ここでは簡単に触れることしかできないが、カルチュラル・スタディーズの限界を乗り越える試みも現れつつある。たとえば、ヒップホップが文化産業に組み込まれながら、世界中の若者にとって人種や国家を越えた大きな文化的流れを形成しており、また他方で以前ならアカデミアで「くだらない課題（trashy subject）」というレッテルを付されていたポピュラー文化が、今や学術的な探究のテーマとして確固たる地位を確立しつつあるといった現象などが象徴的に示していることだが、現代世界でダイナミックに変化し続ける文化は、もはや「高級文化」対「ポピュラー文化」、「伝統文化」対「商品文化」、「主流文化」対「サブカルチャー」といった固定した対立では捉えきれない複雑な様相を呈している［Browne and Browne 1991 ; Muggleton and Weinzierl 1995］。そうした状況を前提に、本書では「ポピュラー文化」や「サブカルチャー」といった概念にあえて統一的な定義を与えなかったが、概念的混乱を避けるという意味においても民族誌的アプローチは重要な役割を担っている。

　サラ・ソーントンの『クラブ文化』は、イギリスの若者のポップ音楽に対する関わり方を民族誌的方法から捉え直すことで、カルチュラル・スタディーズの限界を乗り越えようとした代表的な作品である［Thornton 1990］。彼女は、ピエール・ブルデューの「文化資本」に由来する「サブカルチャー資本」という概念を手がかりに、グローバルな音楽文化が、若者たちによって社会的主流やメディアから区別された「テイスト文化」としていかに独自の価値からなるヒエラルキーを打ち立てているかを明らかにした。そして、サブカルチャーというレッテルが社会集団としての若者の自己定義に寄与しており、若者文化は社会的主流やメディアから切り離された世界であるどころか、実際はそれらを不可欠の要素としている事実を生き生きと示した。これは、グローバルな音楽産業とローカルな若者文化がいかに密接に結びついているかを教えてくれる格好のケース・スタディーであり、民族誌的アプローチから文化的越境の意味を

探る本書の方向性に多くの示唆を与えてくれる。

　また、ポピュラー文化の研究史にはカルチュラル・スタディーズとは別の流れもある。たとえば、文化人類学や民族音楽学(ethnomusicology)の分野でも地域調査をベースとするすぐれた研究が、ここ半世紀の間に発表されている。1950年に出版されたパウダーメーカーのハリウッド研究はその先駆的な例だが、スターダムを紡ぎだす夢工房がアメリカンドリームの達成を目指すプロデューサー、プロモーター、そしてタレントたちによって一種の意味のネットワークとして形成される様子が叙述と分析の対象となった［Powdermaker 1950］。その後、民族誌的アプローチを基礎にした多くのすぐれたポピュラー文化研究が現れている。[2]

　アジアのポピュラー文化を主題にした例としては、ピーコックによるインドネシアの街頭舞台演劇に関する研究［Peacock 1968］、バリの闘鶏に関するギアーツのエッセイ［Geertz 1973］、アリソンによる日本のキャバクラ研究［Allison 1994］、ロバートソンの宝塚研究［Robertson 1998］などを挙げることができる。これらの研究は、アジアの大衆が、ポピュラー文化のさまざまなジャンルを通じて自分たちの生活世界を照らし出し、体制を諷刺し、また時代に即したライフスタイルを築き上げる様子を生き生きと描き出した。

　しかし、そうした魅力の中に大きな限界も含まれている。ポピュラー文化に対する人類学的な研究の問題は、あるテキストが全体社会の鏡として解釈されてしまう点にある。たとえば、ギアーツのエッセイはその点においても典型例となっており、そのエレガントな叙述の魅力にもかかわらず、闘鶏という複雑な活動をバリの社会構造のモデルに還元してしまう手法には厳しい批判が寄せられている［クリフォード＆マーカス 1996：122-36］。民族誌家の主観的な解釈が絶対的な権威を獲得してしまうという意味において、そこにはカルチュラル・スタディーズと通底する問題がある。

　本書の系譜はここに連なるものであり、またそこからさらに新たな一歩を踏み出そうとする試みでもある。つまり、人類学者が自文化と異文化の境界に立っているというポジションに対してもっと自覚的になり、さらには自分が研究対

---

[2] たとえば、［Denisoff and Peterson 1972；Fabian 1998］を参照。

象とするポピュラー文化そのものが越境する事態の社会的・文化的脈絡に注意を払いながら、その意味を重層的に探り出そうということである。

　日本のポピュラー文化についても、さまざまな研究の流れを指摘できる。まずは「オタク文化論」と呼ばれるジャンルが挙げられる。これは必ずしもカルチュラル・スタディーズの影響から生まれたものではなく、日本のマンガ、アニメ、ゲームなどが1980年代以降に活発に輸出されるようになった事態を受ける形で、一般読者向けに生み出されてきた言説である。それは「オタク文化」の社会的・文化的意義を再発見する試みであり、テキスト論的なアプローチ［岡田 1996］から、民俗学的解釈［大塚 1989］、ポストモダン的脱構築［東他 2003］、精神分析的アプローチ［斎藤 2000］などに至るさまざまな言説が生み出された。それらは必ずしも学問的な枠組みに収まるものではないが、それ以前には軽視されていたオタク文化が真摯な知的考察の対象となることを明らかにした貢献は大きい。

　もう少し視野を広げてみると、日本とアジアとの経済的交流が活発になっていくにしたがい、文化の面からそうした現象の意味を探る試みは実は珍しいものではなくなっている。たとえば、産経新聞は1990年代にアジアの都市地域において台頭してきた新たな中産階層のライフスタイルに注目した連載を行ない、日本発の「新アジア文化」や「汎アジア大衆文化」が成立する可能性を今から10年前に謳い上げている［産経新聞大阪本社編集局 1996］。他の新聞やテレビでもアジア各地の具体的な声をレポートしながら、こうした論調を裏書きする見方が一般化しており、ジャーナリズムの中ではアジアの新たな文化的アイデンティティの問題は一定のリアリティを獲得しつつあると言えるだろう。

　また、ポピュラー文化のさまざまなジャンルでは、アジアで広がる具体的な文化交流や越境現象に注目したレポートや研究書が既に多数出されている。その中でもアジアにおける自らの越境にもっとも自覚的なジャンルは映画であり、植民地時代を対象にしたもの［市川 2003；内海・村井 1987；鈴木 1994；四方田他 2001など］から最近のアジア映画ブームに関わるもの［佐藤 2005；佐藤他 1991；四方田 2001；Lao 2003など］まで多数の一般書や専門書などが著されている。さらに、マンガやアニメ［Lent 1991］、建築［AF「建築思潮」編集委員会 1995］、演劇［京都造形芸術大学舞台芸術研究センター 2003］などのジャ

ンルでも、類似の問題意識が見られる。文化の越境を通じた共通化の果てに何が現れるかについてはまだ予兆の域を出ていないものの、そうした問題設定そのものは、既に特別なものでないと言える段階に入っているのである。

　学問的な言説の中でも、日本のポピュラー文化をローカルな文脈を越えた枠組みの中で対象化する例は一般的なものになりつつある［宮台他 1993；Craig 2000；五十嵐 1998；石井 2001；岩渕 2001 など］。また、新たな段階に入りつつあるアジアのポピュラー文化の流れを捉えようとする試みも現れている［Chu；岩渕　2003, 2004；Craig and King 2002；Chen and Ang 1991 など］。そうした先行例の中にも簡単に要約できない流れが含まれているが、主にカルチュラル・スタディーズが牽引役を引き受けてきたことは否定できない。その中でも、岩渕功一の研究は日本のポピュラー文化を体系的に取り扱ったカルチュラル・スタディーズの代表例と言えるだろう。しかし、そこには先ほど挙げたような限界が特徴的に表れてもいる。

　たとえば岩渕は、アジアのポピュラー文化の交流を問題にしながら、「グローバル化は根本的には不平等さを助長する歴史的過程である」と結論付けている［岩渕 2004：12］。一方では現実の多層的理解を強調しながら、理論的言明のレベルになると文化帝国主義のテーゼに絡め取られてしまうカルチュラル・スタディーズの典型的な限界がここには露呈している。ハリウッドに代表される多国籍企業の力があなどれないのはもちろんだが、植民地主義の時代と比べてみても、支配と被支配の関係はそれほど絶対的なものでも安定したものでもない。アジアの流動的な将来を占う時に、そうした留保はとりわけ重要になってくるのである。

　本書を構成する個々のケース・スタディーは、これまでの先行研究から多くのものを受け取っている。しかし、文化のグローバル化をめぐる議論がまだ萌芽期にあることは非常に重要な前提条件である。経済やテクノロジーの発展を計量化するのと比べ、人間の生活と意識の変化を明らかにするのは容易でない。まして、アジア地域で活発な文化的相互作用が始まったのはごく近年の出来事であり、その将来を占うことのできる段階ではないのかもしれない。そうした前提の下で、本書がとっている民族誌的アプローチについて次に説明したい。

4．民族誌的アプローチから見た「アジア」の行方

　本書は、特定の大きなテーゼを掲げるというよりは、民族誌的アプローチを重視することで独自の貢献を果たしたいと願っている。民族誌は異文化理解の基本的手法であり、人間的現実の多層的記述と文化の翻訳の問題が中心的課題となっている。異文化を固定した実体として捉える限りにおいて、この手法にはナショナリズムに相通ずる限界が含まれており、また観察する側とされる側の間にある権力関係を無視するなら、そこには植民地主義や疑似科学主義に通じる問題がつきまとうことになる。

　しかし、民族誌が生まれる過程を見直すならば、そこにはまさに文化の越境に通じる次元が含まれている。つまり、ポピュラー文化の越境とは、文化の生産・流通・消費が単一の社会で完結しないような状況に他ならないが、異文化の記述と翻訳という過程にはそうした状況が必然的につきまとっているのである。たとえば、ジェームズ・クリフォードは、権力関係が伴う異文化間の出会いの場を文学研究家プラットにならって「接触領域（contact zone）」と呼び、そこで生まれる「トランスローカルな」文化が、これからの人間にとって大きな意味を持つことを強調しながら、新たな民族誌を模索している［クリフォード2002］。

　あるいは、アパデュライの提示している方向は、ここでの問題意識にさらに近い。彼は、グローバルな人の移動の増大とメディアの発達によって、現代世界ではフィクションや想像力にかつてない社会的力と重要性が与えられたと述べている。そして、脱属領化された想像力とローカルな経験とのダイナミックな関係を明らかにするため、「新たなスタイルの民族誌」が必要だと強調している［Appadurai 1996：52］。

　アパデュライの問題意識には、彼自身も認めるように、ベネディクト・アンダーソンの『想像の共同体』が大きな影響を与えている［同書：21-2］。アンダーソンは、「国民」という曖昧な共同体を実体化するのに決定的な役割を果たしたものは、警察や裁判所や軍隊といった物理的制度である以前に、想像力の問題である点を強調した。そして、新聞や小説を読むというごく日常的な行

為、「ひそかに沈黙のうちに頭蓋骨の中で行われる」想像という行為こそが、国民を実体化させる「マス・セレモニー」であると主張し、印刷メディアの発達や出版資本主義の成立に大きな歴史的転換の兆候を見た［アンダーソン 1987：54-9］。アパデュライはこれと似た過程が今や国境を越えるレベルで起こっており、グローバルなメディアが出現させる世界を「ディアスポラ的公共圏 (diasporic public spheres)」と呼ぶ。

　残念ながらこうした見方には、今のところこれ以上の肉付けが伴っていない。本書も、タイトルから明らかなようにまさに同じ問題意識を共有しているわけだが、ポピュラー文化の越境が単一の「アジア」という共同体をつくり出していくかどうかという問い方には、きわめて懐疑的な立場で臨んでいる。

　その点に関して、ここでは、単一の「同一性(identity)」でなく、複数の「同一化(identification)」の動きこそ重要だと指摘するにとどめておきたい。この区別はフロイトの概念を援用したスチュアート・ホールの議論に負うものだが、同一性という言葉は現実の歴史的変化を覆い隠してしまうのに対し、同一化の概念はまさにそうした流動的なプロセスに焦点を当てる。同一化は対象に対する憧れと敵意が交錯した多層的プロセスであり、他者とつながろうとする幻想的な努力である［ホール 2000］。これはまさに、ポピュラー文化の越境を通じてアジアで起きていることである。日本文化を韓国人が受容することは、日本人になることでは決してない。そこには敵意と憧憬が複雑に絡み合った感情があり、文化の越境を積み重ねることで日本人でも韓国人でもない「ディアスポラ的公共圏」への歩みが進んでいく。同様のプロセスは、台湾文化を受け入れる中国人や、韓国文化を受け入れるベトナム人、あるいはやまとんちゅのライフスタイルを受容するうちなんちゅにも認められるだろう。

　異国のスターに感情移入を繰り返し、以前は異質な「他者」でしかなかった存在に同一化を繰り返すことで、主体の共同性意識はどう変化していくであろうか。それを記述することは容易な作業ではない。こうして具体化していく無数の「ディアスポラ的公共圏」が単一の「アジア」へと収斂することもありそうもない単純なシナリオである。しかし、そこにはこれからしっかり見据えていくべき世界史的な問題が広がっているのである。そうした現実を多層的に記述し、流動化するアジア文化の将来を捉える方法として、「トランスローカル

な民族誌」を構想することが私たちは必要だと考える。これから踏み出そうとしているのはそのささやかな第一歩であるが、最後に本書の大ざっぱな構成について述べておきたい。

5．現代アジア文化の民族誌：7つの事例から

　東アジアを中心とする地域で経済交流や人の移動が自由化していくにつれ、消費の選択肢としての流行現象がますます多様化し、流動化している。そうした流行は文化産業の働きにより、アジア各地の原料や題材を使って組み立てられ、意味付けされ、商品化された「象徴的断片」として消費者の面前に提示される。私たちはこれらの断片を購入し、鑑賞し、生活空間をそれらによって飾り立てることで、いながらにして同じアジア圏内にあるエキゾチックな他者と自らを同一化させ、共存感を味わったり、異文化理解の扉を開けたりすることができるのである。この意味で「多様化するアジア」を問うことは、グローバル化という新たなメタ社会的環境において、「想像」という作用の社会的重要性を具体的に探究していくことだと言える。

　そうした探究の道には幾通りもの道筋があるだろうが、本書ではまず日本の事例から出発する。それは言うまでもなく、日本文化の同一性を再確認するものでなく、出発点で定かであった日本の出自がその輪郭を失う道のりに対する探究となるであろう。モラン、キンセラ、青柳による論考がそれである。

　第1章のモラン論文は、アパデュライの図式を援用しながら、海外における日本文化に対する愛好現象を「Jカルト」と捉え直すことで、その全体論的な理解を追究している。またこの章は、ポピュラー文化を多層的に取り扱うための理論的探究の指南ともなっている。

　第2章のキンセラ論文は、「コギャル」現象を対象にしながら、現代日本における女子高校生の越境的(超人種的)自己表現を読み取っている。日本のメディアに見られる評価を批判的に積み重ねていくにしたがい、通念との大きな食い違いが文化のグローバル化の思わぬ帰結として示されている。

　青柳による第3章は、日本国内で近年ブームを巻き起こしている「琉ポッ

プ」を扱っている。沖縄出身の歌手やバンドの人気高揚や沖縄を舞台とするドラマの流行が、ポスト産業時代の都市化された日本でどういった意味を持つか、そしてそれがひるがえって沖縄人の自己規定にどう作用するかを分析している。

　松岡、張、清水、土佐による論考は、舞台を日本の外に移し、文化の越境をさらに錯綜とした脈絡の中で位置づけている。

　第4章の松岡論文は、インドと香港の映画産業を題材に、その越境を可能にした要因と、輸出先での受容の諸相について考察している。アジアにおけるポピュラー文化の越境が決して最近だけの現象でないという歴史的展望を与えてくれる。

　第5章の清水は、台湾におけるスポーツ文化の越境性を問題にしている。日本のポピュラー文化に対する「哈日族」現象でよく知られる台湾であるが、スポーツを題材にすることで、異文化、身体、意識を含み込んだ新たな問題設定を追究している。

　張による第6章は、インターネットに注目することで、日本のポピュラー文化を韓国の若者がどのような姿勢で受容しているかについて明らかにしている。もはやイデオロギーでは捉えきれない段階に入った異文化受容の現実が、具体的な声とともに描写されている。

　土佐による第7章は、「韓流」と呼ばれる流行の意味を、中国、日本、ミャンマーという対比的な事例を通じて明らかにしようとするものである。消費、多文化状況、海賊コピーをキーワードに、ポピュラー文化の越境が進行するアジアの現実に迫ろうとしている。

　以上のケース・スタディーは、前述したような問題意識によってゆるやかに結び合わされてはいるが、決して統一的な理論や方法が前提となっているわけではない。対象となる題材も、音楽、映画、テレビドラマ、ファッション、アニメ、スポーツなど雑多であり、ポピュラー文化に対する明確な定義もあえて示さなかった。萌芽期にある段階で排他的概念を導入したり、文化産業の働きに対象を限定したりするより、ポピュラーの原義に戻ってそれぞれのローカルな文脈で人々が越境してくる文化にどう対応し、どのような実践を繰り広げているかといった現実に目を向ける方が重要であると考えた。

　かつて欧米発のポピュラー文化が消費されるマーケットでしかなかったアジ

アが、今や文化的発信源となりつつある。本書では扱えなかったが、欧米の側もアジアからのこうした文化の流れにもはやオリエンタリズムでは捉えきれない姿勢で臨み始めている。こうした現実には、欧米に対するアジアの文化的自尊心の発露にとどまらない問題が含まれている。移ろいやすく表層的な流行現象に見えるポピュラー文化の越境について、「グローカルな」視点から考え続けること。そうした探求の一歩を進めることで、問題の広がりと将来の展望を示すことができればと思う。

【参考文献】

AF「建築思潮」編集委員会(編). 1995.『建築思潮 03　アジア夢幻』学芸出版会.
東浩紀(編著). 2003.『網状言論F改――ポストモダン・オタク・セクシュアリティ』青土社.
アンダーソン, B. 1987.『想像の共同体――ナショナリズムの起源と流行』(白石隆・白石さや訳)リブロポート.
石井健一(編著). 2001.『東アジアの日本大衆文化』蒼蒼社.
五十嵐暁朗(編著). 1998.『変容するアジアと日本――アジア社会に浸透する日本のポピュラーカルチャー』世織書房.
市川彩. 2003(1941).『アジア映画の創造及建設』ゆまに書房.
岩渕功一. 2001.『トランスナショナル・ジャパン――アジアをつなぐポピュラー文化』岩波書店.
―――― (編著). 2003.『グローバル・プリズム――(アジアン・ドリーム)としての日本のテレビドラマ』平凡社.
―――― (編著). 2004.『越える文化、交錯する境界――トランス・アジアを翔るメディア文化』山川出版社.
内海愛子・村井吉敬. 1987.『シネアスト許泳の「昭和」』凱風社.
岡倉天心. 1984.『日本の名著 39　岡倉天心』中央公論社.
岡田斗司夫. 1996.『オタク学入門』太田出版.
大塚英志. 1989.『少女民俗学――世紀末の神話をつむぐ「巫女の末裔」』光文社.
京都造形芸術大学舞台芸術研究センター. 2003.『舞台芸術 03　複数のアジアへ』月曜社.
クリフォード, J. 2002.『ルーツ――20 世紀後期の旅と翻訳』(毛利・有元他訳)月曜社.
クリフォード, J., マーカス, G. 1996.『文化を書く』(春日・橋本他訳)紀伊國屋書店.
ゲルナー, アーネスト. 2000.『民族とナショナリズム』(加藤節訳)岩波書店.
斎藤環. 2000.『戦闘美少女の精神分析』太田出版.
佐藤忠男. 2005.『映画から見えてくるアジア』洋泉社.
佐藤忠男他. 1991.『映画で知るアジアのこころ』アジア書房.
鈴木常勝. 1994.『大路　朝鮮人の上海電影皇帝』新泉社.
産経新聞大阪本社編集局(編). 1996.『熱風　アジア・太平洋』メタ・ブレーン.
ホール, S. 2000.「誰がアイデンティティを必要とするのか?」ホール, S. & ドゥ・ゲイ, P. 編『カルチュラル・アイデンティティの諸問題――誰がアイデンティティを必要とするのか?』7-35頁. 大村書店.
宮台真司他. 1993.『サブカルチャー神話解体――少女・音楽・マンガ・性の 30 年とコミュニケーションの現在』PARCO 出版.
四方田犬彦. 2001.『アジアのなかの日本映画』岩波書店.
―――― 他. 2001.『李香蘭と東アジア』東京大学出版会.

Allison, A. 1994. *Nightwork*：*Sexuality, Pleasure, and Corporate Masculinity in a Tokyo Hostess Club*. University of Chicago Press.
Appadurai, A. 1996. *Modernity at Large*：*Cultural Dimensions of Globalization*. University of Minnesota Press. (門田健一訳『さまよえる近代――グローバル化の文化研究』平凡社. 2004 年).
Browne, R. B. and Browne, P. (eds.) 1991. *Digging into Popular Culture*：*Theories and Methodologies in Archeology, Anthropology, and Other Fields*. Bowling Green State University Popular Press.
Chen, Kuan-Hsing and Ang, I. (eds.) 1998. *Trajectories*：*Inter-Asia Cultural Studies*. Routledge.
Chu, Godwin C. (ed.) 1978. *Popular Media in China*：*Shaping New Cultural Patterns*. University Press of Hawaii.

Craig, T. (ed.) 2000. *Japan Pop! : Inside the World of Japanese Popular Culture*. M. E. Sharpe.
Craig, T. and King, R. 2002. *Global Goes Local : Popular Culture in Asia*. Univ. of Hawaii Press.
Denisoff, R. Serge and Peterson, R. A. (eds.) 1972. *The Sounds of Social Change ; Studies in Popular Culture*. Rand McNally.
Fabian, J. 1998. *Moments of Freedom : Anthropology and Popular Culture*. University Press of Virginia.
Fiske, J. and Hartley, J. 1978. *Reading Television*. Methuen. (池村六郎訳『テレビを「読む」』未来社. 1996年).
Geertz, C. 1973. Deep Play : notes on the Balinese cockfight. In *The Interpretation of Cultures*. Basic Books. Pp. 412-53.(「ディープ・プレイ——バリの闘鶏に関する覚え書き」吉田禎吾他訳『文化の解釈学〈2〉』岩波現代選書. 1987年).
Hebdige, D. 1979. *Subculture : The Meaning of Style*. Routledge. 1986.(山口淑子訳『サブカルチャー——スタイルの意味するもの』未来社. 1986年).
Lao, J. K. Wah (ed.) 2003. *Multiple Modernities : Cinemas and Popular Media in Transcultural East Asia*. Temple University Press.
Lent, J. A. (ed.) 1999. *Themes and Issues in Asian Cartooning: Cute, Cheap, Mad, and Sexy*. Bowling Green State University Popular Press.
Liebes, T. and Katz, E. 1990. *The Export of Meaning : Cross-Cultural Readings of Dallas*. Oxford University Press.
Miller, D. 1992. The young and the restless in Trinidad : a case of the local and the global in mass consumption. In Silverstone, R. and Hirsh, E. (eds.) *Consuming Technology*. Routledge.
―――― (ed.) 1993. *Unwrapping Christmas*. Claredon Press.
――――. 1994. *Modernity, an Ethnographic Approach : Dualism and Mass Consumption in Trinidad*. Berg.
Muggleton, D. and Weinzierl, R. (eds.) 1995. *Post-Subcultures Reader*. Berg Pub. Ltd.
Peacock, J. 1968. *Rites of Modernization : Symbolic and Social Aspects of Indonesian Proletarian Drama*. University of Chicago Press.
Powdermaker, H. 1950. *Hollywood : The Dream Factory*. Little Brown.
Robertson, J. 1998. *Takarazuka : Sexual Politics and Popular Culture in Modern Japan*. University of California Press. (堀千恵子訳『踊る帝国主義——宝塚をめぐるセクシュアルポリティクスと大衆文化』現代書館. 2000年).
Thompson, J. and Alvarado, M. (eds.) 1990. *The Media Reader*. BFI Publications.
Thornton, S. 1995. *Club Cultures*. Polity Press.
Willis, P. 1977. *Learning to Labor : How Working Class Kids Get Working Class Jobs*. Saxon House. (熊沢誠・山田潤訳『ハマータウンの野郎ども』ちくま学芸文庫. 1996年).

第Ⅰ部
日本から

第1章　ソフトに売り、ハードに稼ぐ:
アジアのJカルトをマーケティングする

ブライアン・モラン（土佐昌樹訳）

１．ポピュラー文化に見るアジア的情景

　何年か前、香港からヨーロッパまで列車で帰ったとき、モンゴルの首都ウランバートルで途中下車し、数日間滞在したことがある。ある夜、タクシーの乱暴な運転で街を走り回ったあげく、ガイドに案内されたのはカラオケバーだった。私たちが通されたのは防音完備の部屋で、そこで好きなだけ飲んだり、お喋りしたり、歌ったりして過ごした。私たちはさまざまな国籍の観光客だったが、そのうち日本式に皆が順番で１曲ずつ歌う羽目になった。苦痛もあったが愉快なステージの最中、私は突然この集まりがいかに国際的であるかということに気が付いた。出身国（イギリス、フランス、アイルランド、日本、モンゴル、シンガポール、スイス、アメリカ合衆国）が多様で、英語のさまざまな（そして時に変な）バージョンで会話していたからというだけではない。カラオケの技術やメディアも同じくらいハイブリッドだったのだ。カラオケという文化形式は日本のもの、カラオケ機器は韓国産、テレビ画面に映し出される人物や背景の映像はシンガポール、そして歌っていたのはフランク・シナトラの『マイウェイ』からヨーロッパ最新のヒットソングまでという具合だった。私は、モンゴル人のガイドが中国語で日本のポップソングを歌ったとき、ちょっぴり知的な驚きに捉えられた（というか、本当はすごくビックリしてしまった）。これこそ生きたグローバリゼーションだ！

今や日本のポピュラー文化（ないし商業文化、商品文化、マス文化、メディア文化）は、さまざまな形で世界中どこでも目にすることができる。日本映画のハリウッド・リメイク版から、香港で広東語による再レコーディングをほどこした日本の歌、ストリート・ファッション、回転寿司屋、カラオケバー、アニメキャラクター商品にいたるまで、日本の文化産業から生み出される製品やアイデアは、とりわけ1990年代に入ってから、ベルリンとボンベイ、シドニーと上海、ジャカルタとジャマイカ、ユタと今見たウランバートルといった具合に、地球上のあちこちに離れて住む人々の日常生活に同じように浸透している。白石さやの言葉を借りるなら、「日本のポピュラー文化はアジアのポピュラー文化になりつつある」のである［Shiraishi 1997：236］。

　私の感じ方は少しオーバーかもしれないが、こう言ったからといって驚くべきことではあるまい。大きな経済力をそなえた国家は、一方では他の国家が国境と主権をそなえた政治共同体として自らを想像するスタイルを脅かし［Anderson 1983：15-6］、他方ではグローバリゼーションを背景にした文化的同質化と異質化の理論に恰好のケースを提供するといった具合に、多くの難題をほとんど自動的に生み出すのだ。アルジュン・アパデュライは、難解な理論上の問題を整理するための萌芽的な論文の中で、ほとんどの小国や発展途上国が文化的に他国に飲み込まれるのではないかと心配していると指摘している。不安の種が近くにある場合、それはなおさら顕著である（韓国人から見た日本化のおそれについても彼は触れている）。言い換えるなら、ある人にとっての想像の共同体は、別の人にとって政治的な牢獄になりうるということである［Appadurai 1990：295］。こういった考え方は、日本製ポピュラー文化（以後は「Jカルト」と表記[1]）の浸透を論ずる場合にも関わってくる。なぜなら、アジア地域のほとんどの国民国家は、欧米と日本による植民地支配の遺産と格闘し続け、先進国の仲間入りを果たそうとしてアイデンティティの確立に身を焦がしてきたからである。

---

[1]「Jカルト」という造語は、いうまでもなく、日本製ポップ音楽の省略形「J-POP」のひそみに倣ったものである。それと同時に、「Jカルト」という言葉は、日本製ポピュラー文化のファッショナブルな性格をうまく言い表していると思う。それは今や、アジア地域の多くの若者たちにとって一種のカルトになりつつあるのだから。

アパデュライは、「経済・文化・政治の間にある根本的乖離」という問題を考えるために、グローバリゼーションのプロセスを5つの異なる文化的流れ（あるいは彼の言う景観(スケープ)）として探求すべきだと提案している［同書：296］。民族の景観（エスノスケープ）、イメージの景観（メディアスケープ）、技術の景観（テクノスケープ）、通貨の景観（ファイナンスケープ）、そして観念の景観（イデオスケープ）という5つの流れである。これらのスケープは、社会のミクロからマクロにいたるすべてのレベルで相互作用を繰り広げる人間、組織、制度から見た場合の、あらゆる眺めによって構成されている。グローバルな文化の流れはこれらスケープ間の乖離を広げているが、一方でそうしたスケープは一体となりながら、歴史的に条件付けられてきた複数の「想像の世界」の構成要素となっているのである［同書：296, 301］。

　この有益な提案は、過去に私自身の論文でも採用したことがあり、私はそこでスケープを「ハード」（金融とテクノロジー）と「ソフト」（メディアと観念）に分け、人間はその媒介として行動すると位置づけた［Moeran 2000］。日本経済が20世紀後半に飛躍的に伸びたことを受けて、日本企業は海外（特に東南アジア）に飛び出し、新しい技術を現地に紹介し、長期投資をするようになった。日本人社員は日本の本社とアジア（あるいは欧米）の支社との間で移動を繰り返し、現地社会における存在が大きなものになっていった。日本人学校や日本の食材店はもちろん、新興宗教運動や、さらには日本人のライフスタイルに結びついた商品も徐々に現地に取り入れられていった。特に最後のものは、観光が急速に成長した80年代から90年代にかけて、何百万人もの日本人が海外旅行をするようになったおかげで、グローバリゼーションの流れの末端にいる人々に、日本文化に対する意識や興味をますます抱かせることになったのである。こうした観点から、私はポピュラー文化を「テイスト文化」と呼びたい。すなわちそれは、「生活の娯楽化、情報化、美化を機能とし、価値、それを表現する文化形式、そしてそれを伝えるメディアから成り立っている」［Gans 1974：10］。

　言い換えれば、アパデュライの5つのスケープは、アジア地域における日本のテイスト文化の流れの中でも見分けることができるだろう。第1に、Jカルトはビデオ機器など新しいテクノロジーに負うものが大きい。第2にそれ

は、そういったテクノロジーに対する金融投資の結果であり、また現地に設立された生産・流通設備に対する投資の結果でもある。第3に、Jカルトは日本の有名芸能人をマーケティングに動員したり、日本企業の技術者やデザイナーなどたくさんの人々を巻き込んできた。第4に、ドラえもん、ハローキティなどのマンガや関連キャラクターから、ファッション、映画、雑誌、ポップミュージック、テレビ番組などにいたる、あらゆる種類のメディアやイメージをそれは網羅している。そして最後に、Jカルトはポピュラー文化の生産、コンテンツ、マーケティングに変わることなく付随する日本文化の性向や神話を反映した一連の観念とともにもたらされた。

2．Jカルトの広がり

　香港の新聞のテレビ欄で、夕方どんな娯楽番組が放映されるか調べてみてほしい。現地の中国語テレビ局が毎日のように、『仮面ライダーブラック』、『宇宙の騎士テッカマンブレード』、『ちびまる子ちゃん』、『日本偶像劇（日本アイドルドラマ）』といった番組を流しているのがわかるだろう。ほとんどは広東語に吹き替えられ、日本アニメ産業の作品（ドラえもん、セーラームーン、Dr.スランプ、キャプテン翼、ドラゴンボールなど）が画面をにぎわせている。それらはまた、マンガ本としても翻訳、販売されている。たとえば『セーラームーン』が『美少女戦士』、『ドラゴンボールZ』が『七发珠』、そして『スラムダンク』が『男儿当入樽』という具合である。手塚治虫、鳥山明、藤子不二雄、高橋留美子など、メディアキャラクターを生み出した作家たちは、香港のファンにとって有名人であり、キャラクター自体も筆箱や文房具から、産着やタオルにいたる家庭用品を飾り、「イメージ連合」とでも呼べる現象を作りだしている [Shiraishi 1997：225]。香港だけでなく、他の東アジアや東南アジア地域においても、服やアクセサリー、学校用具、日用品などの上に、人気アニメのキャラクターを見つけることができる。そして、持ち主に福と富を招き寄せる「招き猫」までが、ありとあらゆる店の窓際やレジの近くに鎮座している。

　Jカルトをアジア全域に広めることに一役買った要因にはさまざまなものが

ある。まず金融と経済的要因がある。1986 年に G7 がいわゆるプラザ合意の一環として、日本からの輸出に対抗するため米ドルを変動制にすると決めたとき、生産コスト節減のために日本企業は工場を海外に移転させる以外の道がなかった。これにより引き続きアメリカなどに安価な製品の輸出ができるようになっただけでなく、移転先に選んだタイ、マレーシア、インドネシアから香港経由で中国本土に至るまで、アジアの地域経済を発展させる助けとなった。

2 番目に、経済成長と関連して挙げられるのは、人口統計的な要因である。東南アジア諸国の急速な経済発展は、都市化された、もしくは急速に都市化されつつある地域に住み、大体において若く、月給をもらい、レジャーと娯楽に支出しようとする、新しいアジアのミドルクラスを成長させた。「雁行」理論の一帰結として、この新しいミドルクラスが日本を欧米以外で唯一の産業超大国と見なすようになったとしても不思議なことではなかった。結果的に、彼らの生活は一気に日本のミドルクラスの生活に近づくこととなり、また地域のメディアもことあるごとに念押しするので、日本式ライフスタイルはアジアのミドルクラスにとって理想的なものと見なされるようになっていった［Ogawa 2004：147］。そして彼らミドルクラスは、注目を集めつつあった J カルトのさまざまな面を取り入れ、真似するようになった。漫画本、テレビアニメ、J-POP、そして日本風ファッションは、ニューヨークやパリ、ロンドン、ミラノで注目される前に、アジア各地で流行するようになった。こうして J カルトは、アジアの都市住民、特に若者にとって自己認識の形成と再形成を助けるために利用されている。ここで、「テイスト文化の流れによって進行したアジアの相互交流は全国民的な動きではない」という点に注目すべきだ。「それらは都市空間をつなぐものであり、東京、ソウル、香港、台北、上海などの国際都市の間で特に顕著なものである」［Iwabuchi 2002：200］。また別の文脈でも述べられている通り、「現代のポピュラー文化が根付いているのは、…都市部の中に限られている」［Chambers 1986：17］。

しかしながら、相互交流はまた世代によっても限定されている。都市民が田舎の住民からまったく切り離されているという都市中心のあり方にも通じることだが、J カルトは統合する力と分裂させる力の双方を持っている。ある意味で、都市化された環境の中では共通の嗜好が地域を越えてあらゆる若者を結び

つけているのに対し、嗜好の違いによりアジア各国の世代間が断絶の状態に置かれている［Belsen and Bremner 2004：97］。しかし、アジアの若い、裕福な、都市のミドルクラスの成長は、80年代後半に日本で十代人口がピークを迎え、その後4分の1の減少を見るという人口統計上の傾向と対応している事実に注目しなければならない。[2] 言い換えれば、日本の製造業とメディアとの協力体制は、自国市場でのJカルト需要の長期減少傾向を、新しく台頭してきたアジアの市場によって充分埋め合わせることができると気がついたのである。

　第3に、アジアの若者世代がJカルトを受け入れる現象には、政治的な要因が関与している。この問題は明確に世代間のギャップに関係している。太平洋戦争期に日本がアジア地域で行なったさまざまな「活動」のせいで両親や祖父母の世代が長く日本や日本人、そして「日本的なもの」に敵意を抱いてきたのに対し、東アジアや東南アジアにおける現在の若者世代は、そういった怨恨を忘れかけている。日本と近隣諸国との間の外交関係がどういった展開を踏むかを予測することはきわめて難しいが、Jカルトが相互のコミュニケーションを促進させ、ひとつの時代に終止符を打つための力添えとなることは可能であろう。たとえば、日本の小渕恵三元首相が戦争犯罪に対して公式の謝罪を表明し、それを受けて韓国政府が1990年代後半に日本文化に対する輸入制限を緩和したことなども、そうした流れから理解できるかもしれない［同書：96-7］。

　言うまでもなく、政治的な要因は、きわめて複雑なものである。一方では、たとえば台湾などにおける保守的な文化批評家は、Jカルトが住民を経済的に利用して地域文化を「降格」させるおそれから、それを自分たちの社会文化的な規範に対する「脅威」と見なしている。また似たような議論が、インドネシアや台湾、韓国などの漫画家から発せられているが、彼らは、日本のマンガがはびこったおかげで地域の伝統が消えかかっているのを悲しみ、「マンガ侵略を植民地解放後の時代における、日本のたゆみない経済的、文化的帝国主義の一環だとして非難してきた」［Lent 2001：4］。しかし一方では、Jカルトは自由と民主主義の議論のために利用されている。Jカルトの洗礼を受けた者は外来文化になんの抵抗もなくなるという事実は、その人間が自信を持って物事を

---

[2] 日本における16歳人口は1989年に200万人のピークを迎えたが、それ以降は減少し150万人を下回るまでになっている。

自分で決断できるということを示している。そのとき人間は基本的人権(それがどのように定義されようとも)をつかみ取る以上のことをしており、そしてそれは素晴らしいことなのである。[Belsen and Bremner 2004：101-2]。

　最後に、Jカルトがアジアのさまざまな地域に広がり、受け入れられた背景として、文化的要因もある。アメリカのものと比べるなら、アジアにおける日本のポピュラー文化というものは「親しみはあるが異なるもの」である。たとえば『おしん』などのテレビドラマは、戦争体験や男女平等の考え方などがまったく違う北ヨーロッパやアメリカの人々にはさほどアピールしない(少なくとも簡単には受け入れられない)が、ドラマの前提となっている太平洋戦争や男性優位の性関係などを共有するアジア人にはアピールしやすい。同じように、『non・no』など若者ファッションやライフスタイルを紹介する日本の雑誌は、韓国や台湾の人々に受け入れられやすく、現地版も出されているのに対し、セックスや人間関係の手引きを特集している『コスモポリタン』など欧米の雑誌は、似たような読者をターゲットにしているのにもかかわらず、彼らのライフスタイルにしっくりこないと思われているのである。

　アジア地域の視聴者が日本のように文化的に近いとされる国からの文化産品を消費することに喜びをおぼえるやり方には、国境を越える文化的パワーという問題が常につきまとうが、「文化的近似性」の認識は共通の地域コミュニティの意識を促進させることもある。もちろん、文化的近似性は産品を流通させたいメディア組織がさまざまな手段をこらして構築しているのであり、「ただそこ」に存在するものではない [Iwabuchi 2002：133-34]。岩渕功一が述べているように、「日本のアジア域内における比較的優位な位置づけは」、「同時性の感覚」を感じているアジアのJカルトの消費者にとって、「文化的近さに対する肯定的な感覚を生み出している」[同書：50]。つまり、日本人と同じ時代に生き、同じ社会的条件の下に暮らし、「アジア的モダニティ」を共に想像できるくらい近似したライフスタイルと嗜好を共有しているというわけである［同書：153-4］。

　また、この似ているが異なるという感覚は、メディアがイメージによって育んできたものであるが、同時に、観光産業の発展のおかげでアジア地域に住む人々が日本を実際に訪れることが可能になり、現実に経験できる感覚ともなっ

ている。東京の路上や銀座のデパート、原宿や渋谷のブティックでは中国語や韓国語をよく耳にすることができるし、サンリオピューロランドなどのテーマパークは外国からの観光客に人気がある（ピューロランド来場者138万人のうち10％は海外からの訪問客である［Belson and Bremner 2004：48］）。アジア各地からの人々がそういった外国体験を積み重ねることを通じ、お互いさらに「身近な」感じになれるのである。

　このアイデンティティの感覚は日常生活のあらゆる場面で強化されている。たとえば、アジアの人々が日本の既製服を買おうとする場合、サイズやカッティングの仕方などが自分の体型にあっているかどうかすぐにわかるだろう。また素材も、気候にちょうど合ったものを選ぶことができる（綿の夏服など）。パリに服を買い漁りに行く日本人はそうはいかない。またアジアの人々は、日本のマンガ本やアニメのキャラクターに簡単に入り込める。なぜなら大体において、そういった伝統が既に自国にもあるからである［Lent 2001］。そして多くの場合、アルファベットよりも漢字や絵記号を読むのに慣れている。さらに、アジア地域のほとんどの伝統音楽が5音階を使用しているので、ある程度までは流行音楽の嗜好をすぐ共有することが可能になっている（とはいえ、それ以外の要素もたくさん関わってはいるが）［Chun et al. 2004］。

3．女性誌のオリエンタリズム

　Jカルトのもうひとつのメディアスケープは情報時代の商品であり、バスや電車に貼られた広告、高層ビルの屋上から照らし出すネオンサイン、そしてスーパーマーケットや商店の陳列棚をにぎわす本物の商品などがその例である。スポーツドリンク、即席麺、海苔のパック、プラスチック容器、セロテープ、金庫、安全バサミなど、それらはすべてメイド・イン・ジャパンである。コンピュータソフトの販売店も、多彩な日本のテレビゲームを売っている。パチンコ店では相撲力士の装飾をほどこした台が客を迎え、玉が入る度にピカピカ光りながら「バンザイ！」と喜んでくれる。香港やソウル、台北の路上では、『non・no』、『JJ』、『流行通信』、『With』など、東京や大阪で見られる最新の流行情

報が載った日本の女性誌を売っている。

　女性ファッション誌は実に長い間、欧米のファッション・デザイナーが描く「オリエント」特集に繰り返しページを割いてきた。したがって、日本や他のアジア地域で出されたファッション誌が、自らのファッション・イメージをオリエント化させ、また特集ページで他のアジア諸国のイメージや時にはアジア人のモデルを使い始めるようになり、西洋から見た東洋に対するこうした興味を広げてきたとしても、さして驚くことではないだろう。実際 90 年代には、「オリエンタル・カラー」、「Impressions de Chine 中国彷徨」(『マリ・クレール』93 年 1 月号)、「Asia Beat」(『Oggi』95 年 4 月号)、「A Dignity of China アジアが棲む部屋」、「Oriental Mania　プリミティブな誘惑」(『流行通信』97 年 4 月号)、あるいは香港とマカオを舞台にした特集(『Oggi』95 年 10、11 月号)などの例を見ることができる。時として、こういったエキゾチックなイメージは、はっきり地域が特定できない形で表現されている。たとえば、『hi fashion』の「Stand Sharp in Silence」という特集では、韓国人モデルがソウルの街をバックにコシノヒロコのデザインした服を身にまとっている(91 年 12 月号)。[3]

　一方、香港の雑誌も、オリエンタルなイメージを誌面に取り入れるようになった。たとえば『Marie Claire Hong Kong』は 1995 年 5 月に「東洋の夢」を特集したが、引き続き 96 年 9 月には『Elle Hong Kong』が、「輝く光、大都会」という異国風のタイトルを掲げて香港のファッション・デザイナーを特集した。『Cosmopolitan Hong Kong』も白人モデルを使った「東洋的シック」(97 年 6 月号)で同じ路線をとり、また『Elle Hong Kong』は 97 年 7 月号で英国から中国への本土復帰を受けて、ベイシック・スタイルのコーナーを「中国娘」と題した。

　日本の広告業界は、日本のファッション雑誌のリードにある程度まで従ってきた。重要な動きとしては、大手化粧品会社である資生堂が、アジアを統合するマーケティング戦略の一環として、1997 年春の化粧品ブランド PN の広告に、元ミス香港の 2 人(ミシェル・リーとケリー・チャン)を日本人モデルととも

---

[3] 同じモデルが同じ雑誌の翌年 12 月号にも登場している。『hi fashion』1992 年 12 月号の特集「Across the Asia アジアの熱い風。ソウル・コレクション・イン・モンゴル」を参照。

に起用したことが挙げられる。英語の見出しが「the Beauty of myth（神話の美しさ）」、「the soulmate of Chic（シックの盟友）」であるのに対し、日本語の方は「メーク魂に火をつけろ」と、かなりはっきりした対比を見せている。日本人とアジアの他の民族との違いを打ち消すような類似の動きとして、セイコーが腕時計ブランド「ルキア」を日本で宣伝するにあたり、アジア人と白人からなるグループを香港の赤い2階建てバスの前に立たせ、「No Age, No Gender（年齢、性別にこだわらない）」という英語のスローガンを掲げたことがある。一方、トヨタはカローラレビンを日本で発売した時、裕華国貨公司（Yue Hwa Chinese Products）の表示が一番目立つネオンの光を背景に、香港のライセンスプレートを車に貼って撮影を行なった。また別のキャンペーンでは、トヨタはアジアの英語ビジネス誌に、マレーシアのクアラルンプールで剣道の格好をしている「現地販売マネージャ、デイヴィッド・チャン」の写真を載せた。携帯音楽プレイヤー Mi-Jockey（耳筒機）の中国語広告では、パナソニックは地元香港の有名人を起用し、中華人民共和国の昔の紅衛兵であふれたバスに座っている写真を使った（『Cosmopolitan HK』95年3月）。こういった例を見ると、アジアは日本の商品文化の欠かせない一部であり、その延長であることがわかる。

　日本が（望まれて）アジア地域の統合を目指していることに関連し、広告には別の側面もあることに注意すべきかもしれない。[4] 日本人がシンガポールでショッピングを楽しんだり、バリでダンスを踊ったり、タイのビーチでリラックスしたりして、日本以外の場面にいる時の姿がイメージ化される時、モデルはほとんどいつもそのシーンや状況に欠かせない一部として描かれている。言葉を換えるなら、日本人観光客は外国からやってきたヨソ者ではなく、むしろ地域の文化に溶け込んだその土地の関係者として扱われているのである。これは白人がアジア的な背景の中で場違いに見えるよう、イギリスやアメリカの広告が「オリエント」を演出しているのとまったく対照的だ［Moeran 1996］。こうして日本は、国家や文化のレベルに見られる違いにこだわらず、市場と製品を生み出すアジア的商品文化＝テイスト文化の中にうまく一体化しているのである。

---

[4] 以下のコメントは欧米における日本人の描かれ方にも当てはまる。

4．Jカルトの臭い

　海外におけるJカルトについてよく言われるコメントに、アメリカのポピュラー文化とは違うというのがある。Jカルトは、アメリカのポピュラー文化が「アメリカらしさ」を主張するようには、「日本」を押し出さないのである。つまり、アメリカ経済のグローバル化とそれに結びついた「スケープ」を言い表すのに「コカコーラ化」、「ディズニー化」、「マクドナルド化」などの言葉が飛び出したのに比べれば、Jカルトはアメリカのポピュラー文化がそうだと思われているほど、ナショナルなコンテンツやスタイルを「公然と」打ち出すことはない。むしろ、「ソフトパワー」という特色を持つ存在として描かれてきた［Shiraishi 1997］。Jカルトが目指すのは完全な植民地化(colonization)ではなく、静かに潮が打ち寄せるような「カローラ化(corollanization)」である［Moeran 2000］。もっとはっきりした例として、岩渕功一はJカルトに関連する産品について述べる際、「文化的無臭」という言い回しを用いている［2002, その他］。あるいは、視聴覚コンテンツについて論ずる際、日本における過去のマーケティングと消費者知識を取り上げながら、「文化的無臭の3例」を挙げている。すなわち、「消費者のテクノロジー(ビデオやカラオケ、ウォークマンなど)、マンガとアニメ、そしてコンピュータゲームとビデオゲーム」の3つである［Iwabuchi 2002：27］。

　「文化的臭い」という言葉で、岩渕は、ある商品が発祥地のライフスタイルのイメージを広く伝えることに積極的に結びついた事態を意味している。想像の共同体として人がイメージする「アメリカ」と強く結びついているマクドナルドと異なり、日本の商品は「日本的な生活様式を支えに」して売り込まれているわけではないのである［Featherstone 1995：9］。たとえば、ソニーのウォークマンは世界初の携帯音楽プレイヤーであり、その小さく、シンプルで、細部に至るまで精巧な製品だという意味で「日本的な」要素を取り込んでいるかもしれないが［du Gay et al. 1997：69-74］、一般には特に「日本的な」ライフスタイルを呼び起こすものとして認識されているわけではない［Iwabuchi 2002：28］。同じように、アニメのキャラクターたちもその巨大な瞳と「非日

本的な」外見について指摘されてきた［Schodt 1983］。つまり、Jカルトのメディア産品は明白な起源を身にまとっておらず、要するに無国籍なのである［Iwabuchi 2002：28］。

　Jカルトが文化的に無臭であるという考えは、「非領属化」されたポップソング、テレビ番組、ファッション・スタイルやアニメのキャラクターが他国の消費者や聴衆に受け入れられやすく、またその地域の嗜好やライフスタイルに「再領属化」されやすいということを意味している。確かに、これは実際起きていることである。私が1990年代半ばに香港大学で教鞭をとっていた時、当時人気のあった広東ポップソングのオリジンが日本の『北国の春』だと私が言ったことに対し、何人かの学生が腹を立てていたのを思い出す。しかし皮肉なことに、この歌をうたっていた歌手は在日韓国人であると言われていたし、さらにこの「昔からの日本的な」演歌というスタイルは、そもそも植民地時代の韓国で日本人に「発見」されるというハイブリッドな出自を持っていたのである。

　Jカルトの本性である文化的無臭性は、ある程度まで地域統合と文化的近似性の認識を押し進めるのに役立っている。この点は岩渕も指摘するように、文化的な臭いの欠如は、マーケティングを目的とした戦略として利用されている。「日本のメディア産業は、日本文化の臭いを抑えることが、国際市場に参入することに不可欠だと考えているようだ」［Iwabuchi 2002：94］。しかしそこには、さらなる何かがあると私は思う（この点については、すぐ後で立ち返る）。『北国の春』は広東の歌だと私の学生が断固として信じていた、もしくは信じたかったという事実、そして私がそうではないと主張した時の彼らの憤りは、文化的臭いが欠けているがゆえに消費者として彼らが騙されたと感じたことを示している。言い換えれば、Jカルトの売り込みは、今でもアジア地域における日本と日本人の歴史的因縁を気にかけるあまり、意識的に「日本らしさ」のあらゆる徴(しるし)を消すように行なわれているのである。この意味で、文化的臭いは単に経済的な「香り」だけでなく、政治的な香りも運んでいるのである。

　実は、この例は文化的臭いについて別の問題を示唆している。すなわち、日本人はJカルトの産品を海外に売り出す際に「日本的香り」を意識的に取り除いているだけでなく、外国のポピュラー文化を取り入れる際も、日本で「日本式」に作り変えることで意識的に外国の文化的臭いを消し去っているのである

[Iwabuchi 1999：181]。これはよく「（外来要素の）導入と適応」という表現で呼ばれてきた過程であるが、[5] 日本とその周辺世界との関係についてアイロニーを示してもいる。一方で日本は、「伝統」というものを切り札にしている。たとえば日本のビジネスリーダーが、わざわざ日本の文化的特殊性や企業の組織パターンから自分たちの経済的成功について説明しようとする時などがそうである [Yoshino 1992]。[6] しかし、そうしたパターンの一部は、実はアメリカで生まれたものである。また演歌や茶器、民芸などＪカルトの特定の形式は、「純日本的な」ものとして崇められている。しかし、茶器については豊臣秀吉の朝鮮侵略で日本に連れてこられた朝鮮人陶工がその発展に大きく寄与したのであり、民芸はウイリアム・モリスと「英国美術工芸運動」に端を発しているのである。もう一方で、Ｊカルトを海外に売り出す時、「日本らしい」要素や伝統はほとんど一掃されている。これはおそらく、Ｊカルトが「高文化（ハイ・カルチャー）」ではなかったからこそ可能だったのであろう。歌舞伎や能楽、茶道や華道は日本の高文化の所産として、「日本の伝統」内部に厳密に位置づけられた上で売りに出される。

　それにしても、文化に対するこうした議論は何を意味しているのであろうか。

　第１に、近代化の過程で国民が直面しなければならなかった少なくとも２つの重大な局面において、日本文化は計り知れない重要性を帯びた概念であった。１つは明治維新による根底的な社会的変化、２つめに戦後のGHQ/SCAP占領によってもたらされた同じくらい根本的な変化があった。「日本」と「文化」という２つの観念は、共同体が極度に不安定で崩壊しかけた時期に、想像の共同体を築き上げることに貢献した。「文化」は、したがって、西洋化（特にアメリカ化）、近代化、産業化、都市化という四重の変化に直面した時に、アイデンティティを再構成するための不動の原点となったのである。

　第２に、文化はこうして見ると統制されたものと言うしかなくなり、いったんその点が露わになると不快に感じずにはいられなくなる [Adorno 1991：94]。こういった不快感は疑問を呼び起こす。「日本文化」には、構成された

---

[5] アドルノは、「すべての大衆文化は基本的に適応の結果である」と述べている [1991：58]。
[6] たとえば、品質管理サークルと経営実務については [Tsutsui 1996]、[Salaman 1997]、デザインについては [Du Gay et al. 1997] を参照。

（さらに統制された）神話という以外に何かあるのであろうか。ここで、岩渕功一が唱えた文化と臭いとの結びつきが、非常に啓発的な意味を持つ。文化的臭いというこの造語には、どの程度の計算があったのだろうか。単なるものの弾みで考えついた言葉であろうか。自国のポピュラー文化の海外における影響を論じるにあたり、この言葉を唱えたのが、なぜ欧米の研究者でなく日本の研究者だったのだろうか。こうした疑問を抱くのは、嗅覚は、西洋社会の中ではきわめて軽視されるか、本来無視されるものだからである。それは全感覚の中で最も発達が遅れたものである。しかし日本人の場合、嗅覚がかなり発達しており、とりわけ女性は比較的臭いに対して感じやすく敏感であるという博報堂の研究報告もある。『源氏物語』を読んだ人なら知っているだろうが、そういった繊細な感覚には長い歴史的伝統がある（少なくとも特定の階級にとってはそうであった）。

　第3に、岩渕が文化的臭いという言葉を使った意味はどこにあるだろうか。洞察に満ちた分析用語であろうか。もしくは、Jカルトのマーケティングに適用された現代マーケティング理論を分析することを目的とした、単に文化的に物珍しい方法に過ぎないであろうか。そもそもなぜ「文化」という言葉を使うのであろうか。結局、文化はあまりに日常生活の中に入り込んでいて、現実として意味のある分析カテゴリーでなくなってしまった。部分的にはこうした理由から、ホルクハイマーとアドルノは『啓蒙の弁証法』を書いた時、「大衆文化」でなく「文化産業」という言葉を採用することにした［Adorno 1991：85］。彼らのビジョンは、エリート主義的な見方や、文化産業を一枚岩で全能の存在と捉えている点などが批判されはしたが、ここで思い起こす価値を持っている。

　　　　文化産業は古さと親密さを溶かし込んで、新しい性質へと変化させる。枝葉に至るまで大衆の消費向けに仕立てられた産品は、その消費のスタイルさえほとんど決定づけられており、文字通り計画に沿って生産されたものである。それぞれの枝葉は同じ構造を持っており、あるいは少なくともお互いうまく調和する関係に配置されており、隙間なくシステムに組み込まれるよう自らに命じている［Adorno 1991：85］。

岩渕自身の研究は、Jカルトの消費が、それを生み出す産業(彼の場合、テレビ業界)によって左右されないことを示している。しかし、Jカルトの産品すべてを「文化的無臭」とラベル化することによって、彼は日本の娯楽産業に対し、ホルクハイマーとアドルノが主張し［1979：120-69］、批判を受けたような、まさに一枚岩的な力を与えてしまっている。確かなのは、文化的に無臭な産品もそうでない産品もともに存在するということだ(岩渕が分析したサムライ映画と恋愛物の連続TVドラマとの違いを考えてみればよい)。私たちは、かぐわしくも香りたつものから、おぞましくも無臭のものに至る連続的尺度に沿って、それら産品を分類する必要がある。

　これをどう行なうべきであろうか。アメリカと同じように日本では、文化に対する執着というか、先入観がある。私は社会人類学者として、人と人の間、あるいはモノと人の間に存在する社会関係こそが、批判的分析に耐える適切なカテゴリーであると考える。人があるモノ(アニメ、サムライ映画、コンピュータゲームなど)を取り巻いてただそこに居あわせる場合と、人と結びついたモノを通じて人と人が意味のやり取りをしている場合とでは、まったく別物である。後者の状況こそが、テイスト文化とその広域的な普及の流れについて議論する時最も適切で重要な次元であると思う。すなわち、私たちはJカルト(あるいは他の国々の文化形式)のコンテンツや、それがどのように消費者に鑑賞され、利用されているか(カルチュラル・スタディーズの分野で多用されるアプローチ)といった問題のみに着目するのでなく、ポピュラー文化の生産や流通プロセスについても注意深く研究、分析していく必要がある。言い換えるなら、私たちはポピュラー文化の生産から価値づけ、マーケティング、消費に至る全体的社会プロセスに取り組まなければならない。ウォークマンなどの新製品開発に対するアプローチは、デザイナーと営業やマーケティング担当とではどう違うであろうか。製品の発売を成功に導くため、彼らはどのような意味のやり取りを交わすであろうか。コスト削減に対する経理部の言い分は何だろう。そして、製品の広告を請け負った業者は、生産者サイドから見た製品や企業のイメージと、別の市場において消費者について知っている知識をどう結びつけるであろうか。また、もし何か考えつくとするなら、消費者はその製品についてどう考えるだろうか。毎日の生活の中でどう使うだろう。そしてそうした実際の使用法は、

デザイナー、営業部、広報部長などの予想とどう違うだろうか。Jカルト(および商品一般)を研究する時に有用なのは、文化的というよりむしろこうした社会的なアプローチの方であると思う。

　最後に、アジア周辺における日本のテイスト文化の流れを議論する時、そこで文化の概念を用いることで何かプラスがあるとしても、この語が潜在的にもたらす「否認」の作用について注意深くあらねばならない。ここで私は、ピエール・ブルデュー［1992］が、文化生産の場に対する分析において発展させたdénégation(否認)の概念に触れておきたい。芸術の分野では、彼の指摘するように、参与者は自分がしているのにしていない振りをしたり、あるいは逆にしていないのにしている振りをする可能性が大いにある。参与者の集団的な否認の目的は、とりわけ経済的要因に向けられる場合が多い。芸術家、批評家、そして鑑定家は、芸術作品の周辺に商業的な利害から完全に切り離されたオーラを念入りに漂わせるのである。

　ここで私が強調したいのは、Jカルト(香り高いものであれ、無臭のものであれ)の文化面に焦点を当てた途端、商業性が否認されかねないということである。これは受け容れがたい。なぜなら昨今のポピュラー文化は、まずなによりも最初に、市場向けの産品だからである。学者がこの事実に気が付いていたとしても、そして全員がこの事実を著作の中で公に認めるわけではない以上、Jカルトを「文化」の面から分析することは、経済性の否認に寄与しているのだと言ってもよかろう。私自身もここで、「Jカルト」という用語を選んだことにいくらか非を感じている(そもそもcultとcultureは語源的にも近い関係にある)。だから私たちは、Jカルト産品の生産、宣伝、流通に携わる人たちと「同じ穴のムジナ」[Bourdieu 1992 : 79]だと責められるかもしれない。私たちは誰も彼も、そういった産品を文化(もしくは文化の不在)という虚飾で飾り立て、アジア地域における生産、流通、宣伝、消費の経済的基盤や帰結について批判的に分析することに失敗しているからである。言い換えれば、アジアにおけるポピュラー文化の流れを分析する際に要求されるのは、メディア商品の生産、そのコンテンツ、さらにその消費にまで目を向けた研究なのである。とりわけ、Jカルトの生産に関わる人々が文化的無臭という特色をどのくらい積極的に構築しているか、いないか、そして誰がその構築に関与しているのかを知る必要

がある。こういった研究を成し遂げた後に初めて、文化的無臭が商業性に対する意識的な否認であるか、もしくは単に日本的な流儀の現れなのかどうかを見極めることができるようになる。要するに、Ｊカルトの学術的な理解は、生産から消費に至るプロセスの、それぞれの局面で関わる人々に応じて変化する理解から切り離しては考えられないのである。私たちもまた、Ｊカルトに「社会的生命」を与えているのである［Appadurai 1996］。

【参考文献】

Adorno, Theodor. 1991. *The Culture Industry: Selected Essays on Mass Culture*. London and New York: Routledge.
Anderson, Benedict. 1983. *Imagined Communities: Reflections on the Origin and Spread of Nationalism*. London: Verso.
Appadurai, Arjun. 1990. Disjuncture and difference in the global cultural economy. In M. Featherstone (ed.) *Global Culture: Nationalism, Globalization and Modernity, a Theory, Culture & Society*. Special Issue. London: Sage. Pp.295-310.
―――― (ed.) 1996. *The Social Life of Things*. Cambridge: Cambridge University Press.
Belson, Ken and Brian Bremner. 2004. *Hello Kitty: The Remarkable Story of Sanrio and the Billion Dollar Feline Phenomenon*. Singapore: Wiley.
Bourdieu, Pierre. 1992. *The Field of Cultural Production*. Cambridge: Polity.
Chambers, Iain. 1986. *Popular Culture: The Metropolitan Experience*. London: Routledge.
Chun, Allen, Rossiter, Ned and Brian Shoesmith (eds.) 2004. *Refashioning Pop Music in Asia: Cosmopolitan Flows, Political Tempos and Aesthetic Industries*. London: RoutledgeCurzon.
Du Gay, Paul, Hall, Stuart, Janes, Linda, Mackay Hugh and Keith Negus. 1997. *Doing Cultural Studies: The Story of the Sony Walkman*. London: Sage/Open University Press.
Featherstone, Mike. 1995. *Undoing Culture: Globalization, Postmodernism and Identity*. London: Sage.
Gans, Herbert. 1974. *Popular Culture and High Culture*. New York: Basic Books.
Horkheimer, Max and Theodor Adorno. 1979 (1972). *Dialectic of Enlightenment*. London: Verso.
Iwabuchi, Koichi. 1999 (1994). Return to Asia? Japan in Asian audiovisual markets. In K. Yoshino (ed.) *Consuming Ethnicity and Nationalism*. London: Curzon. Pp. 177-97.
―――― . 2002. *Recentering Globalization: Popular Culture and Japanese Transnationalism*. Durham and London: Duke University Press.
Lent, John (ed.) 2001. *Illustrating Asia: Comics, Humour Magazines and Picture Books*. London: Curzon.
Moeran, Brian. 1996. The Orient strikes back: Advertising and imagining Japan, *Theory, Culture & Society*, Volume 13 (3) : 77-112.
―――― . 2000. Culture, commodities and the corollanization of Asia. In M. Soderberg and I. Reader (eds.) *Japanese Influences and Presences in Asia*. NIAS Studies in Asian Topics #25. London: Curzon. Pp. 25-50.
Ogawa, Masashi. 2004. Japanese popular music in Hong Kong: what does TK present? In A. Chun, N. Rossiter and B. Shoesmith (eds.) *Refashioning Pop Music in Asia*. London and New York: RoutledgeCurzon. Pp. 144-56.
Salaman, Graeme. 1997. "Culturing production," In P. du Gay (ed.) *Production of Culture / Cultures of Production*. London: Sage/Open University Press. pp. 236-284.
Schodt, Frederik. 1983. *Manga! Manga! The World of Japanese Comics*. Tokyo: Kodansha International.
Shiraishi, Saya. 1997. Japans' soft power: Doraemon goes overseas. In P. Katzenstein and T. Shiraishi (eds) *Network Power: Japan and Asia*. Ithaca, NY: Cornell University Press.
Tsutsui, William. 1996. W. Edwards Deming and the origins of quality control in Japan, *Journal of Japanese Studies*, Volume 22 (2) : 295-325.
Yoshino, Kosaku. 1992. *Cultural Nationalism in Contemporary Japan*. London: Routledge.

第2章　ギャル文化と人種の越境

シャロン・キンセラ（青柳寛・石川未来訳）

1．メディアの中のヤマンバとガングロ

　1998年夏から1999年夏にかけて、コギャルの肌は黒くなっていった。それにつれて彼女たちのだらしのないコケティッシュなスタイルは、気まぐれなパンクディーバのようなそれへと変わった。渋谷センター街ストリートファッションの全盛期に大きく関わった少女たちは、日焼けクリームを塗ったり、日焼けサロンに行ったりして、可能な限り肌を黒くしようと努めた。そしてその黒い肌を、ラメ入りのアイシャドウや、乳白色の口紅がいっそう際立たせた。ライトブラウンに染められたコギャルのボリュームのある髪には、やがてシルバーブロンドのハイライトが極度に入り、弓型にトリミングされた眉のまわりや頬にはボディグリッター、顔には涙や星やハートをかたどったシール、手や足の爪にはネイルアート、といった具合に派手な色彩が目を引いた。さらには、トロピカルフラワーのブレスレット・ネックレス・ヘアアクセサリーから、カラーコンタクト、フェイク・タトゥー、カウボーイハット、エスニック風のアクセサリーまで、通常舞台で用いられるようなアイテムがこげ茶色の肌を彩った。1990年代後半、厚底のサンダルやブーツが、次第にコギャルのルーズソックスと黒のローファー靴に取って代わり、彼女たちは筋骨たくましいアニメのヒロインのようになった[1]。すれた「大人」のようだったコギャルのスタイルは、こうして、色鮮やかで体にはりつくくらいタイトなトップ、裾広がりのパ

ンツや、超ミニスカートといった1970年代のグラムロックのステージ衣装を彷彿させる装いへと移っていった。

　雑誌や新聞ではこうした少女たちのメイクを「ネガ・フィルム」や「ネガ・メイク」(写真のネガのようなメイク)、「パンダ・メイク」という言葉で表した。彼女たちは総称「ガングロ」と呼ばれ、中でも極端なメイクをこれ見よがしにする少女は「ヤマンバ」と名付けられた。人種的な諷刺が、(「ルーズソックス」ならぬ「ルーズセックス」といった)コギャル・ファッションに対する男根中心的な諷刺に加わり、また相当な度合いで転置した。「ぶりてり」、「アコ吉」、「ふみっこ」とあだ名された3人の少女は、街でもっとも黒いヤマンバとして一時メディアの注目を集めた。「ガングロ」に加え、「ゴングロ」や「ゴンギャル」といった一連の誇張表現が、彼女たちのスタイルの凄まじい色調を強調するために造られた。興味深いことに、「ヤマンバ(山姥)」は山間に侘しく暮らし、怪力を持つ鬼女として日本の民話や能、浮世絵にも登場する［Tamanoi 1998：122］。虐待された普通の女性が山に逃げ込んで山姥となり、山道に迷い込んだ不幸な男性を殺して食べるようになった、という物語もいくつか残っている。1970年代に活躍した作家の大庭みな子をはじめ数名の女性は、ヤマンバを女性の怒り、欲望、反抗などを雄弁に表す、初期のフェミニストのシンボルと見なした。しかし、男性誌においては、「ヤマンバ」という単語にはこと陰湿な中傷が含まれ、自己に夢中になり脅威的な段階に突入したギャル・ファッションに対する編集者の悪意が現れている。一方、1999年から過激な日焼けルックに多くの紙面を割くようになった『egg』など、コギャル向け雑誌では、ジョークやパロディ以外でそうした少女たちのスタイルを「ヤマンバ」と呼ぶことはなかった。

　ガングロやヤマンバは男性読者の嗜好を公然と踏みにじっている、と訴える記事もある。雑誌『SPA!』には「『十代ヤマンバ・ギャル』の恐るべき美意識調査!!――白い髪、パンダのような目元、原始宗教を思わせる白塗りの唇」［1999年1月号：136］、『週刊宝石』には「週刊宝石特騒隊／ガングロ娘の「素顔」が見たい」［2000年4月14日号：54］というタイトルの記事が掲載された。

---

[1] ヨシダ・ミツロウは、アニメがファッションに影響を与える可能性について触れている。

90年代半ばには急進的な少女のファッションと援助交際を結びつけていた男性向け週刊誌だが、今度は、ガングロやヤマンバが売春しようとしても彼女たちでは男性客が寄り付かないとこぼし始めた。『週刊ポスト』は（ヤマンバの進出した）「キャバクラはブスの巣窟」[1999年10月8日号：63]とぼやき、『フォーカス』は「ただいまAVにも増殖中。ガングロ、ヤマンバっていい!?」[2000年3月8日号：24]と不服をもらした。

　男性誌のたくらみに端を発したガングロ・ヤマンバに対する辛辣な批判は、他メディア／セクションにも飛び火し、ガングロはスタイルではなく文化的「滑稽劇」[Miyake 2001：111-4]だ、と異口同音に叫ばれた。1999年冬に実地調査的観察を行なったミヤケ・トシオは、「そうした少女たちは、自分たちをひけらかし、街でたむろし、そして挑発的な態度をとる。通行人から言葉の虐待を受け、肉体的な暴力にさらされ、中年男性のいやらしい視線をあびるのはそのせいだ」[同書]とコメントしている。また、『文藝春秋』に掲載され、英文誌『Japan Echo』に抄訳すら載った記事の中で、ある女性記者は、ガングロやヤマンバのスタイルを「ふざけたエセ美的感覚だ」と軽蔑した。記事はこう続く。「正直いって彼女たちは全くかわいくない。エレガントでもスタイリッシュでもない。他人を怖がらせるための格好であるとしか考えられず、あれではまるで『私はバカです』というプラカードをぶら下げているみたいだ。自分の愚鈍さにこれほどまでこだわる人間を見れば、誰だって怖がる」。これに彼女たちの衛生状態さえ疑問視する報道[SPA! 2003年7月1日号：26]が拍車をかけ、ガングロやヤマンバはブスでバカだ、というステレオタイプが形成され、広まっていった。

　ガングロを題材とした写真企画が世紀の変わり目に制作されたが、そこでも、ガングロやヤマンバは哀れで下級な存在として表されている。1999年夏に出版された大沼ショージのガングロのポートレート集は、少女たちの幻惑的な仮面の下にある素顔がいかに荒れ果てたものかという印象を見るものに与える。脂ぎった肌で崩れた日焼け色のファンデーションや、ラメ入りグリッターの下から覗く吹き出ものなど、大沼は見られて嬉しいものではない細部に焦点を当てた。また2002年9月には、新進の女性写真家、澤田知子撮影の、化粧を落としたガングロたちの顔が、東京写真博物館で行なわれたキヤノン写真新世紀

展に展示された。粒子の細かい大判な写真では、ずんぐりとした思春期の少女 6 人が些か焦点の定まらない困惑したような眼差しを向けている。

2．原始人/動物のヤマンバ、ガングロ、そしてギャル

　次第にガングロやヤマンバへと極端な道に向かった褐色の肌は、とりわけ尊大なジャーナリズムにとって、格好の標的だった。マスコミは、動物学的、人種的、そして民族的な少女の起源について、ひねくれた解釈を書き立てた。ガングロを、ファッションを巧みに使ったコミュニケーション[2]、もしくはスタイルの一種とは見なさず、動物的な色彩の原始的な部族の装飾、とはやした[3]。そうした見当違いな男性誌のルポでは、急進的な少女たちはいずれ自然淘汰される運命だ、と植民地的な言葉をちりばめた科学的な口調で書かれた。たとえば雑誌『現代』の場合はこうだった。「『厚底ヤマンバ』は渋谷の主役にあらず（平成ジャングル探検——カシマ教授、「日常生活の秘境」を求めて今日も行く〔3〕）」〔2002 年 2 月号：326〕。

　コギャルやガングロのエネルギーや欲望は原始的で動物的、とする考えは、男性誌ばかりか少女向けの雑誌でも見られるようになった。コギャルを専門とし、テレビや新聞のほか、コギャル雑誌でも活動する、フリーの女性記者は、「あの娘らはまるで、言葉の分からない未開人のようだ。外見やイメージ、あるいは装飾品がなければ存在できない。欲しいものがあれば手に入れる、物質主義の動物だ。文化や社会には全く関心がなく、興味があるのはお金だけ」と言い放った〔ウチダ氏談 1997 年 11 月 8 日〕。また、ガングロやヤマンバと、アフリカや南国の人々とを重ねる記事も数多くある。「温暖化の影響か？ そして、一時のブームか、進化か？　ニッポン若人のラテン化現象を探る！——ヤマンバギャルの"アダモステ"化、約束や時間にルーズ、人前でもキスやケンカ、SEX におおらか…etc.」〔『SPA!』2000 年 2 月 9 日号〕。

---

[2] 服飾によるコミュニケーションについては、Dick Hebdige の *Subculture : The meaning of style*. 1979. を参照されたい。
[3] John Russell によると、日本における黒人と類人猿のイメージは 1980 年代まで、酷似していた。

肌を黒く焼き、斬新なファッションや態度を取り入れた少女たちは、無差別に、アフリカ人を模倣している、さもなくば部族的・原始的・黒人的、もしくはまったく新たな種族にならんとしている、と非難された。あえてガングロやヤマンバの格好を選んだ少女たちは、乱暴にも褐色の肌の原始人や動物と分類され、その人間性について人種差別的な攻撃にさらされた。

大沼ショージの写真集『民族』では、華々しい服に身を包み、顔にラメ入りのグリッターを塗ったりシールを貼ったりしたガングロ少女の写真を、その肌の色合いや派手な色使いが目立つよう、太陽の紫外線に近い青い光の下で撮影した少女の写真の隣に並べている。タッド・ガーフィンケルはその後記で次のように表した。「アフリカの大地に生きる、動物と同様、彼女たちには自分がある。シマウマやダチョウと同じ。そう、渋谷はサファリだ！ 彼女たちは『わたしたちは別民族です！』と叫んでいる。よく言った！ まったくそのとおりだ！ 君らはジャパニーズ・ジプシーだ」［大沼 2001］。この写真集のレビューは『日刊ゲンダイ』のウェブページ[4]に載り、「コギャルのDNAが突然変異し、日本民族の亜種が誕生した」ことを写真が証言した、と評した。「事情に明るくない」読者のために、少女を一生物として解剖学的な線引きを行なったり、少女の俗語を外国語のように紹介したりするなど[5]、コギャル、もしくはガングロやヤマンバは、「人類学的に新しい種族」だといたるところでひやかされた。

男性娯楽誌『Dime』［1998年1月号］は、「ギャル＋アニマル＝ギャニマル大増殖」と題した記事で、少女と動物を一体化した「ギャニマル」という単語を発案、アニマルプリントやゴールド、あるいはメタリック・カラーの服や、カラフルなアイテムを身につけるギャニマルは、男性をおびき寄せ罠にはめようとしている、と訴えた。ある少女文化の専門家は「このファッションは動物の発情期のよう……ワインレッドの口紅が流行しているが、これは発情したサルの女性器の色」とのコメントをこの記事に寄せた。この動物行動学的な批評の間には、ギャニマルの格好をしたモデルの挿絵があるが（図1参照）、その次

---

[4] www.bookreview.ne.jp/list.asp
[5] 「女子高校生語」については、圖田浩二と藤井良樹もリサーチを行なったが、それはマスメディアによって作られた架空のもの、という結論に達した。

図1 「ギャニマル」(『Dime』1998)

のページには、同じモデルがアニマルプリントのスカートに代わって、より簡素な事務員風の服を着て映っている。後者が、反ギャニマルの象徴で、『Dime』の「理想の女の子」らしい。

『週刊プレイボーイ』[1999年5月2日号:198-201]には、ガングロとヤマンバ・ファッションに関する独創的な記事が掲載された。そこではダーウィンの進化論、民俗学、アフリカやジャングルの原住民にまつわる植民地主義的な幻想、そして少数民族の社会的包容において現在政治的に正しいとされる考えをごちゃまぜにした理論が展開されている。「ヤマンバは手遅れになる前に、国の文化遺産に指定されなければならない」となんとも簡潔に題され、「渋谷の女子高生は絶滅してしまう危険はあるのか?」と副題まで付された記事は、少女たちはある種のアボリジニもしくは少数民族で、絶滅が危惧されている、と訴える。記事に添付された「渋谷ギャル・ヒエラルキー」[同書:200]という名のピラミッド図は、ギャルがガンギャル、ゴンギャルとなって、黒い肌の女性ないし「民族」の頂点に立つヤマンバに至る過程を示している。この図では性差は文字通り人種的差違の陰に隠れて見えない(図2参照)。黒さのアイデン

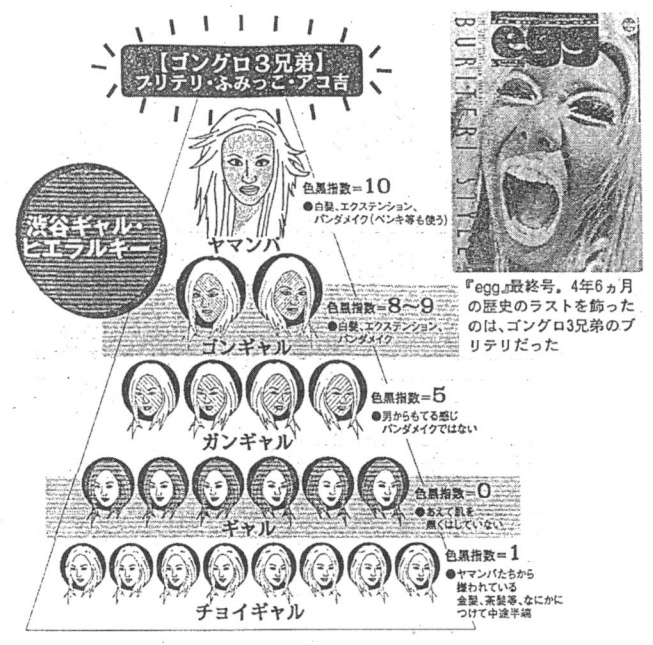

図2 「渋谷ギャル・ヒエラルキー」(『週刊プレイボーイ』1999)

ティティを追求した結果、ガングロやヤマンバが辿り着いたのは現代の黒人文化の外形ではなく、むしろずっと前の段階、アフリカに根ざし、金ではなく「黒魔術」[同書:201]がものをいう、人類の進化の過程における底辺だ、と記事は続く。現代日本における少女という原始的な種族の残留許容限度も、巧妙な「引用」によって示した。「アフリカン・シンクタンク」の計算によると「出生率の低下が著しい日本がこれまでの経済水準を維持するには、年間6万人の外国人労働者を（いずれにせよ）受け入れることになる」[同書:201]。記事はこう締めくくられる。「日本は近代に入り、均質化を経験した。均質化＝いいこと、という幻想を大切にしてきた結果、日本は民族を活性化させる能力を失った……ヤマンバはそんな日本に警告を発しているのかもしれない。少女文化を生かすか、殺すか。日本の将来はその決断にかかっている」[同書:201]。実は、「一民族」少女と折り合えるかで日本の未来が決まるという『週刊プレイボーイ』の大げさな発言は、それほど目新しいものではない。女性社会学が

民族人類学へと転じてしまった例は過去にもいくつかある。1980年代中頃から、芸術やアニメ、そしてノンフィクションの少女文化分析でも、少女を民族的、種族的、もしくは先住民族的に表すことが多くなった。そこでイメージされる少女は、日本民族の存続に照らし、従順にして純血、そして若い日本の母親の重要性を説く、古典的なモダニズムに少なからぬ影響を受けている。女性らしさと日本の民族性との関係を紐とくことで、『週刊プレイボーイ』のジョーク、カメレオンのように髪や肌や目の色を変化させる少女のファッション、その双方に潜む歴史的・政治的な意味が見えてくる。

3．少女のような地

　日本の国家民族的あるいは人種的アイデンティティと女性らしさとの間には複雑な関係がある。民俗学者の柳田国男は『遠野物語』(1910)での日本人を考察し、後の作品においては「山人（ヤマビト）」と称される山地民族が日本人の真の祖先であるとの考えを示した［Tamanoi 1998:122］。山人たちの世界で、中心的役割を果たしていたのは女性だった。柳田が編纂した遠野の民話の数々は、性達（オオイコ）や山姥（ヤマンバ）など山の女たちの強靭な肉体や忍耐、あるいは霊力などを称えている。また1925年、柳田は、原始日本人の子孫であるこれらの女性の多くは平地（すなわち暗に近代都市）から山へ逃げ込んだごく普通の（そして暗に現代的な）女性だった、との論を打った。1930年代、柳田の焦点は、もう少し時代を下り、「常民」へと移る。巫女の崇拝を例にとり、日本の常民の間では女性（妹、いも）や少女（妹、いもうと）の聖なる力が常に畏れ奉られてきた、と柳田は述べている［同書:125-8］。
　1970年代以降、日本の国民気質や民俗的意識の研究や、それらが国の女性的な心理状態に深く関わっているとする論文が再び噴出した。保護育成と依頼関係に関する精神分析学的論文、土居健郎の『甘えの構造』(1971)や河合隼雄の『母性社会日本の病理』(1976)は、日本人の女性的な心理を強調した。上野千鶴子によれば、戦後しばらく経った日本を「歴史とは無関係で、温和で、平和主義的で、それ故に女性的」とする考えは、日本経済が脱産業化に伴いサー

ビス業やIT産業等の「ソフト経済」へ転向する過程で発展した［Ueno 1997：21］[6]。1960年代終わりには、国の政治指導者に軍事行動への責任をとるよう迫った重大な政治運動（安保闘争など）も下火になり、その隙に「女性的で、精霊信仰的で、すなわち存在論的に不活性」［Dale 1986：45］な、日本のロマンチシズムあふれるイメージがはにかみながらも復活を遂げた。東洋を望ましい乙女と幻想する19世紀ヨーロッパの思考様式が、「古来より無垢で女性的な東アジア・コミュニティ」を装い、脱産業後で植民地独立後の協調的な日本に関する文化的論議として再浮上したのだ。

　1970年から1984年にかけて、国鉄（JR）は都市居住者に、JRで地方を旅し、前近代的な「本来」の日本の心を再発見するよう呼びかけた［Ivy 1995：29-48］。このキャンペーンは「ディスカバージャパン」と称され、1984年に「エキゾチックジャパン」へと名称が変更された。同キャンペーンでは「本来」の母国たるさまざまなイメージがばらまかれたが、そこには「模範的に若い都会の女性がいた」［同書：35］。キャンペーンは若い女性の取り込みを狙い、地方、すなわち日本本来の姿と触れ合う重要な接点として彼女たちを描いた［同書：40-4］。ただし後発の「エキゾチックジャパン」は少々趣きが異なり、風変わりで、スタイリッシュで、「外来」的な存在と表された若い女性が、日本国内でそれまで知らなかった「外来」的なものを発見してゆく［同書：53］。これらの大型キャンペーンは、どちらも、「本来」と「外来」を、単体のエキゾチックな（そしておそらく異様な）女性の不可思議にからませている。

4．少女研究

　1980年代中頃から少女やギャルたちのライフスタイルに関する著書が多数出版され、少女研究という擬似専門分野ができた。本田和子を除けば少女研究のパイオニアはすべて男性だが、どの作品でも少女を日本の国史あるいは民族史の枠において捉えようとする傾向がある。大塚英志の『少女民俗学』（1989）、

---

[6] 上野千鶴子は『女装した家父長制：逆オリエンタリズムの陥穽』でこれを大きく取り上げている。

図3 『少女民俗学』カバー

山根一真の『変体少女文字の研究』(1989)および『ギャルの構造』(1993)、本田和子の『異文化としての子供』(1992)、増淵宗一の『かわいい症候群』(1994)、そして川村邦光の『乙女の身体』(1994)といったこれら著作は、現代的な「カルチュラル・スタディー」と民俗学の、論題の収束を図っている。

1989年、文化人類学をかじり、当時はまだ若い男性たちの密室的なネットワークでしかなかったロリコン・サブカルチャーに通じていた若いジャーナリストが、『少女民俗学』の本を出した（図3参照）。オタクやロリコンとその研究を代表する著者、大塚英志は、少女を異邦人とする概念に表向きは異議を唱えているが、結局は少女たちを現代人とは異なる原始的な民族として扱っているのである。曰く、「子供たちを理解するには、彼らが他の文化を基盤とする異邦人だという考え方をまず捨て去る必要がある」［大塚 1989］。大塚は、農村社会から都市型消費社会への変容、すなわち「近代化が常民を少女へと変えた」と現代の少女文化と柳田国男の「常民」のそれの間に橋を渡した［同書:246］。また柳田の信じる「妹の力」に触れ、ロリコン文化がその力の実在を証明している、と主張した［同書:242］。都市の活動的な若い女性は、純粋で伝統的な日本人女性を前提とする全体主義的思想から見てそれまで毒だったはずだが、そんな彼女たちが原始日本人に直結している、というのがこの論文の主旨だ。地方に旅するまでもなく、女性は都市の真ん中で、生きた土着文化復興のシンボルとなった。

本田和子もまた、必ずしも実在しない「異国」の美的な名残をはらんだ「ゆれうごくもの」、少女に関する詩的に綴った論考で、古代の巫女の儀式に触れ

た。本田は、少女文化を土着的なものとは見なさず、錠のかかった宿舎や遠く離れた国という意味の比喩で捉えることにこだわった。隔離された少女は超俗的な存在、すなわち暗に異質のもの、と本田は考えている。「日常の秩序に根ざした理論では、少女たちのジプシーめいた繊細な感覚を語るために必要な言葉すら得られない」［本田 1992：180-1］。

一方、ルポライターの山根一真は、『ギャルの構造』で、1980年代、少女の習性に変化が訪れ、飲酒や喫煙、夜遊びが横行した、と述べている。大胆になった少女たちはナイトクラブで外国人と戯れ、「無国籍のパワーに溢れかえる」六本木に集うようになった［山根 1993：60］。山根は1980年代のギャルを、日本古来の民族ではなく、南半球のチュートン民族の血が薄い人々と比較した。「今日の少女たちの元気は、南半球のラテン系のそれに似ている。ミニスカートやタイトな服を身にまとい、半裸状態で汗を流してクラブで踊り狂うギャルは、リオのカーニバルを連想させる。南米人は実に明るく、楽観的で快楽主義的だ。性にも開放的で、苦しみなど殆ど経験したことがないように見える。南米人は生活を楽しむ性格だが、現在日本のギャルは彼らに近い」［同書：61］。

少女研究はもとより学問をかたったパロディーの様相も濃かった。オタク評論家として有名な中森明夫は、ロリコン・サブカルチャーの教科書とされる『東京女子高制服図鑑』を「文化人類学」の好例とした。これに対して当該の図鑑の編者である森伸之は、実は少年時代に読んだ鳥や魚や虫の図鑑に触発され、編纂を思い立ったのだ、と中森に対峙してみせた。同図鑑の娯楽価値であるユーモアは、女子高校生を自然界の動物の一種と見なした、まじめくさい分類にある。人気作家にして前衛芸術家の赤瀬川原平は、同図鑑に付された批評で「東京での少女の繁殖ぶりには気づいていたが、彼女らが異なる生物種であるとは知らなかった」と冗談を言った［森 1985：208］。

少女文化の研究で（そして映画、ヴィジュアルアートでも）、女子学生を集団で行動する動物にたとえる例は多い。小浜逸郎はその論考『主題としての少女』で、少女の徒党を組む傾向は本質的に「群体動物」と同じで、「エロスを個人ではなく、強固な集合体でアピールする」との考えを示した［小浜 1998：97-8］。こうして少女を「人間性や個性を欠いているだけでなく、見わけもつかな

い大群」[Dower 1986:93] と描写する傾向は、それはジャーナリズムの彼女たちを霊長類的だとする誹謗にも言えることだが、戦時中、日本人の人種的ステレオタイプを広めた連合軍のメディアを思い起こさせる。ジョン・ダワーは、太平洋戦争後も「人種への憎悪がなくなったわけではなく、むしろ別なところに移っただけだ」と指摘している [同書:11]。社会闘争が続く戦後日本においては、若い女性を異人種とする言説や、それに先立つ、若者を「種族」や「新人類」と表した言説に、人種の憎悪が移ったと考えられよう。

5．少女文化における民族的反応

　若い日本の女性を特有の人種・民族のように映す男性の想像と著述を振り返れば、コギャルやガングロ、ヤマンバのスタイルがいかに軽く見られているかが自ずと知れる。週刊誌や報道の少女のスタイルに対する大げさな反応は周知のとおりだが、過去数十年間に生みだされた少女コミックや少女文学、演劇、そしてファッション誌にざっと目を通してみるだけでも、20世紀初頭から日本における少女の文化やファッションには理不尽な人種的認知やエセ民族学的表現が常につきまとっていることがわかる。さらに、若い女性に関する近現代もしくはそれより前の著述および社会政策では、貞淑で純血な日本女性の維持や、海外旅行・海外のライフスタイルの誘惑、あるいは異人種間結婚から女性を隔てることが往年の関心事だった。そんな背景もあって、教育を受けた男性の専売特許である、貞淑で、従順で、優しく、あるいは母性に満ちた少女像をイデオロギー的・文学的・芸術的に追放しようとする動きと、少女文化での「反日本人」とでも言うべき傾向は、奇妙に呼応しあった。そうしてさまざまなジャンルで、創作ないし混種の民族性の、活発な少女キャラクターが続々と誕生した。一方でその流れに一致しない、密室的な少女漫画や少女趣味の世界、あるいは逆に外向的で民族・国家を超えた女性のパフォーマンスに傾倒する若い女性は、人種的・文化的な裏切り者として非難された。少女の立ち振る舞いやファッションを継続的に監視してきた目ざとい男性誌、いわゆる「オヤジ雑誌」は、女性の絆や進化そして矛盾の兆候を探知して戒める役目を自発的に引

き受け、より勇気ある若い女性たちが繰り広げる文化的な脱線をエンターテインメントとして熱狂的な観衆つきでお膳立てしたのだった。

　戦前の少女文化と戦後のかわいい文化それぞれを支える清純な少女の雰囲気は、実際のところ、性的そして人種的に連続した流れとして位置づけられる。戦前の「お嬢様」風な少女趣味と戦後の無性的で個人主義的なかわいい文化は、例外は認められるものの、暗黙裡にブルジョア、ヨーロッパ、そして白人志向だった。これに対し、戦前のガール文化（「モダンガール」文化ないし「モガ」）と1980年代に出現したギャル文化にも、ある連続性が見られる。それら2つの文化は積極的で、性的に大胆、エキゾチックで都会的な観光地に向かう傾向があり、またジャズからヒップホップにいたる米国の黒人ないし白人の音楽とスタイルを追うといった共通点がある。たとえ純真無垢で誠実な処女性、あるいは横柄なまでに率直で早熟な性を誇示する女性の歴史的意義が理解されないままであるとしても、そしてたとえ日本の少女文化が、人生経験や、上流・中流階級、あるいは労働者階級の行動習慣に従って二分化しているとも、少女たちは一貫して伝統的な女性像や民族性、そして理想化された日本人女性らしい外見に背を向けてきたことに変わりない。

　戦前と戦争直後の白い顔と白い体を中心とした消費文化は、最も堅実な選択肢と、日本的でない女性のライフスタイルおよびそれに適う異国風の外見をもたらしたが、1980年代以降は、日本的でない、かつ褐色の肌の文化がより重要になった。外国人の容貌の単なる模倣とする批判をよそに、少女文化において波紋のように広がった日本以外の文化や人々と密接に結びつきたいとの願望は、忠実な模倣ではなく、完全に新しい独特の擬似民族的なファッションと態度を生んだ[7]。さらに1990年代後半には、この外見上の文化の融合によって誕生した擬似民族性に興味深い変化が訪れた。日本のコギャル、ガングロ、そしてヤマンバ・ファッションだ。その「人種的容貌」は何を起源にし、またそれが存在するかどうかさえもわからない。太平洋を隔てた米国の黒人文化も同様

---

[7] Sarah Ahmed は、アメリカにおける「パッシング」（他の人種の外見に似せようとすること）の研究で、人種的擬態でその起源が消えることはほとんどない、と指摘している。黒人女性が白人女性を真似ようと化粧したり、着飾ったりした場合、むしろパッシングは「双方のアイデンティティを流動化させ、ひいては『変容可能な政治』を生んできた」[Ahmed 1999：96]

だった。米国のラップや、ヒップホップ、そしてＲ＆Ｂの世界の大きな特徴は、かつらやカラーコンタクト、グラマラスな衣装で着飾り、黒人・白人・黄色人種と、特定の人種に固執や帰化をしないことだ。それは東京の民族性を超えた色艶やかな少女のスタイルとの確かな共通点でもあった。

6．西欧的外見

　小説家の谷崎潤一郎が描いた、無学なカフェの女給から奔放な妻へと変わりゆくナオミは、いかに戦前の女性の独立が「アメリカ化」に付随するものと認識されていたかを如実に表している。主人公ナオミが凄まじい自信とパワーを得るにつれて走る衝撃は、西洋の服を着て、真っ白な化粧に隠れ、見分けもつかないような若い妻に見捨てられた夫の一人称で語られる。谷崎の問題作『痴人の愛』(1924)の最後で、ナオミは、「女中の手を借りて白粉を全身に塗る」[Tanizaki 1985 : 236]専制的なミストレスとなる。ナオミは「西洋にはいない西洋人」という雑種の生き物として物語に生きた［Silverberg 1991 : 245］。

　その傍ら、少女文化初期にあたる、女生徒を夢中にさせた少女文学や雑誌、そしてファッションでは、少女を、超越的で国境を越えた、ロマンチックな存在として映す傾向にあった[8]。本田和子によると、放浪癖と少女の精神性の結合は、戦前、少女をはじめ女性たちに愛読された吉屋信子の連続小説に促されたところが大きい。吉屋は花（フリージア）や布（クレープ）、そして色彩（マホガニー）の外来語を作品に数多く導入し、女性読者に「ちょっとした上流階級の趣味」を示した上で、上流社会の芸術面での贅沢や「バラ色に染まる西洋」における自由を夢見させた［本田 1992 : 172］。雑誌『少女の友』の有名な表紙は、中原淳一が手掛け、決まってシカのような巨大な目と青白い肌の繊細で人種的に曖昧な少女の絵だった。ヨーロッパと日本の容姿が折衷したそうしたイメージは、戦前の日本で最もファッショナブルな外見だった。中原の描いた小さめの鼻にすらりとした肢体の幻想的な女性像は、1930年代から60年代ま

---

[8]「感傷的力は密やかな抵抗」とTsuchiya-Dollaseは指摘する［Tsuchiya-Dollase 2003:190］

で支持され続けた。昭和の中核となる時代にあって、この推測するにユーラシア系のモデルは、相当な期間にわたって一貫性を保ったことになる[9]。

　落合恵美子は、1960年代半ばまで女性誌において女性美を表したのはほとんどハリウッド女優か白人のモデルであった点に注目している［落合 1990：210］。西洋化にイデオロギー的に反対する動きが再び盛り返したにもかかわらず、日本国内における白人的な美の概念は戦後の中産階級の規範となった。こうして美白ローションや日傘は、より保守的で自文化中心的な日本の感性にすり寄っていった[10]。1980年代、かわいさを基調とする少女向けファッション各誌では一般にユーラシア系あるいはハーフのモデルが好まれ、登用された。ヨーロッパ文化と白さへの傾倒が、これまで日本の男性優位社会が好ましい少女像と見なしてきた「純真無垢」に対抗する革新的なイメージの選択肢としてヨーロッパ系の白さというものへの傾倒があったが、それが価値を失うにしたがって、褐色の肌や、ブラック・ミュージック、異国の文化に関心が集まるようになった。

7．少女文化におけるブラック・コネクション（B系）

　1980年代、少女たちのスタイルは、少女に関するエスカレートする一方の報道や、少女のセクシャライゼーションへの戦略的反応の違いによって、2つの大きな流れに分かれた。純真でかわいらしさをアピールする少女系スタイルは、密やかにヨーロッパ的もしくは白人的で、また表向きは性的要素をほとんど感じさせなかった[11]。一方で、米国や、米国の黒人文化が、ギャルと呼ばれる積極的な働く女性や女子大生の興味をそそった。1980年代中頃のボディコ

---

[9] 中原のより幻想的で女性的な晩年のイラストは、60年および70年代、初期の少女漫画のスタイルに大きな影響を及ぼした。
[10] 戦後の富裕層の既婚女性向け雑誌は、「白い肌や西洋美の重要性を確言するものの、モデルに少々年をいった日本人を女性を起用し、『日本人らしさ』そしてさらに日本人らしい『女性らしさ』を強調した」とBrian Moeranは述べている［Moeran 1995：117］。
[11] 無性およびかわいい文化におけるヨーロッパ起源の外来語については、［Kinsella 1995］を参照のこと。

ンスタイルをはじめとする、鮮明な色彩や体にはりつくような服、金のアクセサリーなど、米国の黒人のスタイルを取り入れたギャルファッションは、性的要素を排除したかわいい少女系とは一線を画した。しかしながら、これら2つのスタイルは、並行して存在し、時として交わって、「性的だが無垢」、「日本風だがエキゾチック」、「エキゾチックだが無性的（ロボット的）」といった一見逆説的な事態を幾度となく引き起こした。かつて西欧的美とされたものが選り抜かれて少女文化に盛りこまれたように、米国の黒人文化に募りゆく興味は、B系なる、異種混淆かつ日本独自の「ブラック・スタイル」として開花した。「美白」願望に乗っかったヨーロッパ志向が、常にというわけではないが、高い社会的地位が発する防衛的な危険信号だったのに対し、黒人文化の影響は、反対に、日本の中流階級の価値や美学の偽善や傲慢さからの解放を意味していた。後にコギャルやガングロの文化と境を接した日本のヒップホップは、「リスペクト」することや「リアル」であることを重んじて、反エリート主義に共鳴した。

　黒人の格好と米国の黒人音楽は、1990年代後半、コギャル文化の重要な要素となり、ボビー・ブラウン、エターナル、ホイットニー・ヒューストンなどの歌手や、英国人モデルのナオミ・キャンベルが人気を博した。対象読者の男女を問わない唯一の雑誌『Fine』は、新しいB系やコギャルのスタイルを、創刊以来のテーマであるサーフィンやヒップホップのイメージと融合させた。1996年春に森永アイスクリームのCMにコギャルスタイルで出演し、1997年冬に結婚でブラウン管から一時消えるまでコギャルのアイドルにして当時ナンバーワンの歌手だった安室奈美恵は、彼女自身、人種的にエキゾチックだと認識していた。沖縄出身でまたイタリア人のクォーターである安室は、日焼けした肌や、明るく染めた髪、弓形の眉、そしてB系らしい小生意気さで、人種的な違いを引き立たせた。

　黒人文化への興味は、2000年後半に「マルキュー」こと渋谷の109デパートに店を構えていたJam Sweet Jungle、R&E、Funky Girl、Songeur、Coco Bongo、MCC Zone、T.D. Mixといったブティックの看板にも反映されている。LB-03は「Butter Bitch Style」というロゴを入れた金ピカのショッピングバッグを配り、また同店とShake Shakeの店内には、真っ黒な肌の黒人モ

デルのポスターが飾られていた。これらのアウトレットショップは、ぎらぎら輝くスラム街風のアクセサリーや、Baby Phatといった米国の「黒人ブランド」スタイルのセクシーなスポーツウェア、ストレッチ・トレーナー、ジャケットを販売した。レースやデニム、皮製、もしくはアニマルプリントの、きわどいトップスやラフカットのショーツは、ジャマイカのキングストンの強烈なファッションを彷彿とさせた。

図4　アルバローザの店内
（渋谷、2000年、シャロン・キンセラ撮影）

　2001年、雑誌『egg』は「強烈なブラックパワー」を感じさせるセクシーなブラック・ファッションを特集し、「ブラック・レボリューション万歳！」と読者を唱導した［2001年3月号：8-9］。とはいえ、少女たちのファッションをよりセクシーに、よりエキゾチックにする要素は黒人の文化だけではない。109に入っていたその他のブランドには次のようなものがある。Love Boat、me jane、Sneeze Dip、Jess Eye、Kona Blue、Rocky American Market、Esperanza、Lip Service、Cafe La mille、Nabana、Papaya Grab、Chup、Yellow Boots、Pinky Girls、Dolce Vita、CRYX SPS、Dune、XOXO、F DP、elles、Zazou、Material Girl、Coco Lulu、Lib、Ji-maxx,、Deep dish、Galsville、Pink Pink、Egoist、Chiara、Rojita、Majoreena、Love Boat Drug Store、Kapaluah, Raer Girls、Love Girls Market、Shoop。

　どちらかといえばハワイやポリネシア、カリブ、そしてラテンアメリカをイメージしたこれらもまた、コギャルやガングロのファッションに欠かせないブランドだった。引っ張りだこのアルバローザは、1990年代後半に立ち上げられた日本独自のブランドで、ハワイのトロピカルビーチをモチーフにプリントした服を製造販売した（図4参照）。

1990年代後半から、Misiaや宇多田ヒカル、リマなど、R＆Bの女性アーティストが脚光を浴びるようになった［Condry 2000:177］。ガングロ・ファッションがピークを迎えた2000年の初頭から、少女たちは徐々にセクシーなソウル系女性歌手のファッションに傾いていった。多くのショップで、米国から来日予定の黒人ソウル歌手や、ミス・ダイナマイトやデスティニー、リル・キム、アンジー・ストーン、ビヨンセなど、ラップやヒップホップの大物のニューアルバムをプロモートするフライヤーが配られた。2003年、CDストアのHMV発行のフリーペーパー『Dextra』は、「日本のファースト・Bガール」と謳って、アイという少女のインタビューを掲載した。金の皮のフラップキャップをかぶったアイは自信たっぷりにくつろぎ、スティービー・ワンダーや チャカ・カーン、ティナ・ターナー、クール＆ギャングなど影響を受けた音楽について語った。「最近は私、アリシア・キーズを聞いてる」（『Dextra』 2003年2月号）。

　保守的で純真なヨーロッパ風の「ガーリー・ガール」を再びポスト・コギャルのスタイルとすべく、『Olive』や『Cutie』、『Peewee』では21世紀版乙女の写真を誌上に並べたが、少女のファッション文化を左右しつづけたのは、ヒップホップやR＆B流の自己表現やセクシュアリティを取り込んだガングロとB系スタイルだった。2000年半ばの渋谷の街では、週末ともなると少女が集い、1990年代のギャング・スタイルがより個性的、またより意識的になって蘇った[12]。

8．黒い肌と性的挑戦

　黒い肌や髪そして肉体を「野生動物のようなセクシュアリティ」の化身として売り込む、北米娯楽産業の強力なマーケティングの煽りで［Hooks 1992:

---

[12] 雑誌『Cutie』の編集長は、1994年以降、日本では自国のポップカルチャーを見直し、ファッショナブルにして日本人であることに自信が芽生え、同時に他国の文化にとらわれなくなった、と言う［アライヒロシ氏談 1998年10月29日］。また逆に「日本のスタイルをキッチュとして取り入れた各雑誌は、結果的に『Cutie』のような趣になった」［アライヒロシ氏談 1998年11月5日］。

69]、米国やそれ以外の黒人文化に対する関心はさらに高まり、驚くまでもなく、日本少女は無垢であるべしとする考えに拒否反応が生じた[13]。ガングロ文化は、自信にあふれたセクシーなボディランゲージという独特の文彩を発展させたが、そこには、モータウンのスターたちの憂いをたたえた目や、シュープリームスの何かを請うように伸ばされた手、あるいは現代のヒップホップやR&Bの挑戦的なポーズがほのかに見え隠れする。東京のコギャルのショットをつないだソフトポルノ『ラブ−17』(1996)には、ガーリー・モデル、川崎愛のジャマイカ・ロケ映像が挟まれている。「ルーズソックス」をはいたコギャルに続いて、レゲエをBGMに現地人と交わる川崎愛を映し、それが性的なものに発展する可能性がほのめかされる。ヒップホップのはずれの、あるいは六本木のクラブの、前世代の若い女性が米国の黒人男性と関連づけられたのに対して[14]、コギャルやガングロは、アンジー・ストーンやローリン・ヒル、そしてメイシー・グレイなどの現代的な女性ソウル歌手と関連づけられた。それらアーティストは、有色美の模範にして、自分の性は自分でコントロールする、賢く自信に満ちたカリスマ性のある若い女性、として認められている。褐色の肌や黒人女性の態度を得ることは、より自信を持ち、性にオープンで、不本意ながら従うことがない、そんな女性となる手段だった。

「心得違いの黄色いニグロは愚かで子供じみた消費者に他ならない」[Wood 1999：63]と日本のB系やギャルのスタイルは、北米のコメンテイターにさんざんこき下ろされてきたが、日本の女性であることと米国黒人文化の連帯は、それがファッションとして目に見えるようになる前からあった。戦前のフェミニストで少女小説家としても名高い吉屋信子は、それらの相似点に気付いていた。吉屋はこう祈った。「神よ、奴隷の解放のために『アンクルトムの小屋』[15]

---

[13] Paul Gilroy は、黒人文化はアメリカのものというよりも、ヨーロッパ、アフリカ、アメリカ、そしてカリブ諸国の接点として認識するほうが適切だ、と主張する [Gilroy 1993]。
[14] 日本のヒップホップを研究した Nina Cornyetz は、アメリカの黒人男性と関わる、もしくは性的関係を持つ女性は比較的少なくはあるが、象徴的だ、と言う。アメリカや日本で流布した黒人男性の性的能力に関する神話は、女性たちにとって戦略的な価値があった。黒人のセクシュアリティと関わることで、日本の女性は「自己を解放し、日本の異性愛者の男性が主体となった媒体を脅かした」[Cornyetz 1994：127]
[15] ハリエット・ビーチャー・ストウの『アンクルトムの小屋』(1852)は、1923年に日本語に翻訳された。

を書いたハリエット・ストウのように、私にも売春を撤廃させるくらい力強い物語が書ける力をください」[Tsuchiya-Dollase 2003:111 からの引用]。ダンスホールやカフェなど、ジャズは新たな社交場誕生のきっかけとなり、1920年代のガール文化に欠かせないサウンドとなった。おそらくその起源が米国の黒人文化とは知らないまま、東京や大阪の若く先進的な女性たちは、ジャズのムードに酔った[16]。1960年代には、何人かの女性作家が黒人と日本人の友愛をテーマにした実験作品を書きはじめた。フォトジャーナリストで「黄色の肌を持つ女」として活躍する吉田ルイ子は1967年、『ハーレムの熱い日々』を発表、米国の黒人への親近感を表した [Russell 1996:28]。有吉佐和子の小説『非色』は、著者が若い黒人の軍人と結婚し、ハーレムに移り住む、という設定の架空物語だ。当初は夫やその家族の、のんびりした生活習慣に反感を覚えた主人公だったが、やがて彼らやその人種に忠義心が芽生え、ついに「私もニグロだ！」と叫ぶまでになる [有吉 1967:406]。1980年代には、冒険的でセクシーな日本人女性と米国の黒人男性との交情を描いた山田詠美の小説がベストセラーになった。世間の批判どおり、山田の小説に登場する黒人はあまりにぎこちないステレオタイプではあるものの[17]、それでも彼女の作品は「黒人としての自我」の感覚を生み出すことに成功している、とニーナ・コルニエッツは指摘する [Cornyetz 1996:453]。

　日本人作家による日本人女性と米国の黒人との自然な仲間意識は、本政志監督映画『リムジンドライブ』(2001)でアップデートして再現された。ヒロインの好戦的なヤマンバ、エリは、二股をかけているチーマーの恋人、ナオを探しにニューヨークへ飛ぶ。口汚く、「その辺のクソ」のようなエリは、ある時、リムジン・タクシーに客として乗り込み、ドライバーのむさくるしいが心優しい黒人男性と知り合う。ミニスカートと厚底ブーツを決して捨てないエリは、人種の混在するマンハッタンの東側で逆境に負けない少女として描かれている。映画は、エリがその親切な黒人に寛大にも「私とやりたいんだったら、やって

---

[16] Taylor Atkins によると、戦前の日本では、ジャズが黒人から生まれた音楽、という意識は皆無だった。しかしながら、ジャズのダンスホールは女性の性の乱れに関与している、とみなされた [Atkins 2001:121-3;110-1]。

[17] それらの人種差別的な表現の解説は、[Cornyetz 1994] を参照されたい。

もいいよ」と言う、気になるシーンで終わる。

　1960年代から1980年代にかけての、日本の少女と米国の黒人との間における、性的、政治的、あるいはスタイル上の親交は、独り善がりで空想的な嫌いがなきにしもあらずだが、日本の少女文化と米国の黒人文化には、確かに共通の特徴がある。少女文化は、国内の若い女性に関するタブーやステレオタイプの誇張を戦略の核にしてきた。1980年代のかわいい文化においては、大人の話を理解することを拒み、また日本の少女たちの理想化された無垢と清純を逆手にとり、無性的自己愛を見せつけた［Kinsella 1995］。同年代のギャル文化においては、売春婦、退廃的とののしられた少女たちが、性的な可能性や浅はかな物質主義を露骨に強調し、堂々と歩いた。少女文化は、理想の少女を形成する人工的な面を誇張し[18]、過剰に純真、もしくは過剰に性的な、超

図5　ヤマンバ！
（『ポップティーン』2002年11月）

越的な少女性をもって、街や駅で反抗を表したのだ。同様に米国・英国の黒人文化やスタイルも、若い黒人のステレオタイプ、とりわけ彼らの犯罪を犯す可能性や性的能力が誇張され、ギャングスターやポン引き風のスタイルが生まれた。北米と日本の間のやり取りから始まり、次第に越境的ネットワークを広げたエンターテインメントの世界でもまた、黒人が黒人により、少女が少女により演じられている。スタイルによる防衛的な社会戦略は、商業的なセルフスタイルと同一線上にある。ヒップホップ・アーティスト、NWA（Niggers With

---

[18] そうした少女は商業的情報によって形成された人工的な身体をしている。

Attitude)は、ベストセラーとなったアルバムを『Niggaz4Life』と名づけたが、このポリシーをよりはっきり表すために、グループメンバーは自分たちを「プロのニガー(黒んぼ)」と呼んだ［Lhamon Jr. 1996：282］。その10年前、1980年代にキュート・アイドルの代表となった歌手、松田聖子は「私はプロのぶりっこ」と似通った宣言をしている［増淵 1996：46での引用］。

　1980年代のかわいい系スタイル内部で起こった皮肉なねじれ現象は、ギャルやコギャル・スタイルの不自然なパロディの形をとった。これはたとえば、紋切り型の女性の性的逸脱を演じるために、公共の電車やトイレで服を着替えたり、化粧をしたりといった、非常識で礼儀知らずと思えるような行動表現を含んだ。「ギャルになる」ないし「まだギャルじゃない」といった10代特有の言葉や、大型の鏡、仰々しい化粧ポーチなどすべてが、少女性の茶番劇、との印象を後押しした。

　パロディーや物まねが高じて、コギャルやガングロ・スタイルは次第に「オカマ」的な様相を帯び始める。『ポップティーン』には、自嘲的な写真漫画『ヤマンバ！』が連載された。読者に「アジャ」として知られる編集上のモデルは、髪は多量のシルバーヘアを入れたぼさぼさのピッグテールで、顔には青いアイシャドウと大量のグリッターを塗り、まつげには白いマスカラをべとべとにつけている。アジャは間抜けな顔をしてみせたり、ボーイフレンドを「ゲット」するために、道ゆく男性の前に飛び出したり、といったおよそ淑女らしからぬドタバタ・スタントを披露する。こうしたガングロやヤマンバの女装的な感覚は、「オカマ」タレントの支持につながっていった。たとえば、性転換をしたヒロミという大阪出身のタレントは10代の少女たちのアイドルとなり、1990年代後半にはコギャル雑誌の記事やアドバイス・コーナーに多く登場した。ギャルを演じる文化は広範囲にわたる既存の男性の服装倒錯文化から多くの要素を取り入れ、またそれにより女装するプロの芸人もギャルが演じやすくなった。

　なんと文壇や論壇の著名人33名が女装した写真が男性向け大衆誌『週刊宝石』に連載され、その中で社会学者の宮台真司はコギャルに扮した［Kinsella 2005］。2002年にはコメディアンのゴリが人気テレビ番組『水10！』で女装し、頭のイカれたヤマンバ「ゴリエ」を演じた。ゴリエは女子高生の間でも人

気で、モデルとして『ポップティーン』2003年3月号の表紙も飾った。少女ファッションを支える誇張された少女性は、こうして芝居感覚で誇張された。

9．人種の越境と移動する少女文化

1990年代、類型化やレッテルという問題に対して、米国の黒人と日本の少女、それぞれのスタイルが示した反応は、より顕著になっていった。双方の文化は、狭い意味でのキャラクター化、つまり黒人あるいは少女という枠組みにおいて特徴を膨らませ極端に走るのではなく、むしろより多様で正確な自己イメージを生み出し、彼らのスタイルの安易な民族的・性的分類を難しくした。これら2つの文化形態の交流はその後も続いたが、そこで交換されるものは、もはや人種をひと括りにした単純な特徴ではなく、より細分化され、より正確な、個人によって異なる民族性だった。2000年から英国で、2003年からは米国でも放映された『Da Ali G Show』は、人種の境界に関する社会的不安や困惑を茶化している。ユダヤ系白人のコメディアン、Ali Gが、スラム街風の服をまとい、黒人のヒップホップ・ジャーナリストに扮するこのショーは英国と米国で絶大な人気を誇る。

その頃のコギャルとガングロのスタイルは「黒人」らしさに明らかにこだわりがなかったが、それは商業的な黒人文化も同様だった。どちらの文化でも、特定の人種の外見ではなく、メイクやカラフルなかつら、付け毛、スキンシェイドで、防衛的というよりも創造的な外見を手に入れることに重きが置かれた。ギャル文化における、当然のように区切られた民族の境界線への拒否反応は、北東アジア地域一般に通じるものがある。北東アジアでは「『黒人』と『白人』という歴史や体験における絶対的な区分のように、不変の民族的違いを呈する、過度に統合された文化の概念」［Gilroy 1993：2］に対して、軽蔑の念を募らせている。ポール・ギルロイは一貫して現代の北米文化におけるこうした風潮を指摘してきた。また、その著『人種に抗して』(2000)において「人間を分類し、隔てる手段としての『人種』に対する意図的かつ意識的な拒否」は全世界的な動きになった、と述べている［Gilroy 2000：17］。

　　　　　　　　　　　　　　　　　第Ｉ部　日本から

　　　　　　　　　　　　　　　　　　1996年に弱冠17歳でデビューし
　　　　　　　　　　　　　　　　　た米国のラッパー、リル・キムは、
　　　　　　　　　　　　　　　　　派手な衣装と有色人種の女性の振る
　　　　　　　　　　　　　　　　　舞いに関するルールを破ったことで、
　　　　　　　　　　　　　　　　　「ノトリアス（悪名高い）」になった。
　　　　　　　　　　　　　　　　　米国の黒人の間ではウェブ上で論争
　　　　　　　　　　　　　　　　　もおこり、彼女が褐色の肌と黒いア
　　　　　　　　　　　　　　　　　フロヘアに固執しないことに非難が
　　　　　　　　　　　　　　　　　集中した。リル・キムはきらびやか
　　　　　　　　　　　　　　　　　な宝石やアクセサリーで身を覆い、
　　　　　　　　　　　　　　　　　大胆なレザー・ビスチェにローライ
　　　　　　　　　　　　　　　　　ズのパンツ、そしてフリンジの付い
　　　　　　　　　　　　　　　　　たブーツという姿で現れた。肌の漂
　　　　　　　　　　　　　　　　　白や、コンタクトレンズやかつらを
　　　　　　　　　　　　　　　　　ゲットー・スタイルのメイクや衣装
　　　　　　　　　　　　　　　　　に合わせることで知られるが、青い
図6　オレンジの髪と青い目を持つ黒人、リル・キム　　目とライトブラウンの髪をした褐色
の肌の女性と思いきや、豊かなブロンドをなびかせるベージュの肌のヴィーナ
スになりもした［The Notorious K. I. M, album cover, 2000］（**図6**参照）。2003
年にアルバム『ラ・ベラ・マフィア（La Bella Mafia）』がリリースされた際に
は、東京のレコード店各店で大々的なプロモーションが行なわれた。金髪で青
い目のラテン系米国人歌手、クリスティナ・アギレラは、1999年のデビュー
以来、肌を露出したセクシーな衣装やカラーコンタクト、カラフルなかつらと
いった、リル・キムのパフォーマンス・スタイルを取り入れ、活躍している。
　現代社会における有意義な分類としての人種や民族を否定する動きは、北米
や日本の商業的文化や広告にてベージュ[19]の肌のモデルやタレントが重用され
ていることからも明らかだ。超人種的身体美の商業的な公式は、人種の流動性

---

[19] 商業界では「ベージュ」を薄褐色の肌や複数の人種が混ざり合った外見をファッショナブルに表す際
に用いられることがある。1990年代の日本では、日焼けした肌は、「ベージュ」もしくは「ミルクティー」
色の髪とコーディネートされていた。

と再結合を示唆する、曖昧な人種的特徴とベージュの肌だった。1990年代後半を彩った女性パフォーマーのほとんどは、その国籍や人種を問わず、薄い茶色の肌をしている。全米トップ歌手、マライア・キャリーはアイルランド系アメリカ人とアフリカ系ベネズエラ人の血をひき、肌と目は薄い茶色だ。褐色の髪と褐色の目をしたブリトニー・スピアーズも、黄金色に日焼けした肌をしている。また歌手で女優のジェニファー・ロペスは褐色の肌とこげ茶色の目をプエルトリコ人の両親から受けついだ。遺伝的にベージュの肌ではないスターは、エキゾチックな特徴をうまく利用した。リル・キムと同年にデビューしたフォクシー・ブラウンは、アルバム『チャイナ・ホワイト(China White)』にて「東洋の目」というフレーズを歌詞に含め、彼女に流れる中国系の血を全面に押し出した。安室奈美恵は、流れるような茶色い髪と黄金色に焼いた肌で、1995年から98年までコギャルのアイコンとなった。また1998年にデビューし、アイドル業界で安室に代わった浜崎あゆみは、たいてい、薄い茶色の肌とアッシュブロンドの髪でパフォーマンスを行なった。こうして1990年中頃から、日焼けした肌、そしてオレンジがかった髪(2000年初めに流行)など人種を超えた風貌が、日本のギャル文化と米国エンターテイメント業界の女性スターの美意識を特徴づける要素となった。

　ベージュの肌と人種を超えた特徴のキャラクターは、アニメやおもちゃにも影響を与えた。ペットワーク社が2001年に販売開始した日本のファッションドール「モモコ」には、コギャルやガングロのスタイルである、日焼けした肌とハイブリッドな民族性がある。アーモンド形の目に小さめの鼻、そして弓型の眉のモモコは、黒か薄茶色、あるいはブロンドの髪で褐色の肌、もしくは赤い髪でこんがり日焼けした肌、そして青い目をしている。また同年、MGAエンターテイメントは漫画調に誇張した民族的な顔のブラッツ人形を売り出した。世界各地でバービー人形を超える売り上げを記録したブラッツ人形だが、そのシリーズには東洋的な目で髪に明るい色のハイライトが入った「ジェード」という名の「トーキョー・ア・ゴーゴー」人形も含まれている。ディズニー社も茶色い肌の中国人とおぼしき少女を主人公とするアニメ『ムーラン』(1998)や、孤児でポリネシア系の面影があるハワイの姉妹と、迷い込んだ異星人スティッチとの冒険を描いた『リロ&スティッチ』(2002)といった作品で、ベージュの

図7　中国版『Cawaii!』のカバーを飾るブロンドヘアの浜崎あゆみ（2001年5月）

図8　ガングロの影響が表れている中国の流行スタイル（2000年春）

肌の人種を超えたヒロインを生み出した。

ホミ・バーバは、グローバルな民族性のスタイルが商業的に生産されていることからも明らかな「国境を越えた翻訳感覚の雑種性」［Bhabha 1994：5］の高まりは、人間の移動や労働力の越境の増加に伴う人々の実際の経験に根ざしているところが大きいと言う。人は国境を越え、そして国境を霞ませる。2人の現代政治論者の言葉を借りて言うなら、それは「群集の人類学的特徴を絶えず書き改め、再び公式化する、現代の協調的・生産的能力」だ［Hardt and Negri 2000：395］。

人や情報が国境を越えて行き来した結果誕生したセクシーな超ミニ・ショーツまたは股上の浅いフレアージーンズ、厚底ブーツ、グラマラスなアクセサリー、そしてブロンド・ヘアのコギャル・ファッションは、ブリトニー・スピアーズやビヨンセ、クリスティーナ・アギレラ、マライヤ・キャリー、あるいはジェニファー・ロペスなどの、セクシーな衣装、日焼けした肌、そしてあふれるような官能と同じ、グローバルなファッションによる会話の一部だった。黒い肌、白やブロンド、オレンジに染められた髪、カラーコンタクト、フェイス・グリッターやシールのガングロ・スタイルに見られる「文化的混合主義」［Hebdige 1987］は、リル・キムをはじめ、ビョークやニヴェアなどの艶やかなパフォーマンスに通じ

る。ガングロは、日本版ミンストレル的要素や、またおそらくそのゴシックな服装や大衆演芸を偲ばせる髪型によって誤解を招いているが、少女ファッションの世界的な流れに強いコネクションがある。日本の少女文化は想像上で国を超えた理解と人種を超えた外見に基づいてきた。太平洋を越えて共鳴しあい、また韓国に、ベトナムに、台湾に、そしてベトナムにと影響を及ぼし、及ぼされてもいる(**図7**・**図8**参照)。必ずしも文化を包括的に捉えているわけではない批評家からは、黒人スタイルの無知な物まねと批判されてきたガングロ・ファッションは、黒人文化の要素、そしてあたかも民族性さえもメイクやファッションに包含したかのごとく、人種的な色合いを結合させ、日本のギャル文化を流動的で人種を越えたスタイルと政治運動という国際的なトレンドへと導いた。そしてヤマンバ・スタイルは、サブカルチャーのレベルで人種を超え、日本をかけめぐり、フランツ・ファノンの言うところの「創造を実存にした」[Fanon 1986:218]。

【参考文献】

有吉佐和子. 1967. 『非色』講談社.
大塚英志. 1989. 『少女民俗学』光文社.
大沼ショージ. 2001. 『民族』河出書房新社.
落合恵美子. 1990. 「ビジュアル・イメージとしての女——戦後女性雑誌が見せる性役割」『日本女性生活史＜第五巻　現代＞』東京大学出版.
河合隼雄. 1976. 『母性社会日本の病理』中央公論社.
川村邦光. 1994. 『乙女の身体,女の現代とセクシュアリティー』紀伊国屋書店.
小浜逸郎. 1988. 「主体としての少女」本田和子編『少女論』青弓社.
瀬尾文彰. 1988. 「都市を浮遊する少女たち」本田和子編『少女論』青弓社.
土居健郎. 1971. 『甘えの構造』弘文堂.
本田和子（編）. 1988. 『少女論』青弓社.
―――. 1992. 『異文化としての子供』筑摩学芸文庫.
増淵宗一. 1994. 『かわいい症候群』NHK出版.
森伸之. 1985. 『東京女子高制服図鑑』弓立社.
山根一真. 1989. 『変体少女文字の研究』講談社.
―――. 1993. 『ギャルの構造』講談社.
圀田浩二. 2000. 「擬似イベントとしての援助交際」『大阪女学院短期大学紀要』30.
Ahmed, Sara. 1999. She'll wake up one of these days and find she's turned into Nigger: passing through hybridity. *Theory, Culture & Society*, Volume 16(2).
Atkins, Taylor. 2001. *Blue Nippon : Authenticating Jazz in Japan*. Durham : Duke University Press.
Bhabha, Homi. 1994. *The Location of Culture*. Routledge.
Condry, Ian. 2000. The social production of difference, imitation and authenticity in Japanese rap music. In Fehrenbach, Heide and Poiger, Uta. (ed.) *Transactions, Transgressions, Transformations, American culture in Western Europe and Japan*. Berghan Books.
Cornyetz, Nina. 1994. Fetishized blackness, hip hop and racial desire in contemporary Japan. *Social Text*. Volume 41.
―――. 1996. Power and gender in the narratives of Eimi Yamada. In Schalow, Paul and Walker, Janet (eds.) *The Woman's Hand*. Stanford University Press.
Dale, Peter. 1986. *The Myth of Japanese Uniqueness*. Routledge.
Dower, John. 1986. *War Without Mercy*. Pantheon Books.
Fanon, Franz. 1986. *Black Skin White Masks*. Pluto.
Gilroy, Paul. 1993. *The Black Atlantic, Modernity and Double Consciousness*. Verso.
―――. 2000. *Against Race*. Belknap Press.
Hardt, Michael and Negri, Antonio. 2000. *Empire*. Harvard University Press.
Hebdige, Dick. 1979. *Subculture : The Meaning of Style*. Methuen.
Hooks, Bell. 1992. *Black Looks, Race and Representation*. South End Press.
Inoue, Mariko. 1996. Kiyokata's Asasuza, The Emergence of the Jogakusei Image. *Monumenta Nipponica*. Volume 51(4).
Ivy, Marilyn. 1995. *Discourses of the Vanishing*. University of Chicago Press.
Kinsella, Sharon. 1995. Cuties in Japan. In Skov, Lise and Moeran, Brian (eds.) *Women, Media and Consumption in Japan*. Curzon & Hawaii University Press.
―――. 2005. Fantasies of a female revolution in male cultural imagination in Japan. In Sabu, Kohso and Nagahara, Yutaka (ed.) *Zap-pa (Groupuscules) in Japanese Contemporary Social*

Movements. Autonomedia.
Lhamon, T. D. Jr. 1996. Every time I wheel about I jump Jim Crow: cycles of minstrel transgression from cool white to vanilla ice. In Bean, Annemarie, Hatch, James, and Mcnamara, Brooks (eds.) *Inside the Minstrel Mask*. Wesleyan University Press.
Miyake, Toshio. 2001. Black is beautiful: Il boum delle ganguro-gyaru. Gomarasca. In Alessandro (ed.) *La bambola e il robottone*. Einaudi.
Moeran, Brian. 1995. Reading Japanese in Katei Gaho: the art of being an upper class woman. In Skov, Lise and Moeran, Brian (eds.) *Women, Media and Consumption in Japan*. Curzon & Hawaii University Press.
Nakano, Midori. 2000. Yamanba, *Japan Echo* Volume 27(1).
Russell, John. 1996. The black other in contemporary Japanese mass culture. In Treat, John (ed.) *Contemporary Japan and Popular Culture*. Curzon & University of Hawaii Press.
Silverberg, Miriam. 1991. The modern girl as militant. In Bernstein, Gail (ed.) *Recreating Japanese Women 1600-1945*. University of California Press.
Tamanoi, Mariko. 1998. *Under the Shadow of Nationalism, Politics and Poetics of Rural Japanese Women*. University of Hawaii Press.
Tanizaki, Junichiro. 1985. *Naomi* (Translated by Anthony H. Chambers). North Point Press.
Tsuchiya-Dollase, Hiromi. 2002. *Mad Girls in the Attic, A Comparative Study of Girls' Narratives in America and Japan*. Ph.D. Dissertation, Purdue University.
Ueno, Chizuko, 1997. In the feminine guise: a trap of reverse Orientalism. *U.S.-Japan Women's Journal*. English Supplement 13.
Wood, Joe. 1998. The Yellow Negro. *Transition*, Volume 73.
Yoshida, Mitsuro. 1979. The 'space cruiser yamato' generation, *Japan Echo* Volume 6(1).

第3章　琉ポップの越境性と
　　　　現代沖縄の若者たち

青柳　寛

僕が生まれたこの島の海を、僕はどれくらい知っているのだろう
汚れてくサンゴも、減っていく魚も、どうしたらいいのかわからない
でも誰より、誰よりも知っている、
砂にまみれて、波にゆられて、少しずつ変わっていくこの海を
テレビでは映せない、ラジオでも流せない
大切な物がきっとここにあるはずさ
それが島人ぬ宝

BEGIN[1]

　石垣島出身の3人組バンドBEGINが奏でる『島人ぬ宝』という曲は、160に及ぶ大小の島々からなり、漁業と農業を主な地場産業とする琉球列島の、約136万の島民の集団的情趣を表す作品とされる。穏やかなメロディーにのせて沖縄元来の自然美と人心の豊かさを讃え、それが失われていくことへの危機感を促し、沖縄がそこに住む人々の「宝」であると主張する『島人ぬ宝』は、2002年に沖縄の本土復帰30周年イメージソングとしてリリースされて以来、日本全国の聴衆を魅了し、オリコンヒットチャートの上位を保ち続けた。
　亜熱帯性の温暖な気候と独自の文化を持つ沖縄は、1972年5月15日の本土復帰以降それが県として属している日本の政治経済的な共栄圏の中で「エキ

---

[1] BEGIN『島人ぬ宝』(BEGIN 作詞作曲. テイチク. 2002)より抜粋。

ゾチックな周辺地」として位置付けられてきた。しかし2000年の沖縄サミットや2002年の復帰30周年を通して文化的クロスロードとしての価値が再認識されるようになり、グローバル化への漸進的な発展を目指す日本の政界と業界（メディアを含む）の戦略的バックアップなども手伝ってブームを巻き起こし、今や観光客総数を年間500万人以上（復帰当時の10倍以上）にし、移住希望者をも増加させる傾向にある。[2] 本土の人たちのライフスタイルへの琉食や琉球雑貨の取り込み、沖縄発流行文化への傾倒、エイサー追っかけなどに代表されるいわゆる「沖縄かぶれ」の増殖も留まるところを知らない。しかしまた、本土人の琉球賛美が「よそ者を基準とし、結局はよそ者のためにしかならない経済開発」を助長しながら地域本来の環境や生活様式を崩しているという懸念もある。こうした点で、『島人ぬ宝』がそのソフトタッチなメロディーに乗せて放つメッセージは沖縄の人たちの苦悩をうまく表現していると言えよう。これを各所で口ずさむ沖縄の若者たちには、現状を認識し、自文化に目覚め、ローカルライフスタイルを再編せんとする者も少なくない。『島人ぬ宝』は、現代沖縄の若者たちをして、「うちなんちゅ（沖縄人）」ないし「しまんちゅ（島人）」vs「やまとんちゅ（大和人）」ないし「ないちゃー（内地人）」、あるいは「沖縄（うちなー）」ないし「島」vs「大和」ないし「内地」という従来の区分と、それに基づくうちなんちゅの民族的アイデンティティを再生せしめているとも解釈できる。

　自文化への覚醒を促すメッセージは『島人ぬ宝』に限らず沖縄のポップ音楽やトレンディードラマ（沖ドラ）、そして映画（沖シネマ）など、いわゆる琉球発のトレンドに典型的に見られる傾向で、これらは「美しく平和な島、沖縄」としての「美ら島（ちゅらしま）幻想」ないし「琉球幻想」を類型化するシンボリックテクストとして捉えられる。では、こうした沖縄のポップ文化は現地の若者たちの生活世界にどのように介在し、若手うちなんちゅはこれを手がかりとして、いかように自文化に目覚めローカリズムを編成していくのであろうか。そもそも現代沖縄の若者たちは、ポップ文化を需要するにあたってこうした覚醒効果をどれほど期待するのか。本論は、沖縄のポップ音楽——名付けて「琉球

---

[2] 沖縄の統計に関しては、主に沖縄県庁ホームページ(http://www.pref.okinawa.jp/)を参照した。

ポップ」、略して「琉ポップ」——を手がかりに、これら若手インフォーマントたちの意識と表現行動をエスノグラフィックに記述していこうという試みである。

　この小論のベースとなるのは、筆者が2002年以降沖縄で実施してきたフィールドワークである。この中で筆者は、沖縄本島各所でサーベイやインタビュー、そしてイベントへの参加を行なった。また、インフォーマントたちとゆんたく（語りあい）し、模合（もあい＝仲間同士の集い）にも同行させていただいた。インタビューの対象者は22歳から28歳までの地元男女14名（男性8名対女性6名）で、これら若手うちなんちゅの中には大学や専門学校の在籍者もいれば働いている者もいた。この内男子2名と女子2名を除いては皆内地で長期滞在の経験を持ち、ないちゃーと自分たちとの文化的比較が可能と判断した。本論の構成としては、まず背景情報として現代沖縄の歴史的意味について言及し、次にこの文脈で若手インフォーマントたちの持つ世界観を明らかにしたい。その上で琉ポップが彼らのライフスタイルに与える影響について分析する。

1．本土復帰30周年が意味するもの

　分析に入る前にまず、なぜ沖縄を「越境するアジアのポピュラー文化」を理解するためのケースとして取りあげるのか少し説明しておきたい。うちなんちゅたちによる琉ポップの消費形態は、近代以降「日本」という国家的枠組の中に政治的に組みこまれてきた。その中で「マージナルな一地方」として扱われ、自分たちのアイデンティティを主張することを（あるいはそれを持つことでさえ）妨げられてきた沖縄という地域（近代以前には琉球王国として栄えた国家）の住民が、文化の多様化がもてはやされる今日のアジア地域において「脱日本」としての——即ち日本国という政治的領域を超えた次元で——新たな「想像の共同体」を形成していく様子を示してくれる。琉ポップの流行によって、これまで多くのうちなんちゅが「日本」という国家のメインストリームを規定する領域として意識してきた「大和」に「沖縄」という非大和的な要素が付け加えられ、それによって「大和」が脱構築され、うちなんちゅとその文化が確固たる市民権

を得た新たな国家の形態が意味的に確立するのである。そしてこの過程はまた、多くのないちゃーたちにとって「沖縄」という日本とアジア(日本人の大多数が「日本以外のアジア地域」として識別する領域)の中間に位置するファジーな文化が日本を形づくるれっきとした文化として再認識されることで、より柔軟でアジア化された、グローバルな時代に適応した国家が意味的に創造されるプロセスでもあると考えられる。

では、『島人ぬ宝』を生みだすきっかけとなった本土復帰30周年(明治時代以降日本国に組みこまれてきた琉球列島の地域社会が、第2次世界大戦の敗戦によってアメリカに占領された後、日本に「返された」という歴史的過程を記念する年)とは、若手うちなんちゅにとってどんな意味を持っているのだろう。14名のインフォーマントと個々に行なったインタビューからは、この問題に対する2通りの捉え方が明らかになった。これらを人数の多い順にまとめると、次のようになる(回答者に重複あり)。

- 沖縄の存在価値が日本全国で再認識された記念すべき日(11名)
- 沖縄の被植民地からより自主的な地域社会への移行を象徴する出来事(7名)

これらは2つの異なった見解というより、相互に関連した彼らなりの現状定義とみなすことができよう。いずれも沖縄文化の特性とその維持的発展を示す見解である。これは、沖縄の地方史または地方史観という文脈の中で捉えてみるとより明確に理解できる。

この文脈にはまず、1609年の島津藩による琉球王国への侵攻以来約400年にわたる本土への併合政策の下でうちなんちゅが被った苦難の歴史が大きな割合を占めている。即ち、徳川幕府による200年以上の琉球支配と明治政府による琉球王朝の廃止(1872年)、1879年の琉球処分、そして1898年から終戦まで計画的に行なわれ、方言の禁止などを含んだ本土への沖縄県民同化政策である。うちなんちゅの多くにとって、日米安全保障条約の一端として本土復帰後も継続的になされてきた米兵の駐屯と軍事施設の建設(いわゆる「基地問題」)や、本土のポストコロニアルな秩序下で今もじわじわと進行するサブアーバン化なども、新層としてこれに加わる。中村渠(なかんだかり)ら民族解放主義色の強い評論家からすれば、本土復帰はうちなんちゅの自治権を完全に無視した

図1 身近なエキゾチックワンダーランドとしての沖縄をアピールしたパンフレット。沖縄移住応援室(左)とわしたショップ銀座店(右)のもので、うちなーの経営陣が琉球幻想を利用してないちゃーの嗜好を駆りたてようとする文化戦略的オリエンテーションがうかがえる。

イベントであった。そしてこれを記念する日は、今も続く沖縄の「被植民地性」を示しているに他ならない。こうした歴史的意味付けはうちなんちゅのアイデンティティーを必然的に日本とアメリカに対して対抗的な意味を持つものとして規定し、沖縄と内地の間に「交流はできても繕うことはできない感情の境界」を構築してきたのである［中村渠 1998；cf 森木 2002；照屋 2003］。本土復帰そのものをリアルタイムで体験したわけでもなく、価値観の奮闘を余儀なくされたわけでもない今の若手うちなんちゅも、こうした歴史観によって意味付けられた環境に育つ限りにおいて、復帰30周年と沖縄ローカリズムの主張との間に相関性を見出すことが可能となる。[3]

一方、若手うちなんちゅのローカリズムを煽るよりリアルなイベントとして現行の沖縄ブームがある。グローバル化とそれに伴う文化の多様化が「エスニッ

---

[3] 筆者のインタビューでは、8名のインフォーマントが自分たちの「ないちゃー嫌い」が親の持つ歴史的な体験や観点によって影響されていることを明らかにしている。

図2　沖縄ブームと歩調を合わせて制作された参考書『沖縄ポップカルチャー』（天空企画編．東京書籍．2000年）。沖縄と内地双方の学者およびジャーナリストが、沖縄戦から現代沖縄のコミック事情に至るまで各種のテーマに関する論考を寄せている。

クブーム」という形で浸透しはじめた新千年紀はじめの内地において、沖縄文化もインドやタイの文化と共に「エキゾチックでトレンディー」なものとしてないちゃーたちの間でもてはやされ、沖縄料理（チャンプルーやラフテー、沖縄そば）やその素材（ゴーヤや黒糖）、ちんすこう、泡盛、三線、そしてエイサーなど、沖縄を表象する各種の物品やイベントが需要されはじめた。本土復帰30周年には、これに拍車をかける形で各種の沖縄特集がメディアによって組まれ、沖縄をテーマとする娯楽がないちゃーたちの沖縄嗜好を促した。『島人ぬ宝』やNHK連続ドラマ『ちゅらさん』の爆発的人気、「モンパチ」の愛称で知られるMONGOL800や夏川りみなど沖縄出身のバンドや歌手のブレイク、沖縄物産公社わしたショップの店舗拡大、沖縄風居酒屋の大幅な増加、そしてJ-Popへの沖縄的サウンドの導入など、今私たちのまわりで見受けられる「沖流（おきりゅう）」はすべて復帰30周年を契機とした流行現象だと言っても過言ではない。さらに、「熱しやすく冷めやすい」と言われるないちゃーの集団心理をこの機につかまんと観光業者により各種のツアープログラムが組まれ、癒しのエキゾチックワンダーランドとして記号化された沖縄が、経済大国日本で忙しくストレスフルな毎日を送るないちゃーサラリーマンとその家族、あるいは老後の楽しみを夢見るやまとんちゅのおじさんおばさんたちを相手に供給された（図1参照）。そして沖縄文化の親近化は近年の学会でも盛んに見られるようになり、沖縄に関する各種の学術書が出回るようにもなった（図2参照）。

　こうして「マージナルな他者」であった沖縄文化が「身近な一部」としてな

図3 うちなーアイデンティティ主張の一形態。沖縄への関心が深まる中、東京新宿で行なわれた「沖縄エイサー祭り」で自分たちの村の団結力をアピールするうちなんちゅ青年エイサー隊(2004年7月著者撮影)。

いちゃーたちに再認識されるにつれ、うちなんちゅの側からも「沖縄 vs 大和」といった以前の単純な 2 項対立から脱却し、和琉折衷型のよりハイブリッドなアイデンティティを持とうとする動きが見られるようになった。同時に、うちなんちゅによる自文化の自賛や、ないちゃーに対するアイデンティティの主張も強まってきたのである(図3参照)。こうした主張の中にはやまとんちゅの「琉球幻想」に懐疑的な見方もある。たとえば『沖縄芸能新聞』の編集者で沖縄のトレンドに詳しい小浜司は、最近注目されている沖縄音楽に表象される沖縄ブームが「いい意味でうちなんちゅ自身が鏡を通して自分を見つめる機会になる」としながらも、そこに「おいしいところをつまみ食い」しようとする本土大手資本の論理を見てとる。島唄の本質的な部分を見極めようとしないまま、お祭り気分で琉球もじりのサウンドがもてはやされている。こんな安易な流行感覚が、「根や幹がないがしろにされたまま、枝葉の部分だけに目がいっているような」沖縄芸能文化の現状を生んでいると小浜は憂い、これに対しうちなんちゅは「物をいわなければならない」と結んでいる［琉球新報 2004. 7. 10:

14]。

　では、若手うちなんちゅはこうした現状をどう捉えているのだろうか。筆者が行なった一連のインタビューの中でインフォーマントの1人金城まやさん（仮名、25歳女性）は、ないちゃーの「琉球幻想」には一方的で空想っぽいところがあるものの、若いうちなんちゅたちもそれに無頓着である点を指摘した。

　　　よく、「ちょっとそれは違うんじゃないの」とか思うことありますよ。ないちゃーはよく「癒しの島」とか「長寿国」とかいって沖縄を見る。沖縄は自然がきれいとかいうけど、うちなんちゅって結構ポイ捨てとかするマナーの悪い若者も多いし、ファストフードの影響で早死にするうちなんちゅだって増えています。結局（ないちゃーは）自分たちの都合のいいように沖縄を解釈して、やりたい放題やって帰っていくって感じがして、沖縄文化がそれによって本当に尊重されているのかどうかとても疑問に思います。でも、それに対して若いうちなんちゅも何も言おうとしないっていうのが何だかとても気になりますね。てーげー（いいかげん）っていうか。自分たちの島がこんなして変えられて、仕事なんかもうちなーへ入ってくるないちゃーたちに取られているのに、相変わらずのんきに構えているのがとても心配です。（かっこは筆者）

　このコメントには、ないちゃーとうちなんちゅの格差と、生活環境の侵食に対する金城さんの危機感がよく表れている。一見して過去の琉球差別が今の沖縄賛美に転じたようではあるものの、ないちゃーたちのエスノセントリズムに変わりはなく、うちなんちゅの優柔不断さもまた、世代が交代しても本質的には変わっていない。こうした状況が沖縄の維持的発展につながるとは言えないと彼女は批判する。
　一方、仲里琉子さん（仮名、24歳女性）は、本土復帰30周年を転機とする時代の流れにアイデンティティの決定的な推移を読み取る。

　　　親はないちゃーの前で自分たちがうちなんちゅであることを絶対に言おうとしません。昔は沖縄に対する差別が強かったらしく、そうすることに戸惑

いを感じてきたようです。今は沖縄ブームで随分と時代が変わったと言っていました。自分の世代ってそういうのあまり気にならないじゃないですか。自分には沖縄も東京も平等って感じで、ないちゃーを相手に自分がうちなんちゅだっていうことに引け目はないし、沖縄の良いところも悪いところもいくらだって見せられますよ。

家族と長く東京に住んでいた仲里さんのコメントは、ないちゃーに対する若者とその親の感覚的ギャップの中に、うちなんちゅの自尊心の強化が見てとれることを示している。内地と沖縄がますます「異質ながらも平等(different but equal)」になる中で、自分は沖縄ローカリズムを大いに主張していこうという前向きな態度が見られる。

やはり内地での滞在経験がある比嘉佳織さん(仮名、24歳女性)は、親と自分たち若者世代の感覚差について次のように語る。

　戦争の記憶なんかもあって、自分の親にはないちゃーに対して超えられない壁があるのだと思います。それは尊重するけれど、自分らにはそれほどはっきりした壁はないですね。ないちゃーだからというより、もっと個人的な相性で相手を見分けていると思いますよ。内地にも沖縄にも、いい人も悪い人もいるわけだし、内地には内地のよさもあるし。でも自分らがうちなんちゅだと強く感じる瞬間はあります。内地で同郷人が集まった時など、別に意識して壁を作ろうなんて思わなくても、気がつくとなんとなくうちなんちゅ同士で固まってしまう。同郷人の強い絆みたいなものを感じてしまいます。それに、習慣やものの考え方からくるギャップを感じることはあります。ないちゃーはいつもきりきりしているけど自分らはてーげー、よく言えばおおらかで悪く言えばいいかげんだとか。

この場合、うちなんちゅとやまとんちゅの文化的格差は以前と比べて一段と曖昧なものになり、今の若者たちは場と状況に応じてコードスイッチングが行なえることを示している。

共に内地文化に精通する女性たちのこうした解釈に対して、沖縄から一度も

離れたことのない普天間賢治さん(仮名、28歳男性)は次のような見解を示した。

> 観光なんかで沖縄がブームになって、こちらにやってくる内地の人たちといっしょに内地スタイルなんかも今どんどん入ってきているでしょう。新都心なんか沖縄じゃなくなってきているじゃないですか。でもやはり沖縄は大和ではなく、うちなんちゅとやまとんちゅは異質だと思いますよ、少なくとも今は。沖縄で生まれ育てば沖縄文化の影響を受けるわけで、うちなんちゅは昔から自文化を失わずに異文化をちゃんぷるーする(混ぜ合わせる)ことに慣れているから。でも、前よりずっと大和やアメリカの生活スタイルを取り入れるようになったでしょう。表はインターナショナルでも中身はうちなんちゅという考え方が一番自然かな。(かっこは筆者)

ここに示されたのは、グローバル化の中でライフスタイルや表現行動がいくら脱沖縄化したとしても柔軟な琉球魂はうちなんちゅの中でまだまだ消えていないという、より保守的な見解である。

こうしてみると、沖縄の本土復帰30周年を転機として、若手うちなんちゅの間でアイデンティティを規定するパラダイムが「沖縄vs大和」という単純な二項対立からより複雑でダイナミックな形態へとシフトしていることがわかる。沖縄性も異文化性も共に自我の構成要素としながら、琉球性をコアに据えるよりコンサバなモデルと、場や状況に応じて琉球性から異質性へと臨機応変するよりリベラルなモデルがサブタイプとして混在しているとみなすことができる。では、沖縄のポップ文化はこうしたパラダイムをどのようにスタイル化し、若いうちなんちゅの文化再生に関わるのだろうか。琉ポップとアイデンティティの具体的な関係を次節で探ることにする。

2．琉ポップパフォーマンスと「なまぬうちなーぬわかむん」

琉ポップをおおざっぱに特徴付けるなら、ロックやファンク、ヒップホップ、そしてラップなど現代のトレンディーな音楽に琉球古典民謡の要素が融合して

できたミクスチャーサウンドと言うことができる。より具体的には、三線のメロディーや、うちなーぐち（沖縄言葉）を所々に取り入れた若者向けポップ音楽と定義されよう。これが沖縄外の多くの人々にも消費される越境的トレンドになるまでの経緯を捉えるなら、以下の3期に分けることができる。即ち、りんけんバンドが日本人のアジア嗜好に応じる形で本土進出を果たした1980年代後半から、J-PopバンドであるThe Boomが沖縄風にアレンジした曲『島唄』をヒットさせた1990年代はじめまでの発祥期。BEGINやDIAMANTES、Parsha Clubが人気沸騰し、これに続いてネーネーズやCoccoが登場して「沖縄勢」が話題になった1990年代の継承期。そして沖縄本土復帰30周年を契機として「沖縄音楽」がポップジャンルとしての知名度を上げ、モンパチやORANGE RANGE、夏川りみ、ティンクティンクらがメジャーアーティストとして続々と登場する一方、インハイことINDIAN-Hiなど、沖縄のインディーズにかぶれる本土のファンも増えてきた今日の定着期である。

琉ポップには数多くの楽曲があるが、ここではインフォーマントが挙げた楽曲と筆者自身がフィールドワークで出くわした曲目を、エスノグラフィックな記述の一端として論じていくこととする。

2．1．カラオケに演出される琉ポップの魅力

筆者がフィールドワークの一拠点とした沖縄本島北部の山原（やんばる）地方で度々行動を共にしたインフォーマントたちの中に仲宗根亮さん（仮名、23歳の青年）がいた。彼は地元の高校を卒業後、内地の自動車工場で1年間出稼ぎをした後、故郷に戻って運送会社に勤めていた。口数の少ない仲宗根さんにインタビューを試みるのは困難だったが、彼は時折筆者に調査のヒントとなる提示をしてくれた。そんな彼がある日、自分が内地で常に聴いていたというお気に入りの琉ポップのCDを手渡してくれた。それは同じ山原出身の若者5名で結成されたCrimsonというインディーズバンドのアルバムだった。沖縄のロック系アーティストたちにとって由緒ある登竜門となるコザ音楽祭で2003年にグランプリを獲得し、地元沖縄で活躍するこのミクスチャーバンドは、ロックとラップの混交に三線など琉球色のアクセントを付した巧みなサウンドにのせて、沖縄の美しい自然や伝統、そして人の心の温かさを賛美する詞を奏でて

いる。⁴ この中で特にお勧めの曲として紹介されたのが、『島』であった。サビの部分が「くぬ島、くぬ海、この太陽、誰にも渡せない自慢の島は、わったぁの宝でもあるこの島は、うちなんちゅの心を揺さぶりながら……」⁵ と唄われるこの沖縄愛歌について、ノリがよくメッセージが好きだと説明する仲宗根さんに、この機を逃すまいと内地のポップ音楽との違いに関するインタビューを試みた。すると、彼は同じ「愛」を歌う現代音楽でも内地のそれは「内容が薄い」と答えた。個人的な「惚れた腫れた」ではなく、より広い人間愛や命の尊さを唄うところに惹かれるというのである。では伝統的な島唄との違いがあるかどうかを尋ねると、古典民謡は「固くてのれない」し、内容が「あまりにもローカルすぎて自分にはわからん」と説明した。⁶

　仲宗根さんとその友人数名でカラオケに行ったことがあるが、その席で仲宗根さんが最も情熱的に歌ったのがモンパチの『あなたに』と『琉球哀歌』の2曲であった。モンパチは1998年に沖縄の高校生3名が結成し、しばらくはパンクロック系のインディーズバンドとして沖縄で活動していたが、大学時代に出したアルバム『Go On As You Are』が沖縄でヒットするにあたり本土にもその名が知れわたり、2001年にリリースされた『あなたに』がCMに起用されるに至って全国的名声を不動のものにした。ネットの有名J-Pop評論誌であるミュージックファインダーによれば「脳天気で無邪気なメロディー」が特徴で、「単純明快なフィーリングで楽しませてくれるのがモンパチの醍醐味」ということである。⁷

　『あなたに』と『琉球哀歌』は、モンパチのメジャー化記念アルバムとしても知られる『メッセージ』(2001年9月発売)に収録されているが、基地問題に

---

[4] ベトナム戦争時代、在沖米兵をもてなす娯楽の一端として編み出されたロックパフォーマンスは、基地の街コザ(現沖縄市)で独自の展開を見せた(詳しくは沖縄市企画部平和文化振興課 1994を参照)。コザ音楽祭はこのコザロックの精神に則り、若手ロッカーたちを育成する目的で結成されたスカウトキャラバンで、第1回本選は1999年6月8日に行なわれた。

[5] CRIMSON『島』(CRIMSON作詞作曲. サウスランドミュージック. 2004)より抜粋。

[6] 『安里ゆんた』は八重山、『南洋浜千鳥節』は久志といった具合に、古典民謡は沖縄の中でも特定の地方と密接な関連を持ち、郷土史をある程度理解していなければ意味がわからない。このことや、師範から弟子へと忠実に継承され再現されていく古典民謡の修養プロセスが、自由なスタイルを求める若者たちには堅苦しく思われるようである。

[7] http://musicfinder.yahoo.co.jp/shop?d=p&cf=12&id=16574 を参照。

関して米兵と衝突する沖縄市民や海辺にたたずんでサバニ舟を見つめるおじい、あるいは石垣に囲まれた茅葺屋の縁側で座って楽しく笑いながら作業をするおばあたちを映したこのアルバムのジャケットは、それ自体が「うちなんちゅ魂」をよく表している（図4参照）。「人にやさしくされた時、自分の小ささを知りました」で始まる『あなたに』は、無常なこの世でただ１つ揺るがない「あなたへの思い」を爽快なリズムに乗せて唄っている曲だが、カラオケ同席者たち

図4　MONGOL800のアルバム『メッセージ』のジャケットとCD。基地問題で米兵と衝突する沖縄市民（1970年12月のコザ暴動にて）や「旧き良き沖縄」の街風景が表象されている。

によると、「君が好きだ」といった個人的な愛情表現の前に人と人との絆の大切さ——地元ではこれを「ゆいまーる」（助けあいの精神）という——を強調しているところが沖縄らしいということだ。また、グローバル化の波の中で以前にも増して伝統文化の維持が難しくなってしまった沖縄の現状と、それに負けずに「真心第一」の精神を守らんとするうちなんちゅの意地をも如実に物語っているという。一方、「泣かないで人々よ、あなたのため明日のため、全ての国よ、うわべだけのつき合いはやめて、忘れるな琉球の心、武力使わず自然を愛する、自分を捨てて誰かのため何かができる」[8] と唄う『琉球哀歌』は琉球魂をより具体的に表現しているという。平和な世の中で生きることの喜びや人を

---

[8] MONGOL800『琉球哀歌』（上江洌清作作詩．MONGOL800作曲．ハイウェーブ．2001）より抜粋。

愛することの大切さを強調するところが、沖縄ならではだそうである。

　この夜のカラオケパーティーでは、琉ポップの選曲の合間にJ-Popの最新ヒット曲が挿入される形で、夜11時から4時間にわたる熱唱が続いた。沖縄で一番よく飲まれるオリオンビールの生ジョッキを振り上げて何度も「あり乾杯！」し、つまみをほおばりながら唄ったりゆんたくしたりしていると長い時間も短く感じられた。[9] この夜最後の曲が筆者に託されたので、躊躇なく『島人ぬ宝』を選ぶと歓声があがり、これを一同大合唱して盛り上がった。琉ポップが若者たちの内に潜むローカリズムの火付け役となっていることが確認できた。

　この友人グループは3ヵ月に1度は集まってカラオケに行く仲間たちであったが、沖縄について研究している筆者の同席を理由にこの夜が特別に沖縄性を主張するイベントになってしまったのかどうかを尋ねると、そんなことはないと彼らは答えた。集まるごとに琉ポップの楽曲をJ-Popの懐メロや最新ヒットと共に唄って楽しむのだという。社会化という観点から見れば、カラオケが彼らにとって多様化する世界とその中で保持されるべき自分たちのうちなんちゅアイデンティティを確認する場として機能していると考えられ、琉ポップはその中でうちなんちゅとしてのアイデンティティをハイライトする役割を持っていると解釈できる。

2．2．琉ポップ音楽祭に見る沖縄流マスゲームの形態

　「寛さん、今日は宜野湾ですごいライヴがあるよ。はねかすうちなんちゅがいっぺい見れるはずよ！」2004年9月初日、筆者は大城さきさん(仮名、26歳女性)とまきさん(仮名、24歳女性)姉妹、そしてその友人数名に誘われて、宜野湾市にある海浜公園屋外音楽堂で行なわれたイベント「FM沖縄バースデーライヴ、いつも心は南向き・しあわせ」の観賞に赴いた。「心が沖縄の位置する南に向いていればいつも幸せである」と言わんばかりのタイトリングからして、このライヴがうちなんちゅとしての認識を強めるためのイベントであることが大いに予測された。FM沖縄ステーションの20周年を祝って2日間行なわれ

---

[9] オリオン社が本土のアサヒビール社に併合されたという事実も話題になり、同席者たちは、こうした琉球市場への本土資本の強まる介入も琉球哀歌になると訴えていた。

第3章 琉ポップの越境性と現代沖縄の若者たち

たこのライヴイベントの初日にあたったこの日は、琉ポップを代表するアーティスト15組が約6時間にわたって順次登場した。以下は、このイベントを観衆を社会化するリミナルな場とみなして行なった参与観察の要約である。[10]

　イベントの会場となったのは海辺の丘陵に構えられたコロシアム状のドームだった。15時半に開場するや、待っていた約2000人の観客がどっと流れ込み、会場の前方から順に席を埋めていった。16時に開演するや、沖縄版ゴスペラーズとして知られるbless4、ユニークな弾き語りを展開するジョニー宜野湾、短間屋調の爽快なメロディーに乗せてリアレンジされた島唄を奏でる琉球チムドン楽団、宮古島出身で現地独特の方言を用いたネオフォークシンガー下地勇、ニューエイジっぽい唄で幻想的な雰囲気を演出するしゃかり、NHKテレビドラマ『ちゅらさん』のテーマソングを唄ったことでもおなじみの若手癒し系デュオKiroro、女性ヴォーカルの大御所として古典民謡とポップを融合させた楽曲を力強い歌唱力で唄い上げる古謝美佐子、ラテン調の明るいノリで聴衆を沸かせるDIAMANTESらが次々と登場し、DJたちのさわやかな司会を交えながら1組約20分のパフォーマンスを展開していった。そして最後に、石垣の人気グループBEGINがステージを盛り上げた。時がたち、知名度がより高い組へとイベントが経過するにつれ観衆の数は膨れ上がり、気がつくと会場は4000近い人で埋めつくされていた。最初は特定少数のファンが立ち上がって自分たちのアイドルにエールを送っていたが、古謝美佐子など経歴が長く知名度の高いアーティストの番が回ってくるとほとんどの人が立ち上がった。

　古謝美佐子といえば9歳にしてレコードデビューを果たした天才民謡歌手として沖縄では知られてきたが、1990年から5年間ネーネーズというグループにリーダーとして参加して以来ポップ系の歌手としても知られるようになった。1997年に彼女が作詞した『童神（わらびがみ）』（副題は『天の子守唄』）は、2000年にリリースされたソロアルバム『天架ける橋』に収録され、翌年沖縄を代表する子守歌として本土でも紹介された。山本潤子や花＊花、夏川りみらJ-Pop歌手がこれをカバーし、山本バージョンがNHK『みんなのうた』(2002)

---

[10] 紙面の制限によりライヴの全貌は紹介できないので、参考となる部分を抜粋して記述する。

で連続的に放映され、夏川りみバージョンが2003年に日本レコード大賞金賞を受賞するに及んで全国的なヒットとなった。当日のライヴステージで古謝はこの『童神』を唄って子供の愛しさに託して生まれくる命の大切さを賛美し、観衆の心を惹きつけた。彼女が「てぃんからぬみぐみ、うきてぃくぬしけに、うまりたりなしぐゎ、わみぬむいそだてぃ、イラヨーヘイ、イラヨーホイ、イラヨー、かなしうみなしぐゎ……(天の恵み、受けてこの地球に生まれたるわが子、私こそがお守りして育ててあげる、よーし、よーし、よし、愛しいわが子よ……)」[11]
と底力のある声で唄うと、観衆も「イラヨーヘイ、イラヨーホイ、イラヨー、かなしうみなしぐゎ……」と呼応した。隣近所に目を向けると、同行していた女性たちをはじめ、女性観衆の多くが目に涙を浮かべながら合唱していた。

　もしライヴにシーケンシャルなメッセージ効果が期待できるとすれば、古謝が『童神』で命の大切さをアピールした後で当日の半月前に起きた「沖縄国際大学構内米軍ヘリ墜落事件」に言及し、武器や戦争の恐ろしさを訴えたことの意義は大きい。[12] 古謝は、日米安保を重んじるあまり沖縄の基地問題には触れたがらない日本政府に物言いをする口調で、「日本の沖縄というところで、日本の学校に落ちたにもかかわらず、調査も何もできない。そんな日本の中の沖縄が悔しい」と発言し、世界じゅうが平和になれる日がはやく到来することを観衆の面前で願った。会場からは声援が湧き上がり、反戦を主張する沖縄市民パワーが再現された。

　古謝を後継する形でステージに登場したのはDIAMANTESだった。ペルー生まれの日系うちなんちゅ3世のアルベルト城間をリードヴォーカルとするこのトリオ(1991年にデビュー)は、サンポーニャやチャランゴに三線を合体させた音色や、サンバ調の爽快なリズムに沖縄の手踊りであるカチャーシーの調べを共鳴させた独特のスタンスでフォークローレを奏でている。また、唄の歌詞には植民地主義からの民族解放をヒントさせるキーワードが随所に見られ、

---

[11] 古謝美佐子『童神』(古謝美佐子作詞. 佐原一哉作曲. ブルーワンミュージック. 2003)より抜粋。
[12] 2004年8月13日14時15分ごろ、本島中部の普天間基地から飛び立った米軍のCH53型ヘリコプターが宜野湾市の沖縄国際大学構内に墜落した。この事件は県の要望で普天間基地の移転が検討されていた矢先の出来事だっただけに世論を触発し、キャンパスをはじめ県下の各地で抗議集会が行なわれた。詳細については http://www.okinawatimes.co.jp/spe/heri20040813G.html#top などを参照せよ。

南米と沖縄をポピュリズムの絆で結ぼうとする意図がうかがえる。このグループのホームページが LIBRE（自由解放）と名付けられていることからも、その民族解放主義的なオリエンテーションがよくうかがえる。[13] また、沖縄ディアスポラの元締めとも言われる世界のうちなんちゅ大会を後援するなどして、パンオキナワンなアイデンティティーの構築にも一役を担っている。

　この DIAMANTES は最初ラテン系の明るくリズミカルな曲で、年齢や性別や国境や民族の壁を乗り越えて皆で仲良く盛り上がることを促した。沖縄の共同体原理である「みるくゆがふー（平和と豊かさ）」を演出したものだと筆者には感じられた。そして観衆が入り乱れて踊り、まだ興奮が冷めやらぬ中、『魂をコンドルにのせて』が披露された。チャランゴとドラムが奏でる張りのあるリズムに乗せて、2つの祖国（沖縄とペルー）の市民が被った植民地支配の痛ましさと、それを乗り越えて自由と平和が達成されることの大切さが声高らかに唄われた。

　　　赤土の大地、砂糖黍の大地
　　　銃声が轟き rafaga（雷）の音に震えた
　　　ふたつの故郷に、泣き声が響く
　　　いくつもの命が、眠る大地
　　　鉛色の空を越えて、いくつもの国境を越えて
　　　私の歌を届けておくれ
　　　陽が出るアジアの島から、陽が落ちる彼方の町まで
　　　魂をコンドルにのせて[14]

観衆がリズムに乗せて躍動する会場には、DIAMANTES のロゴが入った大きなバナーをまるで革命旗のように振りかざすファンの集団も来ており、インターナショナルな雰囲気の中での沖縄ローカリズムの強調に冠をかざした。
　この日のファイナルステージを飾ったのは BEGIN だった。『涙そうそう』

---

[13] http://www.diamantes.jp/ 参照。
[14] DIAMANTES『魂をコンドルにのせて』（宮沢和史作詞．アルベルト城間作詞．アルベルト城間作曲．マーキュリーミュージック．2000）より抜粋。

や『島人ぬ宝』の全国的ヒットで知られる石垣トリオである。琉ポップのバンドとしては先のDIAMANTESと並んで長い経歴の持ち主で、アマチュアとしてしばらく東京のライブハウスで活動した後、TBSの人気番組であった『平成名物TVイカすバンド天国』（通称『イカ天』）の1989年グランプリに輝いてメジャーデビューを成し遂げた。テンポが速いパンキッシュな楽風がはやった当時、沖縄らしいゆったりしたメロディーを売りにした異質の存在だった。彼らがステージに登場する頃会場は既に相当の熱気に満ちあふれ、高台になった後方の芝生にちらほら見えるお年寄りを除けば、もはや座っている人は誰もいなかった。大人の大半が会場で販売されていたオリオンビール入りのプラスチックコップを手にし、親族や仲間同士で集まっていると思われるグループがかちゃーしーを踊ったりじゃれあったりしている姿もあちこちに見られた。BEGINはざわめく観衆に、うちなんちゅなら誰もが口ずさめる「おじい自慢のオリオンビール」をぶつけて盛り上げた。ライヴイベントのメインスポンサーがオリオン社ということもあってこの曲が唄われることは予想されたが、観衆の盛り上がりぶりは、オリオンビールがPRの域を超えてうちなんちゅ同士を結びつけるシンボルとなっていることを示していた。かちゃーしーで入り乱れる観衆は、ヴォーカルの比嘉栄昇と声を合わせ「島とつくもの何でも好きで、酒にまーす（塩）にぞうりまで、かりゆしウェアでまーかいが（どこ行くの）、おばあが夕飯待っている……　三ツ星（オリオンのロゴ）かざして高々と、ビールに託したうちなーの、夢と飲むからおいしいさー、おじい自慢のオリオンビール……」[15]と豪快に唄った。続いて黒潮の影響で海の幸に恵まれた豊かな列島沖縄で人々が力を合わせて力強く生きてきた様子を叙事した「かりゆしの夜（めでたい夜）」で観衆のうちなんちゅ意識を高揚させた。

　一通り唄い終えたBEGINがステージから退場すると、会場は暗くなった。イベント終焉のシグナルだった。会場のどよめきはおさまるはずがなく、予想通りアンコールが会場の方々から叫ばれた。数分後に司会が登場して会場がさらに盛り上がるとスタジオがパッとライトアップされ、BEGINがステージに飛び出した。「これはもう皆で唄いましょうね！」と比嘉栄昇が呼びかけるや、

---

[15] BEGIN『おじい自慢のオリオンビール』（BEGIN作詞作曲. テイチク. 2002）より抜粋。

当日出演したアーティストたちがDJと共に総勢でステージに登場した。歓声がピークに達した瞬間、三線の音色が会場に響きわたり、期待していた通り『島人ぬ宝』の伴奏が始められた。会場全体の声が1つになって「僕が生まれたこの島の空を、僕はどれくらい知っているんだろう、輝く星も、流れる雲も、名前を聞かれてもわからない、でも誰より、誰よりも知っている、悲しい時も、嬉しい時も、何度も見上げていたこの空を……」[16]と唄った。沖縄らしく、唄と唄の合間にピーイーピ、ピーイピッとリズミカルな口笛が入ったり、サビの部分では「イーヤーサーサァ！」、「スリ！スリ！スリサーサッ！」と大勢からかけ声もかけられての大合唱となった。

　ようやくライヴが終了し会場が明るくなると、感動の涙を浮かべた同行者たちの顔や遠方で固まって騒いでいる若者たちの姿が目に入ってきた。約4000からなる人の列に混じって帰路についた筆者は、ゲートまでの長い道程を同行したインフォーマントたちと会話しながら歩いた。ライヴの感想を求められた筆者が「沖縄一色のすごいライヴだったなぁ！」と答えると、大城まきさんは「でしょー！　こんな沖縄っぽいノリは内地のライヴでは味わえないよね！」と応答。これに姉のさきさんがすかさず、「オリオンビールは最高さぁ！」とフォローして皆の笑いを誘った。これは琉球チムドン楽団の登場にあたってリーダーが「オリオンビール最高！」と叫んで観衆を盛り上げた箇所を指すコメントだったが、これに「内地のライヴでアサヒビール最高！とか言ってもあまりパッとしないよなぁ」と彼女が加えると、同級生の1人が「じゃあれは、あれ！　せーぐぁーやーいびんよ！」といった。これは、ライヴの最初に司会の1人が、「せーぐぁーやいびーん！（誠ちゃんでございまーす！）」と、沖縄古典民謡の大家である登川誠仁の舞台挨拶（うちなんちゅならほとんどの人が知っているとされる決まり文句）を真似るギャグでステージ上に登場して場内を沸かせた部分に関するコメントだった。「誠でーす！とかいきなり言われてもないちゃーは絶対わからんもんなぁ！」と他の1人がフォローしてその場で皆盛り上がった。「ないちゃーとかに言わせればダサいかも。でもそのダサさがいんだよなぁ！」とさきさんが付け足した。筆者がいたこともあってか、こうし

---

[16] BEGIN『島人ぬ宝』（BEGIN作詞作曲. テイチク. 2002）より抜粋。

てインフォーマントたちの間でうちなんちゅ性へのアイデンティフィケーションが、ないちゃーとの差異化によって具現化されたのである。

　このライヴで筆者が特に注目したのは、反復的に強調されるうちなんちゅのアイデンティティと、それに付随した規範的なメッセージであった。たとえば、司会の1人が開演時に参観のマナーに注意を促す際、ゴミの話から環境問題に言及し、沖縄の美しい自然と「環境に優しいうちなんちゅ」をアピールした上で、最後に「地球は塵箱じゃないよー！」と結んだのは興味深かった。ここでポイントとなったのは、実際にうちなんちゅが環境を大切にしているかどうかではなく、うちなんちゅであれば誰しも自然に対する愛情を本質的に持てるという類型論である。先に記述した古謝の「うちなんちゅ平和論」同様、ノーマティブな言説が民族性に絡めて各所で主張されたのである。こうしてみると、琉ポップのステージパフォーマンスとその合間を縫う司会、そして観衆たちの態度が三位一体となり、ローカルな題目（登川誠仁ギャグやうちなーぐちの活用、古謝美佐子による島唄パフォーマンスなど）や民族的類型（自然を愛し、平和を愛する民族としてのうちなんちゅのイメージ）、そして異文化（ないちゃー）との差異などを構成要素としながら「ちゅら島沖縄、ちゅら心うちなんちゅ」といった琉球幻想を再構成したことがよくわかる。普段からローカルな話題が満載のFM沖縄に影響された聴衆が数多く来場していればローカル色が出るのは当然だと言われればそれまでかもしれないが、少なくともそうした日常のローカリズムを象徴する長期に1度の大イベントとして、この琉ポップのライヴパフォーマンスが機能したことが理解できる。

2．3．琉ポップと「知」の構築（？）

　沖縄における琉ポップの盛況ぶりは、古典的な民謡に傾倒することでうちなんちゅとしての文化的アイデンティティを保とうとすることが予測される年配者に対し、なまぬうちなーぬわかむん（現今の沖縄の若者）たちが現代的なポップジャンルによって自分たちのローカリズムを主張していることを物語ってくれるが、ここにアイデンティティという概念そのものの検討を迫る問題が秘められている。[17] それは、若手うちなんちゅにとって琉ポップとそれが表象する「琉球幻想」が、はたして古典民謡がそうするであろうがごとく、自分たちの

歴史や文化をより深く理解するためのツールとなりえるかどうかという問題である。筆者は、この点については調査するまで半信半疑で、おおむね琉ポップは漠然とした自文化の賛美を促すにとどまると仮定していた。

かつてルポライターの林巧は台湾で日本のポップ文化にかぶれる若者層（いわゆる「哈日族」）を対象に調査を行ない、彼らが現代日本のトレンドをきっかけとして日本の文化社会から政治経済、そして歴史に至るまで広範にわたってその知的領域を広げていく様子を明らかにした［林 1994］。筆者自身が香港をはじめとするアジア各都市の出身者を対象に行なった調査でも、日本のポップ文化が高度な産業技術とそれを可能にする日本社会に関する知識を深めるための火付け役となることが示された［Aoyagi 2000］。しかしこれらはあくまで卓越した側面を持つとされる異文化に憧れ、その魅力とプロデュースのノウハウを吸収しようとする若者たちの態度であり、自文化の再開拓にポップ文化がどれほどの威力を発揮できるかはまだ定かではない。この点で、日本の国鉄が1984年を皮切りに展開した「ディスカバージャパン」キャンペーンに関するアイヴィーの調査報告は貴重である。これにより、組織的にプログラミングされたツアーキャンペーンが市民の自文化再認識に影響力を発揮することが示された［Ivy 1995］。しかしこうした研究にも、それなりの限界がある。プログラミングの戦術的側面に注意を払うあまり、このキャンペーンが単なるキャッチ以上のレベルで受け手側の自文化理解をどれほど促したかというところまでは解明されていない。自文化とアイデンティフィケーションを問題にする時、文化的アイデンティティの内容についても、それがはたしてムードや感情のレベルにとどまるものなのか知的領域を拡大するものなのか、また後者の場合には自文化に関してどのような「知」が開拓されるのかが十分に検討される必要がある。

こうした反省をかねて、筆者はインフォーマントとのインタビューの中で、「琉ポップが沖縄文化に関する知識の拡大をどれほど助長するか」という質問を投げかけると同時に、彼らが沖縄についてどれだけ知っているかをテストしてみた。[18] 14名中、5名が沖縄の文化史について少なくともある程度学習した

---

[17] 琉球の古典民謡が沖縄の年配者に与える影響に関する調査は2005年現在実地中で、まだ結論的なことが述べられないため、この点に関する明記は避けたい。

という自覚があり、沖縄社会の辿ってきた歴史的経緯に関して体系的な知識を持っていると判断された。しかし、この中で琉ポップが確実に知識拡大の促進剤となり得たとした者は2名で、他の3名はきっかけになるが直接的要因にはなりがたいと答えた。前者2名のうち1人は『島人ぬ宝』の歌詞にある「汚れていく珊瑚も、減っていく魚も、どうしたらいいのかわからない」という部分に触発されて沖縄の海に関する海洋学的知識を身につけ、今はエコツアーのガイドも勤めている。彼女によれば、かつては自分の中で漠然としていた沖縄の海洋生態系の危機的状況(地球温暖化に伴う珊瑚礁の大幅な減少や、公害やトローリー漁業が影響すると考えられる近海魚の大幅な減少)についても、『島人ぬ宝』に感銘を受けて学習するようになったそうである。しかし彼女はその一方で、「まるでバカのひとつ覚え」のように繰り返し強調される琉ポップの沖縄賛美に「最近はうんざりさせられる」とも述べた。賛美以上のレベルでうちなんちゅが今後何をしていくべきかについては結局何も示してくれていないところが今流行の琉ポップが物足りないところだというのである。

　今1人のインフォーマントは、自分には既に沖縄の歴史や文化に関する感心と知識が備わっており、琉ポップはそれを「盛り上げてくれる」と述べた。琉ポップそのものは愛とか平和の訴えというレベル以上のところで特に何かを提示してくれるわけではないが、「別に大学の歴史講座ではないので、それで充分だと思う」と主張した。そのままではお堅い知識も、琉ポップのノリで勉強すると楽しくできるようになると彼女は言う。また、琉ポップの中にも色々あって、『島人ぬ宝』は沖縄の危機的現状について「かなりリアルに物語っている」ため「それなりの覚醒効果があるけれど、皆が皆あれほど効果的だとは思えない」とも述べた。

　沖縄の伝統や歴史にあまり詳しくないと判断された9名のインフォーマントの内、琉ポップが自文化の目覚めとなると答えた者は7名で、残る2名は琉ポップが沖縄色を出しているのが周知の事実と捉え、そこからあえて沖縄文化について学ぼうと思ったことはないと答えた。前者の1人は、アイデンティティと知識は別ものであるとして、自分の琉ポップ嗜好と自文化に関する知識

---

[18] このテストでは、インフォーマントたちに沖縄の文化、政治、経済、歴史に関する具体的な質問にインタビューの中で答えてもらった。

の欠如を正当化した。「沖縄を愛する気持ちはうちなんちゅなら誰でもあるはず、でもこれはハートの問題だばぁ！」と彼は述べた。このインフォーマントに最もお勧めの琉ポップの楽曲を尋ねると INDIAN-Hi の『新垣ちんすこう』と U-DOU & PLATY の『クユイヌハナシ（今宵の話）』の 2 曲を挙げた。共にインディーズ系アーティストたちの曲だったが、サウンド的には現代のパンクロックやラップと変わらないことを筆者が指摘した上、これらのどの部分が特に沖縄らしいのか彼に説明するよう求めると、彼は各々について次の歌詞の部分を示した。

> 砂糖黍から born to be wild!
> 400 年の力でーじど、あんたは何もかも見てきた
> 勇気づけられるという意味では、俺らもちんすこう[19]

> 唐ぬ世から大和ぬ世、大和ぬ世からアメリカ世
> アメリカ世から大和ぬ世
> ちゃしきん変わたるくぬ沖縄、Hey![20]

　琉球史や伝統行事の由来、あるいは戦後の政治経済的流れについてほとんど知らないこのインフォーマントも、上記の「砂糖黍」の部分が沖縄の主要な農産物を意味することや、400 年が「大和の琉球支配」を象徴していること、そして沖縄が中国と日本とアメリカの政治的手玉にされてきたことを把握していた。そしてこれらを聴くことで「ないちゃーやアメチャーの政体は信用ならん」といった「うちなーレジスタンス」のアングラモードに共鳴させられると彼は述べた。

　こうしてみると、うちなんちゅの文化的なアイデンティフィケーションに対する琉ポップの助長効果にもいくつかの形式があることがわかる。まず、沖縄の歴史や文化に関してあまり詳しくない若者に対する琉ポップの知的効果はあまり認められないが、これは決して彼らのアイデンティティ形成が促されない

---

[19] INDIAN-Hi「新垣ちんすこう」（INDIAN-Hi 作詞作曲．メジャーレーベル．1999）より抜粋。
[20] U-DOU&PLATY「クユイヌハナシ」（U-DOU & PLATY 作詞作曲．チムドンドン．2003）より抜粋。

ということではなく、この場合のアイデンティティがよりムード的なものであることが判明した。一方、既に沖縄事情に詳しい者に対する琉ポップの助長効果はかなり期待できることがわかった。そしてまた、琉ポップが思潮としてのローカリズムを大衆に植えつける格好の素材となることも今回のケーススタディーは示してくれたのである。いずれにせよ、J-Popや古典民謡など他のジャンルには不可能な形でうちなんちゅの情緒に一定の枠組みを与える(ウィリアムズの言葉を借りれば「フィーリングの構造」を規定する)媒体として、琉ポップは現代沖縄の若者たちに対してアイデンティティの形成効果を発揮しているのである。[21]

3. 琉ポップのグローカルな役割──結びに代えて

現在日本各地で人気沸騰している琉ポップは、「日本にあって日本ではない」沖縄に対する本土の人たちの意識変化を示す格好の題材となる。それは、これまで「単一民族性」や「文化的孤立性」を主張してきたジャパニーズメインストリームが、グローバル化の波に押されて文化の越境性とその結果としての文化の多様化を受容せざるをえなくなった今、オリエンタリズム的な幻想の投影対象として沖縄を再認識していることを物語ってくれる。ないちゃーのエスノセントリックな観点からしてみれば、これまで「辺境の地」以外の何者でもなかった沖縄が、実は古くからハイブリッドな場として日本の政治経済圏の中に存在してきており、それが今や自分たちの脱領域化の指針となりえるのである。言葉も価値観も全く違う他のアジア諸国に比べればずっと近い存在たればこそ、沖縄はやまとんちゅが安心して受容でき、彼らがこれまで意識することのなかった「新鮮な異質性」を提供してくれるのである。こうした意味で沖縄は今、ないちゃーたちにとって最も身近なエキゾチックワンダーランドなのだ。

今回筆者は、こうした本土の沖縄賛美に対する沖縄側の対応を見定める目的でエスノグラフィックな調査を行なった。その結果、琉ポップパフォーマンス

---

[21][Williams 1977]を参照せよ。

が「生命への畏敬」、「人間愛」、そして「世界平和」といった人道主義的精神から「島酒」、「オリオンビール」、「砂糖黍」など地域特有の産物まで「沖縄の特質」を類型化する参照項目をふんだんに取り入れた歌詞を唄い、三線の響きなど古典民謡特有のサウンドを取り入れたポップビートを奏でることで、若手うちなんちゅをうちなんちゅたらしめる機能を果たしていることが解明された。これと同時に、琉ポップが沖縄の伝統文化そのものへの回帰を促すものではないことや、それが必ずしも環境問題や著しい社会変革に直面するうちなんちゅのライフスタイルを改善するわけでもないということも理解できた。旧きよき美ら島うちなーをノスタルジックに顧みようとする古典民謡に対し、琉ポップは、開かれたアジア地域において、若いうちなんちゅに自分たちの民族性を引け目なく主張する場を提供していると考えられる。知の育成源というよりはむしろムード作りの溶媒として作用することにより、琉ポップはグローカルトレンドの構築に一翼を担っているのである。

　琉ポップを手がかりとしたうちなんちゅアイデンティティの構築過程は、「開かれたアジア地域」という時代の大きなうねりに取りこまれ、エスニックブームに見られるような異文化嗜好を高めつつある人々が増える日本社会において、うちなんちゅが自分たちのポジションを主張し、これまでやまとんちゅたちによって保持されてきた「単一民族性」を内側から脱構築しながら市民権を確保しつつある現状を明らかにしてくれる。従来の日本を脱領域化し、文化的によりハイブリッド化されたアジアの一地域として再領域化する上で、うちなんちゅによる琉ポップの消費＝沖縄性の充当（appropriation）は越境的な役割を果たしており、「沖流」は今流行の「韓流」や少し前の「華流」（中華系ポップの流行）と共に日本とアジア（日本を含むより大きく多様な文化圏としての）の橋渡しとして作用していることが理解できる。

　越境するアジアのポピュラー文化を扱った論文の中で、田仲は近年のグローバリゼーションに伴ってアジアに関する２つの相反する言説が世界の隅々にまで浸透しつつあるという。その１つは古代文明発祥の地でありながら近代化に遅れ、過剰人口をはじめとする数々の問題をかかえる地域という語りである。そしてもう１つは旅人のノスタルジックな欲望を誘う神秘的な土地という語りである［田仲　2004：138］。そしてこの構図は、脱領域化の中で科学技

術的にも政治経済的にも優位な再領域化を図るアジアの都市部が地方に対して向ける非対称的まなざしにも見られ、そのほとんどが都市部で制作されるメディアコンテンツにも反映されていると田仲は指摘する。オーディエンスを、鑑賞という行為を通じてメディア生産者と同じ世界観を共有し、メディアを支持する（または否定しない）ことで生産者と共にそういった世界観を構築していく主体とみなすことができるなら、「非対称性の構図」もまた、メディアコンテンツを鑑賞するオーディエンスを媒体として広がっていくと考えられるのである［同書：137-9］。この支配的構図は、近年ブームになっている沖縄に対して向けられるまなざしにも認められると田仲は言う。

　田仲は1999年に中江祐司監督の指揮下に制作され、沖縄を舞台にした映画『ナビィの恋』を分析し、そこに郷愁の念を触発する風景や素朴で温和なキャラクターによって彩られた「癒しの楽園」が表象されていることを示す。都会の喧騒に疲れた東金城奈々子なる若い娘が久しぶりに沖縄の孤島に里帰りし、そこで親族や幼馴染と繰り広げる人情味溢れるドラマは、ナビィおばあの昔の記憶や彼女が大切に育ててきた庭先の真っ赤なブーゲンビリアの美景と覆い重なって幻想的な雰囲気を演出する。[22] ここに見られる「沖縄＝反近代」という図式は、実は民俗学者柳田国男の『海南小記』（1930年初版刊行）以来、本土都市の視点から沖縄を描写する各種のメディアに投影されている。観光パンフレットにしてもNHK連続ドラマとして話題を呼んだ『ちゅらさん』にしても、ジャパニーズメインストリームの視線で記号化される沖縄は「癒し」というキーワードがそこに加わって、「豊穣」をもたらす聖地として意味づけられる。　そして田仲は、こうした見方が他者の視線の先にある「鏡」の役割を負わされており、そこに投影される沖縄像は他者の「自画像」でしかないと批判する。曰く、

　　他者の興味は結局のところ彼ら自身にあって、沖縄は彼らが自らを映し、かえりみるための「装置」でしかない。島の住人たちには、せいぜい癒しを与える装置の一部分としての受動的な役回りしか与えられていない［同書：

---

[22] この物語の詳細については http://www.shirous.com/nabbie/index01.htm を参照せよ。

146]。

　さらに田仲は、今や当の沖縄でもこの「南島幻想」が積極的に消費されているとし、先行したイメージにうちなんちゅが呼び出されうちなんちゅらしくあることを強いられることで、多声的で「まちぶい(混沌)」とした沖縄の現状が隠蔽されていると指摘する［同書：150-2］。

　筆者がここに提示する論筋は田仲の論旨を必ずしも否定するものではないが、彼が指摘する「まちぶいの場」としての沖縄に、具体的にうちなんちゅのどのような声が含まれているかを探ってみようとしたものである。田仲の論説は、映画などメディアテキストの内容分析を軸として展開されているため、「具体的な声」の明示に関して詰めの甘さが感じられる。沖縄のイメージを積極的に消費するうちなんちゅたちが「南島幻想」にがっぽり包み込まれ、あたかも彼らの「積極的消費」に主体性がないように語ってしまうことこそ、うちなんちゅに「受動的な装置の一部」としての役回りしか与えず、「文化に関する政治的言説」と彼自身が批判する「南島論」を再生してしまう危険性をはらんでいるのではないか。うちなんちゅ消費者たちの「南島幻想」の応用には、「受動的」と一掃するにはあまりに現実的な文化作用を孕んでいると思われる。文化の非対称性を再現するイデオロジカルな言説に侵されるスタンスもあれば、それによって自文化の危機に目覚めたり、それを逆手にとって「人間的優越性」を主張したりするスタンスもある。これこそ、「イメージと現実が複雑に絡まり合った円環」の中に投げ出されながら自分たちの許容能力に従って限りない日常を生きる若手うちなんちゅの現実を物語っているのであって、あたかもこの円環の外に立ったがごとき姿勢で「沖縄の現実は混沌としている」と述べたところで、今の沖縄で行なわれている文化的なアイデンティフィケーションの実践形態を描写することはできない［cf 多田 2004］。

　一方、論文「グローバル市民性のローカルな基礎」の中で、ホワイトは九州で若者を対象に行なったエスノグラフィックな調査に基き、消費文化という決定的なマトリックスの中で生きる現代人の行動様式をより如実に捉えている。文化的越境が盛んな今のアジア地域に生きる若者たちの共生のあり方についてホワイトは、彼らが各種のトランスナショナルな商品に強い影響を受けながら、

図5 ローカルスピリットの代表キジムナー（森の精霊）もグローバルリズムに乗ってグローカルに衣替え。名付けて「Jリーグキジムナー」（写真中央、2005年1月名護市街にて筆者撮影）。

自分たちの世界内存在のあり方についてはあくまで自分たちが生活する特定の地域と、そこで得られた経験によって見定めていることを確認している。この「地域特有の経験」は、より具体的には「地域社会を規定する多声性（multivocality）への露出」と「古い世代の考え方に対するチャレンジ」、そして「その結果もたらされるライフスタイルの変革」によって調整される［White 2004：58 ; cf Allen 2002］。地域社会とそのイメージが紡ぎだす円環の中で自分たちを心地よく位置付け、そこにいながらトランスナショナルなトレンドの消費を楽しむ。沖縄でも認められるこの若者たちの生き方に琉ポップは介在し、彼らのローカルアイデンティティとグローバルテイストの架け橋となりながら「グローカリズム」としての「沖縄グローカリズム」を象っているのである（図5参照）。

【参考文献】

沖縄市企画部平和文化振興課編. 1994.『ロックとコザ:沖縄市史資料集』沖縄市役所.
多田治. 2004.『沖縄イメージの誕生:青い海のカルチャル・スタディーズ』東洋経済新報社.
田仲康博. 2004.「円環の外へ:映像にみるアジア・沖縄へのまなざし」岩渕功一編『超える文化、交錯する境界:トランス・アジアを翔るメディア文化』山川出版社.
照屋寛徳. 2003.『ウチナンチューときどき日本人』ゆい出版.
中村葉シンシア. 1998.『ナイチャー・イズ・ネイバーズ?』冒険社.
林功. 1994.「東シナ海のむこう、台湾で輝くニッポン＜アイドルスター＞」『別冊宝島200号記念 BEST SELECTION:我らの時代』宝島社.
森木亮太郎. 2002.『青い空とアダン:沖縄から見る私たちの未来』ゆい出版.
Allen, Matthew. 2002. *Identity and Resistance in Okinawa*. Rowman & Littlewood.
Aoyagi, Hiroshi. 2000. Pop idols and the Asian identity. In Craig, Timothy (ed.) *Japan Pop!: Inside the World of Japanese Popular Culture*. M. E. Sharpe.
Ivy, Marilyn. 1995. *Discourses of the Vanishing*. University of Chicago Press.
White, Bruce. 2004. The local roots of global citizenship: generational change in a Kyushu hamlet. In Mathews, Gordon and White, Bruce (eds.) *Japan's Changing Generations: Are Young People Creating a New Society?* Routledge Curzon.
Williams, Raymond. 1977. *Marxism and Literature*. Oxford University Press.

第Ⅱ部
アジアへ

第4章　映画が国境を越えるとき：
アジアの"ハリウッド"が築いたムービーロード

松岡　環

はじめに

　韓国のテレビドラマ「冬のソナタ」が2003年4月にNHKのBSで放送されたのをきっかけに、いわゆる「韓流(はんりゅう)」が日本にも流れ込み、2004年4月からの地上波での再放送がさらに拍車を掛けて、韓流ブームが噴出したことはよく知られているところである。この日本における韓流ブームの紹介、あるいは分析に際して、こういったアジア域内におけるポピュラー文化の越境が、近年始まった現象であるように語られることが多い。たとえば最近出版された研究書『日式韓流』には、「九〇年代から東アジアにおけるメディア文化の越境移動が活発になってきた。それまでも香港映画やインド映画、そして日本のアニメやドラマは国境を越えてアジア域内で流通していたが、この十年の間に私たちが目撃したのはより緊密な交通である」［岩渕 2004：112］という記述が見られる。

　確かに、ここ10年の間に発達した通信や交通、特にインターネットの発達は、以前には考えられなかったことである。しかしながらここでも言及されているように、実は香港映画やインド映画は、もう長い間アジア域内におけるポピュラー文化の越境を担ってきた立役者なのである。香港映画、もう少し包括的な言い方をすると中国語圏映画[1]とインド映画は、1931年にトーキー化される以前のサイレント時代から国境を越え、アジア各地をマーケットにして発達

してきた。この両映画の流通に伴い、映画本体のみならず、多くの映画人も国境を越えて移動していった。両映画の広範囲に及ぶ越境ぶりは、ハリウッド映画にも比することができるもので、いわば中国語圏映画界とインド映画界はアジアの"ハリウッド"[2]であったのである。

また、香港映画に関して言えば、1950年代から60年代にかけて、香港映画界を軸に東アジア全体がネットワーク化し、東南アジアも巻き込んで、活発

---

[1] ここでの「中国語圏映画」は、現在の中華人民共和国、香港特別行政区、および中華民国(台湾)で製作された映画を指している。これらの映画は英語の記述では"Chinese film"とくくられることが多いが、日本語で「中国映画」または「中国語映画」と表現した場合、中華人民共和国の映画、という意味合いを帯びてくるのでそれを避けるためである。また、広義の中国人観客にとっては、「国語片(北京語映画/Mandarin film)」「粤語片(広東語映画/Cantonese film)」「廈語片(福建語映画または閩南語映画/Fukien/Hokkien/Amoy/Minnan language film)」「潮語片(潮州語映画/Chiu Chou language film)」というように、映画は国籍ではなく使用言語で識別されている側面もある。そのため、各種の中国語、中国語諸方言を用いた映画、という意味で「中国語圏映画」と呼ぶものである。

なお、小論での「北京語」は、「普通話」「華語」「国語」と各地によって呼び方の異なる、標準中国語を表す言葉として使用している。

[2] 「アジアの"ハリウッド"」という表現は、「アジアにおける映画の都」という意味で使用している。アジア映画が"ハリウッド"という言葉と顕著に結びついた例としては、次の3つがある。

①フィリピンでは、1930年代にマニラを東洋のハリウッドにする計画があった。アグスティン・ソト『フィリピン映画抄史』の中に次のような記述がある。「1933年、ジョージ・ハリスとエディー・テイトという2人のアメリカ人が、マニラをハリウッドにすることを心に描いた。2人が創造したかったのは、フィリピン映画ばかりかインドネシア映画、マラヤ映画、中国映画を製作する、アジア映画の首都だった」[アグスティン・ソト 1991:42]

②香港は「東方荷里活(東洋のハリウッド)」と呼ばれることがある。たとえば、香港映画に関する記述の中に、「香港是其中一個全球最大的電影製造及分銷中心,有『東方荷里活』之稱(香港はその中でも全世界最大の映画製作および配給の中心地であり、『東洋のハリウッド』と呼ばれている)」といった表現が見られる(表現例は香港のインターネット・サイトより)。なお中華人民共和国では、ハリウッドは「好莱塢」と表記される。

③インドでは1980年代以降、各地の映画製作地をハリウッドと結びつけるネーミングが行なわれるようになった。一番早く登場したのは「ボリウッド(Bollywood)」で、これはインド最大の映画製作地ボンベイ(現ムンバイー)とハリウッドを重ねたものである。手元の映画雑誌のうち、ゴシップ誌として人気のある『シネブリッツ(Cineblitz)』誌では、1984年12月号に"On the Bollywood Beat"と題する連載が見られ、同年2月号にはなかったことから(定期購読していたわけではないため、号が途切れている)、1984年あたりから「ボリウッド」の呼称が一般に定着したと思われる。

1990年代に入ると、「ボリウッド」はそれ自体がある種ブランドの輝きを放ち始め、それを踏襲してコルカタ(旧カルカッタ)の映画界を「トリウッド(Tollywood)=トリガンジ(コルカタの映画スタジオがたくさんある地区の名前)+ハリウッド」と呼んだり、チェンナイ(旧マドラス)の映画界を「コリウッド(Kollywood)=コーダムバッカム(チェンナイの映画スタジオがたくさんある地区の名前)+ハリウッド」と呼ぶ、といった表現も現れている。

以上のような表現は、アジア諸国の映画製作が、世界の映画製作の中心地であるハリウッドを常に意識していることの表れとも言える。

な映画製作がなされていた時期があった。香港映画界では日本や韓国から赴いた監督が演出にあたり、その他のスタッフや俳優たちもひんぱんに行き来していた。このように「韓流」がアジアを覆うはるか以前にも、アジアの映画界では緊密な関係が存在し、機能していた時代があったのである。

　ここでは、アジア域内で越境を続けてきたポピュラー文化のうち、前述のように大きな役割を果たした映画を中心に、その越境の歴史を跡づけてみたい。越境するアジア映画の代表格は何と言っても中国語圏映画とインド映画であるが、実は日本映画も、アニメブームが到来するずっと前から、アジア各地に越境していた。さらに日本の映画人も、相当早い時期からアジア各地の国境を軽々と越えて活躍していたのである。その点にも触れながら、そのような映画と映画人の越境を可能にした要因は何か、日本もその中で大きな役割を果たしたのに、それが今日の日本において共通知識となっていないのはなぜか、という点について考察するのが小論の目的である。

1．アジア映画越境の軌跡

1．1．サイレント時代から始まる海外市場

　1895 年 12 月にパリで上映されたリュミエール兄弟の「シネマトグラフ」がアジアに伝わったのは 1896 年。その年の 7 月にはインドのボンベイ（現ムンバイー）で、8 月には中国の上海で、そして 11 月には日本の神戸で「シネマトグラフ」が上映された。

　リュミエールが製作したような風景を記録した映画は実写映画と呼ばれたが、実写映画をいち早くアジア域内に流布させたのは日本人興行師たちだった。1904 年に日本で製作された『日露戦争活動大写真』は、その年の 10 月には吉沢商店によってバンコクで上映された。また、1907 年には日本人がタイ初の映画常設館を建設、それが大人気を呼んだりした。このように日本人と映画が結びついていたせいか、タイでは長らく、初めて映画を紹介したのは日本人であると信じられていたほどである［ウドムデート　1990：54］。このほか、1904 年の 7 月には、梅屋庄吉がシンガポールでフランスのパテ社の映画を上

映して興行を開始し、その後日露戦争映画の上映で大当たりをとった［車田 1979：166-170］。このように、日本人は東南アジア諸国に映画という新しいテクノロジーを広める役割を果たしたのである。

　単なる風景ではなく、演劇を写して物語性を持たせた映画が中国で初めて撮影されたのは1905年だった。したがって2005年は、中国にとってまさしく映画100年の節目に当たるのだが、この時北京において撮影されたのは、立ち回りが主となる京劇の演目『定軍山』であった。

　その後、中国において本格的な劇映画製作が始まったのは1913年である。この年に上海では『難夫難妻』、香港では『荘氏試妻』という劇映画第1号がそれぞれ完成した。**表1**（116ページ）の映画製作本数一覧で見て取れるように、その後1920年代半ばまで中国映画の製作本数は10本前後を推移するが、1925年には66本、さらに1926年には100本と飛躍的に増大していく。以後1920年代の後半は、ほぼ3桁の製作本数が続くのである。

　これは中国国内市場の成長と共に、1920年前後から海外市場への輸出が始まり、たちまち人気を勝ち得て、その需要を背景に製作本数が一挙に増加したものと推測できる。海外在住中国人[3]であった呉繼岳が著した思い出の記『六十年海外見聞録』には、当時インドネシアで見た中国のサイレント映画として、『春香鬧學』（1920）、『死要賭』（1919年の『死好賭』か？）、『孤兒救祖記』（1923）と、上海で製作された映画の名前が挙がっている［呉 1983：48］。

　当時、上海映画界と海外在住中国人たちの間に横たわる距離感は小さかったようで、インドネシア生まれの海外在住中国人が上海に赴いて映画出演した例や、さらに彼らが帰国して黎明期のインドネシア映画に出演した例もあるという［Said 1991：17］。インドネシア映画の製作が始まるのが1926年なので、1920・30年代のことと思われる。この頃の上海映画界には他にも越境的映画製作の萌芽が見られ、ひょんな経緯から中国で映画製作に従事することになった日本人カメラマンの川谷庄平がいたり［川谷／山口 1995］、朝鮮人の金焔がスターとして活躍したりしていた［鈴木 1994］。上海はまさに、アジアの映画の都だったのである。

---

[3] 海外に移住した中国人は、古くは「華僑」、移住先での定住が進んだ現在では「華人」と呼ばれるのが一般的だが、この両方の概念を包括する呼び名として、ここでは「海外在住中国人」を使用する。

中国映画がトーキーに移行したのは1931年であるが、トーキー第1作となった『歌女紅牡丹』も人気を呼んだようだ。1930年にインドネシアからバンコクに移った呉繼岳は前述の著書の中で、「バンコクで初めて公開されたモノクロのトーキー映画は胡蝶主演の『歌女紅牡丹』で、明星公司の製作だった」と述べている。また、それに続いて、「聯華では王人美主演の『漁光曲』で、これは中国映画がサイレントからトーキーに移行した画期的な作品となった。『漁光曲』の成功により、監督の蔡楚生（潮州人）の名前はたいへん有名になった」と記述している［呉 1983：93］。『漁光曲』は1934年の作品で、「聯華」とは「明星」と肩を並べる上海の映画製作会社の名前である。ここで蔡楚生監督のあとにわざわざ「潮州人」と書かれているのは、タイに居住する海外在住中国人には潮州系の人が多かったためであろうと思われるが、監督に関するこのような情報が取り沙汰されるぐらい、タイの海外在住中国人は中国映画に関して豊富な知識を持っていたのである。
　こうして1941年に太平洋戦争が始まるまで、中国語圏映画は年間100〜200本製作され、その輸出は上海と香港がほぼ全部を担っていた。トーキー化以降上海では主として北京語映画が、香港では主として広東語映画が作られていたが、この両地からは、武俠映画、歌謡映画、抗日愛国映画等さまざまな映画が東南アジア市場に輸出されていった。それと共にスターたちの海外巡演も盛んで、特に映画でも活躍していた伝統演劇の俳優たちがよく海外に赴いた。当時香港で出版されていた映画雑誌『藝林半月刊』には、「馬師曾の南洋訪問の旅」（1937年7月15日号）といった、俳優たちが東南アジアを訪問した記事が何本も掲載されている。馬師曾は広東語で演じられる伝統演劇「粵劇」の人気男優で、映画にも戦前戦後を通じて数多く出演した人物である。
　映画と共に映画人も海を渡り、東南アジア諸国での市場開拓および映画製作に携わった。よく知られる人物としては、1920年代半ばに上海からマレー半島に赴いて、シンガポールを中心にマレー半島に大規模な配給網を作り上げた邵兄弟がいる。邵4兄弟は、映画製作会社「天一」のオーナーである長男が上海で映画製作にあたり、次男は香港に派遣されて「南洋」という映画製作会社を設立、これはのちに「邵氏父子（ショウ＆サンズ）」という会社になる。これらの映画の市場として東南アジアを開拓するために、三男がまずマレー半島

に赴き、ついで四男も渡航して、1930年シンガポールに「邵氏兄弟(ショウ・ブラザーズ)」という会社を作り上げた。この四男が、のちに香港映画界のタイクーンとなる邵逸夫(ランラン・ショウ)である。邵兄弟のほかには、1920年代後半に招かれて上海からインドネシアに赴き、インドネシア映画界の基礎を築いたウォン3兄弟、1937年に初のベトナム語トーキー映画『飛絮』[4] を現地で製作した「國聯影片公司」の胡藝星、日本軍が侵略する直前のシンガポールに赴いて、映画を何本か撮った上海の監督侯曜らがいる。

一方インドでは、本格的な映画製作が開始されたのは1912年で、1913年には劇映画第1号『ハリシュチャンドラ王 [Raja Harishchandra]』が完成し、公開された。トーキーに移行したのは1931年であるが、インド映画もやはりサイレント時代から海外への輸出が始まったと思われる。中でも、ブッダの生涯を描いたインド=ドイツ合作映画『アジアの光 [Light of Asia / Prem Sanyas]』(1925)は、日本においてドイツ映画という扱いで1926年5月29日に封切られたほか、香港でも1928年の9月9日から12日まで上映されたりした。

1931年のトーキー化以降、インド映画はさまざまな言語によって製作されることになり、現在では毎年20以上の言語で映画製作が行なわれている。主な言語としては、北インドではヒンディー語映画(製作中心地はムンバイー)、ベンガル語映画(同コルカタ)、南インドではタミル語映画(同チェンナイ)、テルグ語映画(同ハイダラーバード)、マラヤーラム語映画(同ティルヴァナンタプラム)が挙げられるが、海外に輸出される映画はこの5言語のものが中心である。東南アジアでは、ヒンディー語映画がほぼ全域に、そしてタミル語映画を中心に、テルグ語やマラヤーラム語映画がマレー半島に輸出されている。

1931年のトーキー化はまた、インド映画の特徴である「ミュージカル」[5] 様式を完成させることにもなった。伝統演劇のスタイルを踏襲したインド映画は、歌と踊りのシーンが必ず入るという「ミュージカル」様式を現在も維持し続け

---

[4] 『藝林半月刊』1937年7月15日号による。余慕雲『香港電影掌故:第一輯 黙片時代(1896-1934年)』(香港:廣角鏡出版社. 1985)には1938年となっている。
[5] 「ミュージカル」とカッコ書きにするのは、ハリウッドのミュージカル映画とは趣を異にするのと、インドではこの様式が映画としての一般形態であるため、自国の映画がミュージカル映画であるとは認識されていないという理由からである。

ているが、インド本国で映画の挿入歌がそのまま歌謡曲・流行歌となって流布したように、受容国でもインド映画本体と共に、映画の挿入歌が広く人々に親しまれることになる。

　1930年代以降インド映画は、「ミュージカル」様式と、伝統演劇理論に基づいたロマンス、アクション、笑い、涙などのナヴァ・ラサ（9つの情感）と呼ばれるあらゆる娯楽要素を盛り込むスタイルのおかげで、セリフの助けを借りなくても楽しめる映画として、イギリス領の国を中心にアラブ・アフリカ諸国へも輸出されていく。当初インド系住民が楽しんでいたインド映画は、やがてそれ以外の人々にとっても貴重な娯楽となっていくのである。

　このようなインド映画人気を背景に、マレー語映画の第1作はインド人によって作られることになった。ボンベイ出身のインド人プロデューサー、チストリーが製作し、監督はやはりインド人のB.S.ラージハンスが引き受け、こうして1933年、初のマレー語映画『ライラ・マジュヌン［Laila Majnun］』がシンガポールで完成する。題材はアラブの有名な恋物語で、インドでは大衆演劇の演目としてもよく知られており、サイレント時代から既に何度も映画化されている物語だった。その後、1950・60年代にインド人監督が多数シンガポールに招かれ、マレー語映画製作に従事することになるのだが、その第一歩がこの時に始まったのである。

1．2．戦争を背景とした映画交流

　1932年の上海事変をきっかけに、日本は中国大陸への武力侵略を本格化させる。同年には日本が後ろ盾となった「満洲国」が成立し、さらに1941年の太平洋戦争の開始によって、中国大陸だけでなくアジア全域が日本の軍事侵略にさらされていく。

　この時期に日本がアジア各地で実施した国策映画の製作に関しては、既に多くの研究がなされている［岩本2004、加藤2003、倉沢1989、清水1995、田村2000、辻1987、山口1989、四方田2001］。「満洲国」の長春（当時は「新京」）に1937年に設立された「満映」こと満洲映画協会、上海に1939年に設立された「中華電影」、そしてジャカルタやマニラで映画製作を行なった「日映」こと日本映画社の活動についてはここでは繰り返さないが、いびつな形ながらこ

れも映画と映画人が越境した一事例と言える。

　それ以外にも、戦地に赴いた日本人が現地の映画に接する場合があった。たとえば、1941 年に徴用されてビルマ（現ミャンマー）に赴任した作家高見順は、現地で映画検閲を担当し、その時に見た映画の題名と感想を日記に記している。そこにはかなりの数のビルマ映画が記されているほか、インド映画も再三登場する。インド映画はヒンディー語映画のほかに、タミル語やテルグ語映画も登場している。「インド映画は、ビルマ映画からくらべると、はるかにまさっている」［高見 1965：426］との記述も見られ、検閲に従事しながら高見がインド映画を楽しんでいた様子がわかる。その他、松竹等で脚本や演出に携わった小出英男はクアラルンプールやシンガポールに派遣されたが、1943 年に出版された彼の著書『南方演藝記』には、そこで見たマレー映画、インド映画、中国映画、タイ映画、フィリピン映画等多くのアジア映画の詳しい解説が述べられている［小出 1943］。当時のマレー半島では、多様なアジア映画が上映されていたのである。

　一方日本国内でも、1930 年代半ば以降、アジアを題材、あるいは舞台にした映画が多数製作された。中国大陸を舞台にしたものでは、『上海陸戦隊』(1939) のような軍隊もののほか、長谷川一夫と李香蘭が共演した有名な大陸三部作『白蘭の歌』(1939)、『支那の夜』(1940)、『熱砂の誓ひ』(1940)、同じく李香蘭主演の『蘇州の夜』(1942)、そして入江たか子主演の青島ロケ作品『緑の大地』(1942) などがある。そのほか、在日インド人が独立をめざして闘う長谷川一夫主演の『進め独立旗』(1943)、モンゴルの英雄ジンギスカンの物語『成吉思汗』(1943)、ハリマオこと谷豊の活躍を描く『マライの虎』(1943)、市川猿之助演じる林則徐を主人公に、原節子や高峰秀子も出演した『阿片戦争』(1943)、あるいはエノケンこと榎本健一主演の『エノケンの孫悟空』(1940) などは、和製アジア映画とでも呼ぶべき作品だった。また、前述した満映や中華電影等海外の国策映画製作会社と協力して撮った作品もあり、台湾の原住民を主人公にした『サヨンの鐘』(1943)、フィリピンが舞台の『あの旗を撃て』(1944)、そして幕末に上海に赴いた高杉晋作らを描く『狼火は上海に揚る』(1944) といった作品も生まれた。[6]

　同時期には中国映画も日本で公開され、『木蘭従軍』(1939) や『鉄扇公主』

写真1　『木蘭従軍』(1939)の横浜での初日風景(提供：清水晶氏)

(1941)が評判になった。『木蘭従軍』の日本公開は1942年7月23日で、孫悟空を主人公にしたアニメーション『鉄扇公主』は『西遊記』と改題され、1942年9月10日に封切られた。以上のような諸作品によって、日本人観客の脳裏にはアジア諸国に対する具体的イメージが形成されていったに違いない。また、日本が侵略した諸地域では、日本映画が上映される機会も多かった。不幸な形ではあったが、戦争期の日本は、映画によってもアジアとの距離をかなり縮めていたのである。

---

[6] ここに挙げた作品は現在筆者の手元にビデオがあるものに限ったが、これ以外にも相当数の該当作品がある。たとえば、1941年に出版された市川彩『アジア映畫の創造及建設』には、1938年から1941年の間に中国大陸でロケを行なった作品として、『上海陸戦隊』等18本を挙げている。[市川 2003：81] そのうち本文で言及しなかった作品を以下に挙げる。

　昭和13年(1938)：『東洋平和の道』『亞細亞の娘』
　昭和14年(1939)：『土と兵隊』『地平線』
　昭和15年(1940)：『大日向村』『暁に祈る』『西住戦車隊長』『上海の花賣り娘』『病院船』『燃ゆる大空』
　昭和16年(1941)：『上海の月』『将軍と参謀と兵』『母と戦場』

写真2　ラージ・カプール監督・主演作『詐欺師』(1955)（提供：National Film Archive of India)

1．3．映画市場の復興と拡大

　1945年の太平洋戦争終結以降、アジアの国々は徐々に戦争の痛手から立ち直っていく。しかしながら、焦土と化した日本、1949年まで国共内戦が続いた中国、独立を果たすまで混乱が続いた東南アジア諸国やインド等、数年の間アジアの国々は映画どころではない状況となる。アジア諸国が映画製作を再開し、落ち着いて映画を楽しむことができるようになったのは、1940年代も終わりに近付いてからだった。

　ただ、この時期にも、戦争の置きみやげ的結果として、アジア各国の映画人が交流した例がある。満映は日本の敗戦後中国の「東北電影工作者聯盟」に接収され、映画人の多くはその後成立した「東北電影公司」に参加し、中国人と共に映画製作にあたった。彼らの活動は中国側から、「新中国の映画事業に大きな貢献をした」［胡・古 1999：257］と評価されている。また、戦争中インドネシアで映画製作にあたっていた日夏英太郎こと朝鮮人の許泳（ホヨン）は、1952年に亡くなるまでインドネシアに留まり、インドネシア映画界に貢献してドクトル・フユンと慕われた［内海・村井1987］。インドネシアではそれ以

外にも、戦争期の日本による映画製作によって、インドネシア映画界が大きな刺激を受けたとする見方もある［Said 1991：34］。

　インドは 1947 年にパキスタンとの分離独立を実現したが、それ以降、インド映画の「ミュージカル」様式はパキスタン映画、さらには 1971 年にパキスタンから独立したバングラデシュの映画にも受け継がれる。また、ネパール映画もこの様式を踏襲している。しかしながらインドの周辺国では、同じような様式の自国映画が作られてはいても、人々は技術的に洗練されたインド映画を見ることを好んだ。こうして、アフガニスタン、ミャンマー、スリランカも含むインド周辺国も、インド映画のマーケットとなって現在に至っている。

　独立以降社会主義型社会を目指したインドの映画は、1949 年に成立した中華人民共和国、および旧ソ連・東欧諸国との関係が密になるにつれて、それらの国々へも輸出されるようになった。独立直後のヒンディー語映画は、「ミュージカル」様式の娯楽作品ながら、社会問題を扱った作品や、理想を追求した作品が多く作られており、それが社会主義国の人々に歓迎されたのである。中でもラージ・カプールの監督・主演作品『放浪者(Awāra)』(1951) と『詐欺師(Shree 420)』(1955)は人気を呼び、挿入歌も現地語の歌詞が付けられたりして流布していった。[7] こうしてインド映画には、社会主義圏諸国という新たなマーケットが出現する。

　一方中国語圏映画は、戦後は上海に代わって香港が映画製作の中心地となっていく。1949 年に成立した中華人民共和国の映画は、文化大革命が終息し、第五世代の陳凱歌監督による『黄色い大地［黄土地］』(1984)が注目を浴びて以降、やっと本格的に国際舞台に登場することになる。

　1950 年代および 1960 年代、香港では多言語による映画製作が行なわれていた。香港映画の主流をなすのは広東語映画と北京語映画だったが、そのほか

---

[7] このラージ・カプール監督・主演の 2 作品は、中国においておそらく 1950 年代、少なくとも 1962 年の中印国境紛争以前に公開されたものと思われるが、その後長きにわたって中国の観客に親しまれることになる。たとえば、賈樟柯（ジャ・ジャンクー）監督の『プラットホーム［站台］』(2000) は、文化大革命が終わってしばらくたった 1979 年から物語が始まるが、冒頭に主人公たちが映画館に見に行く映画が『放浪者』（中国語題名は『流浪者』）なのである。また、『放浪者』の主題歌「僕は放浪者[Awaara Hoon]」は、「ラージの歌［拉茲之歌］」と主人公の役名が冠されたタイトルとなって、今でも『懐舊電影金曲第四集：名片情歌』といった CD に収録されたりして聴かれ続けている。

表1　インド、中国、香港、および日本映画の製作または公開本数（1912～2004年）

年	インド	中国	香港	日本	年	インド	中国	香港	日本	年	インド	中国	香港	日本
12	-	-	-	398	46	199	7	12+α	67	80	739	83	116	320
13	2	14	1	215	47	280	42	19+α	97	81	737	105	110	332
14	1	-	-	353	48	263	80	24+α	123	82	761	114	106	322
15	1	-	-	242	49	291	27	256	156	83	732	127	87	317
16	-	1	-	230	50	241	26	202	215	84	829	143	86	333
17	4	-	-	289	51	227	17	192	208	85	905	127	88	319
18	7	-	-	214	52	233	8	259	278	86	840	125	87	311
19	8	2	-	167	53	260	10	188	302	87	806	144	76	286
20	18	7	-	227	54	278	24	176	370	88	773	153	115	265
21	39	9	-	299	55	288	23	235	423	89	780	129	117	255
22	58	11	-	276	56	295	40	311	514	90	948	133	121	239
23	43	6	-	255	57	293	41	223	443	91	906	123	125	230
24	72	16	3	448	58	294	101	237	504	92	837	160	215	240
25	80	66	6	452	59	304	79	239	493	93	812	154	242	238
26	88	100	-	510	60	318	59	293	547	94	755	148	181	251
27	89	108	-	452	61	297	26	303	535	95	793		125	289
28	111	98	-	470	62	315	33	261	375	96	683		115	278
29	133	114	-	458	63	300	39	260	357	97	697		96	249
30	172	75	2	491	64	305	28	235	344	98	695		90	249
31	236	78	1	580	65	323	43	204	487	99	764		101	270
32	172	49	2	498	66	312	12	171	442	00	855		132	282
33	142	86	5	483	67	327	-	169	410	01	1013		133	281
34	171	86	15	426	68	347		156	494	02	943		90	293
35	233	55	31	462	69	379		158	494	03	877		77	287
36	217	43	44	529	70	397	2	118	423	04	934	212	63	310
37	176	53	82	562	71	431	2	86	421					
38	172	36	86	542	72	410	5	87	400					
39	164	55	122	513	73	447	4	94	405					
40	170	77	88	497	74	432	17	101	344					
41	167	86	78	238	75	471	25	97	333					
42	173	26	-	97	76	507	37	95	356					
43	161	1	-	64	77	555	19	87	337					
44	127	2	-	49	78	612	45	99	326					
45	99	2	-	45	79	707	62	109	331					

- 「-」は製作本数ゼロ
- 空欄は製作本数不明
- 「+α」は一部のみ判明のもの
- 初期の日本映画の製作本数には、非劇映画、短編映画も含まれている。
- 出典は主として下記の文献であるがこれ以外にも多くのソースを使用した。出典により数字が異なる場合は妥当と思われるものを選んだ。

<出典>
インド映画：Rajadhyaksha, Ashish and Willemen, Paul. 1999. *Encyclopaedia of Indian Cinema*. New Delhi: Oxford Univ. Press.
中国映画：1992.『フィルムセンター 91：孫瑜監督と上海映画の仲間たち』東京：東京国立近代美術館.
　　　　　Clark, Paul. 1987. *Chinese Cinema: Culture & Politics since 1949*. Cambridge: Cambridge Univ. Press.
香港映画：1994.『香港電影八十年』香港：香港區城市政局.
　　　　　第八屆香港國際電影節. 1984.『七十年代香港電影研究』香港：香港市政局.
　　　　　第十五屆香港國際電影節. 1991.『八十年代香港電影』香港：香港市政局.
　　　　　1991～1999.『香港電影 1990～1998』香港：香港影業協會.
日本映画：1960～1961.『キネマ旬報別冊：日本映画作品大鑑1～7』東京：キネマ旬報社.
　　　　　日本映画研究会編. 1994.『戦前日本映画総目録』大阪：日本映画研究会.
　　　　　「過去データ一覧（1955～2004年）」日本映画製作者連盟HP http://www.eiren.org

に福建語映画、潮州語映画、それに1本だけではあるが客家語映画が製作された。多言語映画製作も一要因となって、香港映画の輸出先国は戦前の十数ヵ国から戦後は20〜30ヵ国へと拡大していき［第廿一屆香港國際電影節 1997：141＆150］、香港映画全体の製作本数は表1のように、1949年から1970年まで常に3桁の数を誇ることになった。

　製作本数のうち広東語映画の占める割合は、1968年までは常に5割を超えており、特に1960年代前半は全製作本数の7割から8割を広東語映画が占めていた。このように製作本数においては広東語映画が北京語映画を上まわっていたものの、映画としての評価は常に北京語映画の方が上位に位置し、香港を代表する映画として映画祭などに出品されたのはほとんど全部が北京語映画だった。これは、太平洋戦争、国共内戦、そして中華人民共和国の成立により、上海の映画人が香港に居を移し、香港での映画製作に参入したことに起因する。内容的にも技術的にも香港より洗練されていた上海映画の影響を受けて、香港製の北京語映画は優れた作品を輩出することになり、香港は海外市場向けの北京語映画供給地ともなっていくのである。

　これに対し大衆受けする内容が多かった広東語映画は、地元香港での上映のほか、広東系の海外在住中国人が多いベトナムやマレー半島を中心に輸出されていった。マレー半島は、太平洋戦争終結後英領マラヤが1948年にマラヤ連邦になったあと、1957年に独立する。その後1963年にシンガポールがイギリス植民地を脱し、マレーシア連邦が成立したが、1965年シンガポールは結局離脱する。海外在住中国人に関して言えば、福建系と潮州系の多いシンガポールと、広東系の多いマレーシアとに分かれることになったのである。華語＝北京語使用政策が取られたシンガポールでは、後には広東語映画もすべて北京語吹替版が上映されるようになった。一方マレーシアでは、広東語映画はそのままの音声で上映されて今日に至っている。

　福建語映画、潮州語映画、そして客家語映画は、最初から輸出を目的として作られ、香港ではほとんどの作品が公開されないまま、台湾、フィリピン、シンガポール、タイなどに輸出されていった。いわば香港は、製作拠点を持たないこれらの映画のために、製造工場として機能していたと言える。これらの映画は国ではなく、中国語方言集団の基盤に立って作られた映画であり、最初か

ら越境を前提とする映画だったのである。

　香港製の福建語映画や潮州語映画は、アジア諸国に在住するこれら諸方言話者の観客たちに大歓迎された。かつて1993年に香港で調査中、1950・60年代に広東語映画の人気監督だった李鐵に話を聞いたことがあるのだが、自身が監督した潮州語映画の封切り時にシンガポールに赴いた時、観客の熱狂ぶりに驚かされたという話をしてくれた。映画の上映前に舞台挨拶のため壇に上がると、観客は大歓声で迎えてくれ、潮州語映画を撮る監督なら潮州語ができると思った彼らから潮州語でのスピーチを要求され、大弱りしたそうである。李鐵監督は粤劇映画を得意としたことから潮州語による伝統劇映画の監督を依頼されたため、潮州語はまったくできなかったというが、海外在住中国人たちの母語映画に対する想いの一端を見ることができるエピソードである。

　この頃香港で製作された映画のうち、かなりの部分を占めたのが伝統劇の映画化だった。北京語では黄梅調と呼ばれた時代劇音楽映画、広東語では粤劇映画、福建語では南音という伝統音楽を使った時代劇音楽映画、潮州語では潮劇映画が数多く作られた。中でも広東語映画は、1950年代の製作本数のうち3分の1を粤劇映画が占めるほどだったし、また潮州語映画はほぼ全部が潮劇映画だった。そのほか、潮州語を除く各言語では、現代劇ミュージカル、あるいは歌謡映画も多く作られ、これらの主題歌、挿入歌が当時の流行歌となって東アジアおよび東南アジア各地に流布していった。

1．4．コスモポリタン的映画製作と汎アジア的映画祭

　1950・60年代は、大手映画会社のショウ・ブラザーズ（邵氏兄弟）とキャセイ（國泰／電懋／MP＆GI）[8]を中心に、海外との合作、外国人スタッフの招聘など、越境的映画製作が盛んに行なわれた時代でもあった。ショウ・ブラザーズとキャセイのライバル合戦は、まず両者発祥の地シンガポールにおけるマレー語映画製作現場で繰り広げられ、ついで舞台は香港へと移った。この両者の映

---

[8] シンガポールにおいて「國泰機構（キャセイ・オーガニゼーション）」を名乗っていたキャセイは、香港での映画製作時代、「國際」「國泰」「電影懋業（略称：電懋）」等何度か会社名を変更した。一般にキャセイを指す言葉としては、「國泰」「電懋」、さらに英語の会社名 "Motion Picture and General Investment" の略称である「MP＆GI」がアトランダムに使われる。なお、このキャセイは、香港の航空会社キャセイとはまったく関係がない別会社である。

画製作に関しては拙著『アジア・映画の都』に詳述したが、ここでも簡単に述べることにする。

ショウ・ブラザーズは前述したように、上海の邵氏4兄弟のうち、マレー半島に渡った下の2人がシンガポールに設立した会社である。設立は1930年で、その後の日本軍占領をくぐり抜け、戦後は映画配給を中心とする総合娯楽機構としてマレー半島に君臨する。また1947年にはマレイ・フィルム・プロダクションズという会社も設立して、マレー語映画の製作にも進出した。これらの諸事業の指揮を執ったのは、弟のランラン・ショウだった。

一方のキャセイは、マレー半島でさまざまな事業を展開していた海外在住中国人実業家陸佑の遺児、陸運濤（ロク・ワントー）が、1940年に親の事業の一部を引き継ぎ、発展させた総合娯楽機構である。ロク・ワントーはケンブリッジ大卒の知識人で、戦争中は日本軍占領下のシンガポールから逃れ、インドに避難していた。戦後はいち早く映画館経営を再開し、1948年にはクリス・フィルム・プロダクションという会社と組んでキャセイ・クリス・プロダクションを作り、マレー語映画の製作に着手した。

マレー語映画は前述のように、1933年に作られた第1作目からインドを範とする選択をしたのであるが、これは戦後のマレー語映画製作現場にも引き継がれ、まずショウ・ブラザーズがインドの著名な監督をシンガポールに招聘し、その後は新人も交じえながら、10人余りのインド人監督を招いて映画製作にあたらせた。一方キャセイも、ショウ・ブラザーズからインド人監督を引き抜いたり、あるいは新たに雇い入れたりしてマレー語映画の製作を発展させた。両社とものちにはフィリピン人監督も起用するなど、マレー人監督が育つまでの間、外国人監督に頼る映画製作を続けた。海外在住中国人プロデューサーのもとで、マレー人キャストやスタッフが、インド人やフィリピン人監督の指揮下に映画を製作するという、まさにコスモポリタン的な映画製作現場が当時のシンガポールでは展開されていたのである。

しかしながら1964年に、台湾で開かれたアジア映画祭に参加していたロク・ワントーやキャセイの重役らが、国内線の飛行機事故で亡くなるという不幸な出来事が起きる。さらに、1965年にシンガポールがマレーシア連邦から分離して独立、以後マレー語映画の製作地はシンガポールからマレーシアの首都ク

写真3　井上梅次監督作『鑽石艶盗』(1971)の香港版VCDカバー

アラルンプールに移っていく。そのため、ショウ・ブラザーズは1969年に、またキャセイは1972年にシンガポールでのマレー語映画製作を中止するのである。

　ショウ・ブラザーズがシンガポールで撮影した最後のマレー語映画は『吸血の王［Raja Bersion］』(1968)で、この作品には3人の日本人スタッフがクレジットされている。マレー人監督ジャミール・スロンの共同監督を務めた山崎徳次郎、撮影の荒野諒一、そして照明の松下時男である。山崎徳次郎は1959年から1964年まで日活の監督として活躍し、『霧笛が俺を呼んでいる』(1960)等のアクション映画など計30本の作品を撮った監督である。山崎らがシンガポールに招聘されたのは、後述する香港での映画製作で、ショウ・ブラザーズが日活と縁の深い日本人監督を招いたことからの流れではないかと推測できる。

ランラン・ショウは 1950 年代半ば、香港にあった兄の映画製作会社ショウ＆サンズがキャセイに押されていることを知り、自ら香港に乗り込んで映画製作に着手する。キャセイのロク・ワントーは 1956 年に香港の映画スタジオを買収し、既に人気作を何本か世に送っていた。香港に進出したランラン・ショウは、1959 年に香港にもショウ・ブラザーズを設立する。

　ランラン・ショウはキャセイとの差別化をはかるために、日本からスタッフを招くことを思いつく。まず 1957 年にカメラマンの西本正が、カラー撮影指導の名目で香港に招かれる。2 本の作品を撮った西本はいったん帰国し、その後再び 1960 年に香港に赴く。それ以降はショウ・ブラザーズの主力カメラマンとして、大作、話題作を次々に担当し、ショウ・ブラザーズの黄金時代構築に大きく貢献したばかりか、ショウ・ブラザーズに頼まれて日本人監督を呼び寄せる仲介をすることになる［西本／山田・山根 2004］。

　こうしてやってきた監督は、日活で『嵐を呼ぶ男』(1957)等のヒット作を世に出し、その後フリーになっていた井上梅次であった。1966 年春に香港に渡った井上梅次に続き［井上 1987：123-156］、その後日活の中平康［中平 1999：149-51］、古川卓巳、大映の村山三男、島耕二が招かれ、これらの人々に付く形でカメラマンや美術スタッフも香港にやってきた。その他、松尾昭典監督が日活とショウ・ブラザーズの合作映画を撮ったり、キャセイも東宝を相手に合作映画を何本も製作したりと、香港映画界と日本映画界の密接な関係は 1970 年代の初めまで続く。

　これらの交流は、2000 年の第 24 回香港国際映画祭における特集上映「跨界的香港電影」で回顧され、そのカタログには、1946 年から 1984 年までの「跨界的香港電影」、つまり合作映画、受け入れ先国の協力を得た海外ロケ映画、外国人スタッフ・キャストを招いて製作した映画等、越境した香港映画の一覧が資料として付けてある［第廿四屆香港國際電影節 2000：178-82］。それを見ると、香港・日本間では 79 本、香港・韓国間では 36 本、香港・東南アジア諸国間では 44 本の作品が越境映画としてリストアップされている。その中で香港・日本間の 79 本の半分近くは、日本人監督が香港に赴いて撮った作品である。この資料をもとに、台湾で台湾語映画[9]を撮った日本人監督等の資料も加えて、越境した日本の映画と映画人を一覧表にまとめてみたものが**表 2**

(135ページ)である。

　この表の中で、日本人の名前に続いてカッコ書きしてあるのは彼らの中国名である。最初は「倪夢東（イ・ムートン）」、2度目の香港滞在以降は「賀蘭山（ホー・ランシャン）」という名前を用いていた西本によれば、最初に担当した作品が香港と韓国、さらには実質的に日本も関わった合作映画で、「そのころ韓国では反日感情が強かったですから。李承晩時代ですから日本人の名前を名乗るとだめなんです。検閲関係だとか、いろんな面で、日本人の名前を隠さなくちゃいけない」［西本／山田・山根 2004：12］ことから中国名を付け、以後監督たちもそれに倣ったようだ。ただ、井上梅次だけは中国名使用を断り、日本名で通した［第廿四屆香港國際電影節 2000：147］。

　これら映画や映画人の越境の基盤となったのは、1954年から始まった「東南アジア映画祭」（後に名称を「アジア映画祭」、さらに「アジア太平洋映画祭」に変更）であった。この映画祭は、アジア域内での相互市場開拓をめざし、各国の映画製作者が中心となってスタートさせたもので、現在でも毎年アジア域内の各都市持ち回りで開かれており、2004年には福岡で開催された。この映画祭で出会った大手映画会社の社長たち、ショウ・ブラザーズのランラン・ショウ、キャセイのロク・ワントー、大映の永田雅一、東宝の藤本真澄、東映の大川博、フィリピンのLVN社やサンパギータ社の社長、インドネシアの大物プロデューサーであるジャマルディン・マリクらが、1954年以降さまざまな映画交流を実現させていくのである。

　この映画祭をきっかけに、前述のような映画人の越境が実現したほか、日本＝タイ合作で長谷川一夫の主演による『山田長政　王者の剣』(1959)が製作されたり、大映初の70ミリ映画『釈迦』(1961)に、フィリピン女優でLVN社に所属していたチャリト・ソリス（映画のクレジットでは「チエリト・ソリス」）が起

9　台湾語は、戦前から台湾に在住する漢民族の中で多数を占める福建系の人々が話している言葉である。福建語と言ってもいいのだが、台湾では一般に台湾語と呼ばれている。戦後、国民党政府の人々とその支持者が台湾に移住してからは、外省人と呼ばれる彼らの使う北京語が「国語」となったが、本省人と呼ばれる台湾語を母語とする人々は当初北京語が理解できなかったため、1955年から製作の始まった台湾語映画が人気を呼んだ。台湾語映画は1965・66年には100本を超す作品が作られたりしたが、やがて国民党政府の締め付けが厳しくなって生フィルムの配給がまわってこなくなった上、北京語教育で育った世代の成長もあって、1972年で製作がほぼ途絶える。日本人監督が招かれたのは、日本占領時代の人脈等で日本との繋がりが深かったためと思われる。

用されたりした。中国語圏のほか、東南アジアとの間でも日本映画の越境は行なわれていたわけである。このように1950・60年代には香港映画界を軸に、日本を始めとする東アジアおよび東南アジア諸国は、映画を介してかなり緊密に結びついていたのである。

1．5．身体言語が開く国際化への道

　前述したのは合作映画やスタッフ・キャストが越境して作られた映画だが、作品自体も国境を越えていたのは言うまでもない。その中心はやはり中国語圏映画とインド映画であったが、実は日本映画もかなりの数がアジア域内で流通していた。

　日本映画は、1950年代には個々の作品が各国で輸入・公開されたほか、たとえば香港では東宝とショウ・ブラザーズ共催の「東宝映画フェスティバル」というミニ映画祭が開催されたりもした。1959年9月に景星、皇都の両映画館で行なわれたこの映画祭では、『手車伕之戀』(『無法松の一生』(1958))、『東京小姐』(『銀座のお姐ちゃん』(1959)か?)等5本の作品が上映され、新聞広告によると『東京小姐』の主演である3人娘、団玲子、重山規子、中島そのみが「登台表演歌舞」、つまり舞台に登場して歌と踊りを披露する、ということも行なわれた。東宝とショウ・ブラザーズの合作映画『お姐ちゃん罷り通る(香港題名：香港三小姐)』(1959)は、この3人の香港訪問を利用して撮影されたと思われる。

　このころ香港で公開された日本映画は、1980年前後にブームとなる香港ニューウェーブの監督たちにも影響を与えた。ニューウェーブの中心的人物であった徐克(ツイ・ハーク)は、『用心棒』(1961)を映画館で見た時の衝撃を語り、唐基明(テリー・トン)は黒澤明監督作品が好きだとして、『七人の侍』(1954)、『用心棒』、『赤ひげ』(1965)を挙げている [第廿三屆香港國際電影節　1999：143 & 145]。また、今はハリウッドで活躍する監督呉宇森(ジョン・ウー)が石井輝男監督作品『ならず者』(1964)に大きな影響を受けたことは有名で、『ならず者』の香港題名『雙雄喋血記』から取った題名を自身の作品に付け、『喋血雙雄(日本題名：狼／男たちの挽歌・最終章)』(1989)としたことはよく知られている話である。

1960年代の香港や台湾、そして東南アジア諸国で特に人気があった日本映画は、『ゴジラ』等の怪獣映画、日活アクション映画、そして『座頭市』シリーズといった作品だった。怪獣映画の人気は、日本の特撮技術を生かした香港映画『中国超人インフラマン』(1975)や『北京原人の逆襲』(1978)、そしてタイとの合作映画でタイ題名を『ハヌマーンと7人のウルトラマン』と言う『ウルトラ6兄弟VS怪獣軍団』(1974)等を生んだ。日活映画に関しては、西本正は「ショウ・ブラザーズは日活のアクション映画をやたら買っているんです。東南アジアにかけるために。ざっと二百本は買っていますね」[西本／山田・山根 2004：152] と述べている。また、『座頭市』シリーズでは、1970年に『新座頭市 破れ！唐人剣（香港題名：獨臂刀大戰盲俠）』が作られ、勝新太郎と香港のアクションスター王羽（ジミー・ウォング）が共演したりした。

　これらの日本映画は、いずれもアクションが主体の作品という特徴を持っている。つまり、身体言語が国際市場を切り開いていったわけであるが、その最たる例となるアジア映画が1970年代初頭に出現する。李小龍（ブルース・リー）の主演作である。

　香港映画の子役としてキャリアを開始し、その後アメリカで大学を終えたあと、自らが考案した截拳道（ジークンドー）を教えながらアメリカのテレビ番組に出演していたブルース・リーは、1971年に香港に戻って映画に出演する。その後彼が1973年に亡くなるまでの間に撮った作品は、『ドラゴン危機一発［唐山大兄］』(1971)、『ドラゴン怒りの鉄拳［精武門］』(1972)、『ドラゴンへの道［猛龍過江］』(1972)、および死亡後に完成した『燃えよドラゴン［龍爭虎鬥］』(1973)と、死亡時に残されたフィルムをつなぎ合わせて1本の作品にした『死亡遊戯［死亡遊戯］』(1977)があるが、特に香港・アメリカ合作の『燃えよドラゴン』によって、ブルース・リーは全世界を席巻することとなった。ブルース・リーの出現によって、香港製のクンフー[10]映画は、アジアのみならず世界中の観客にとって馴染みのある存在になる。

---

[10]「クンフー」または「カンフー」と日本で表記される言葉「功夫」は、北京語読み、広東語読み共に「コンフー」という音になる。香港ではローマナイズの際に「gung fu」または「kung fu」と書くのが一般的であるため、これを日本人がローマ字風に読んだ結果「クンフー」、英語風に読んだ結果「カンフー」になったと思われる。

第 4 章　映画が国境を越えるとき：アジアの"ハリウッド"が築いたムービーロード　125

写真 4　『ハヌマーンと 7 人のウルトラマン』（『ウルトラ 6 兄弟 VS 怪獣軍団』）（1974）のタイ版チラシ

　ブルース・リーに続き、やはり世界市場を制覇したのは成龍（ジャッキー・チェン）である。彼はブルース・リーのクンフー路線の継承者であるとともに、それにコメディ要素を盛り込み、さらにその後現代的なアクション映画へと移行させていくことで、いっそう幅広い観客に受け入れられた。ジャッキー・チェンの初期の代表作としては、『ドランク・モンキー　酔拳［酔拳］』（1978）、『ヤング・マスター　師弟出馬［師弟出馬］』（1980）、『プロジェクト A［A 計画］』（1983）、『ポリス・ストーリー　香港国際警察［警察故事］』（1985）があるが、特に『師弟出馬』以降は欧米でもその存在が注目されるようになった。
　ブルース・リーもジャッキー・チェンも、共に生身の肉体のアクションによって、言語や文化を軽々と越えたと言うことができる。これと同じく、アクションではないが「ミュージカル」シーン、つまり歌と踊りとによって国境を越えたのがインド映画と言える。
　1950 年代のインド映画は、独立前から続く東南アジア市場への影響をさらに強大なものにしつつあり、インドネシアでは大衆歌謡のダンドゥットにイン

ド映画音楽が取り入れられ、カバー曲が多く出現するなど、人気が高まっていた。これに脅威を感じたインドネシア映画界は政府に働きかけ、1956年からインド映画の輸入本数を年間30本に限るクォータ制を実施した。当時インド映画の倍以上輸入されていたアメリカ映画に対しては何の処置も取られなかったが、これはインドネシア映画の観客層とインド映画のそれとが重なるため、自国映画への影響をおもんぱかって、というのが理由であった。アメリカ映画の観客層はインドネシア映画は見ない、というおかしな理由付けがなされ、インド映画に対するバッシングがなされたものの、実施までの期間に多数のインド映画が駆け込み輸入されたり、提唱者の1人であるジャマルディン・マリクはインド映画の輸入も手がけていたりと、茶番的な側面もあったらしい[Sen 1988：29-30]。しかしながらこの1件からもわかるように、インド映画は東南アジアの庶民層に大きな人気を得ていたのである。

1960年代に入ると、資本を蓄えたインド映画はほとんどの作品がカラー化し、海外ロケも盛んに行なわれた。1960年代の半ばには、パリを始めとするヨーロッパの各地、シンガポール、香港などにロケした「ご当地映画」と呼ぶべき作品が何本も作られ、中でも東京オリンピック直後の日本を舞台にした『ラブ・イン・トーキョー［Love in Tokyo］』(1966)は、その主題歌・挿入歌と共に大当たりしてアラブ諸国でも歓迎された。[11]

また、1959年以降のインド映画は、シネスコの大型画面が一般的になり、1970年代半ばには70ミリ作品も出現して、ハリウッドに対抗しうる娯楽水準の作品が次々に作られるようになった。娯楽路線に転じたラージ・カプールの監督作品『ボビー［Bobby］』(1973)や、マルチスター映画（オール・スター・キャスト映画）ブームを巻き起こすきっかけとなった『炎［Sholay］』(1975)などは、海外市場でも大ヒットした。インド本国ではそこそこのヒットだった『ディスコ・ダンサー［Disco Dancer］』(1982)がなぜか社会主義圏諸国で大ヒットとなるといった現象も起き、この映画の印象的なシーンで歌われた「ジミー、立つのよ［Jimmy Jimmy Jimmy Aaja］」という歌は、中国では多くの人に馴染みあるものとなった[12]。

---

[11] 筆者の所持している『ラブ・イン・トーキョー』のビデオには、英語とアラビア語の字幕が入っている。また、傷の目立つ、相当上映が繰り返されたプリントからビデオ化されている。

さらに1970年代には、タミル語、テルグ語等の南インド諸言語の映画がめざましい発展ぶりを見せ、それによって製作本数も増加して、インドは世界一の映画製作国となる。表1のように、1970年には397本だった製作本数が1980年には739本とほぼ倍になるのだが、これには安定した海外市場の存在も大きく貢献した。1980年代はビデオの流布、特に海賊版の横行によって一時インド映画は停滞するものの、ビデオという新しいメディアが登場したことは、インド映画のマーケットをさらに広げる結果にもなった。

1．6．新しい時代を迎えて

　1980年代以降の香港映画は、鬼片(ホラー映画)、英雄片(香港ノワール映画)、古裝片(ワイヤーワーク・アクションを多用した時代劇)、賭片(ギャンブラーもの)等、常に新しい流行を発信してアジア市場を魅了してきた。と同時に、この時代の香港映画には歌手が多く出演し、香港ポップスとの相乗作用で東アジア、東南アジアの観客を引きつけることになる。

　東アジアでは韓国および日本での香港映画市場が拡大し、日本では特に1980年代後半、香港映画とスターに憧れる女性ファンが急増した。それまでのブルース・リーやジャッキー・チェンの映画には男性ファンが多かったのに対し、譚詠麟(アラン・タム)、周潤發(チョウ・ユンファ)、張國榮(レスリー・チャン)といった男優たちが主演する映画は女性ファンを魅了した。彼女たちは憧れのスターの新作映画を見るために、あるいはコンサートを聞くために香港まで出かけたり、広東語学習に熱心に取り組んだりした。ちょうど現在の「冬ソナ」ブームのような現象が、1980年代後半既に起きていたのである。この香港映画ブームは1990年代に入っても衰えず、劉德華(アンディ・ラウ)、張學友(ジャッキー・チョン)、黎明(レオン・ライ)、郭富城(アーロン・コク)らのスターが映画と音楽両分野で活躍し、そのうちの何人かは日本でもコンサートを開催したりした。

　香港映画の隆盛は中国返還直前の1995年ごろまで続くが、その後香港映画

---

[12] ジャ・ジャンクー監督の最新作『世界』(2004)でも、この歌がインドの踊りを披露するステージのシーンで流されている。また、東京外国語大学に現在留学中の中国人学生は、インド映画というとこの歌を思い出す、と歌詞をそらんじてくれた。

は急激に失速し、2000年に入ると韓国映画の隆盛も影響して、香港映画はアジア市場での優位性を失っていく。最近になって、それまでの喜劇作品に大胆に身体性を取り入れた周星馳(チャウ・シンチー)の監督・主演作『少林サッカー［少林足球］』(2001)や『カンフー・ハッスル［功夫］』(2004)のような大ヒットも出現し始めたが、2004年の香港映画製作本数は63本と、いまだ回復には到っていない。

　そんな中でも、『グリーン・デスティニー［臥虎藏龍］』(2000)、『HERO［英雄］』(2002)、『LOVERS［十面埋伏］』等のプロデューサー江志強(ビル・コン)のように、アジア域内での合作を強力に推進している香港映画人もいる。たとえば『LOVERS』は、彼の会社と中国の監督張芸謀(チャン・イーモウ)の会社との合作であり、出演者は香港のアンディ・ラウ、中国の章子怡(チャン・ツィイー)、台湾の金城武、また、スタッフのうち衣装のワダエミ、音楽の梅林茂は日本から参加、といった具合に、各国からキャストやスタッフが集められている。1990年代以降世界の映画は、多国籍資本や多国籍スタッフ・キャストで製作されることが多くなり、この映画もその一環と見ることもできるが、このような作品が生まれる香港は、まだまだアジアの"ハリウッド"としての輝きを失っていないとも言える。

　一方インド映画は、香港映画が失速した1998年に、香港映画ファンも取り込むことによって日本で大ブームを巻き起こした。タミル語映画『ムトゥ 踊るマハラジャ［Muthu］』(1995)が、単館ロードショーながら約6ヵ月にわたるロングランを記録したのである。このインド映画ブームは、1990年ごろから日本へ出稼ぎにやってきたパキスタン人、バングラデシュ人によってインド映画のビデオが日本に持ち込まれ、それが日本人の間にも流通することでインド映画ファンを発生させた、という状況も1つの要因になっている。残念ながらその後、別の作品で起きた権利関係のトラブル等によってインド映画ブームはごく短時間で収束してしまうが、ある程度のファン層は定着し、現在でも『時に喜び、時に悲しみ［Kabhi Khushi Kabhie Gham……］』(2001)や『明日が来なくても［Kal Ho Naa Ho］』(2003)といった娯楽大作が映画祭で上映される時には多くの観客が足を運ぶ。そのほか熱心なインド映画ファンは、アメリカのサイトなどでインド映画のDVD、あるいはVCD[13]を購入して楽しんで

写真5　6大スターを揃えた娯楽大作『時に喜び、時に悲しみ』(2001)（提供：Dharma Productions）

いる。

　現在インド映画のプリントによる劇場公開は、アジアではインド周辺国とシンガポール、マレーシアを除き非常に少なくなっている。それに代わって、自国のテレビや受信可能なインドの衛星放送で見たり、手軽に手に入る VCD や DVD で見る、というケースが増加している。1990 年代前半から急速に発達したインドの衛星放送は、現在インドの都市部では 60〜70 チャンネルが受信でき、各言語の映画放映専門チャンネル、ドラマと共に映画の予告編や「ミュージカル」シーンを流したり、芸能ニュース等を流す娯楽専門チャンネルは、さまざまなインド映画の情報を各家庭に届けている。アジアサット等の衛星により、これらの番組はベトナムからアラブ諸国までの広い地域において受信可能

---

[13] VCD は Video CD の略で、ビデオの画像を CD（コンパクト・ディスク）に収めたものと言える。したがって画像は DVD（デジタル多用途ディスク）ほど鮮明ではなく、また 1 枚のディスクに収録できる時間も約 1 時間と、DVD に比べると容量が格段に小さい。当初は VCD の方が DVD より安価だったためこの両者が並行して流通していたが、やがて香港のインド映画ソフトショップではどちらも 20 香港ドル（約 270 円）になり、現在は VCD が姿を消して、新しいインド映画のソフトは DVD のみで発売されるようになった。

で、新たなインド映画ファンを増やしている。1990年代末にはマレーシアでインド映画人気が高まり、またインドネシアでは近年テレビのチャンネル数増加に伴ってインド映画の放映が増えるなど、インドもまた、アジアの"ハリウッド"としての役割を今も担っているのである。

2．越境を促したもの

　以上見てきたように、アジア映画の越境は、まず海外在住の中国人とインド人に向けて、本国の映画が上映のために送られる形で始まった。海外在住の中国人やインド人が多く住む地域は、いわば本国の飛び地のようなもので、それらの地と本国との資金や人材の行き来もまた自然なことであった。やがてその周辺部分へと観客層は広がっていき、マーケットは拡大の一途を辿る。さらに映画先進国という立場から、日本、中国、インドの映画人が、ある時は映画の公開、ある時は映画の製作を請け負う形で、アジア各国へと進出した。

　その後、戦争期には、アジアを軍事支配した日本による上からの映画交流が図られる。戦後は戦争による落ち込みからの回復をめざし、アジア域内の市場を拡大するために、各国大手映画会社のトップたちによる、これもある種上からの映画交流が展開していく。これにより1950・60年代には、特に東アジアと東南アジアで映画と映画人が行き交い、緊密な映画交流の軌跡が何重にも描かれていった。

　そんな中でインド映画は、「ミュージカル」および娯楽要素満載というその独特のスタイルで、アジアのほぼ全域において人気を保ち、アラブ、アフリカ、旧ソ連・東欧諸国にも受容されていく。東アジアおよび東南アジア市場を手中にしていた香港映画もまた、1970年代以降はブルース・リーとジャッキー・チェンのアクション映画によって、インドや西アジアはもちろん、全世界へと市場が拡大する。これらの時代を経て、アジア映画の受容は日常的なものになり、現在では特に意識されることなくアジア映画は国境を越えて各地で受容されている。また、アジア映画の製作現場も、世界的な多国籍映画製作の流れを受けて、国境にとらわれない資金や人材の往来が日常化しているのが現状であ

る。
　それでは、上記以外にアジア映画の越境を促した要因はどういったものだったのだろうか。それを整理してみると次のようになる。

①文化的・思想的共通性と異質性
　アジアは西から見ていくと、イスラーム文化、サンスクリット(インド)文化、そして中国文化が基層文化として存在し、このうちの二者、あるいは三者が重なり合っている地域もある。イスラームとサンスクリット両文化を含むインド映画、そして中国文化を背景とした中国語圏映画は、文化や思想の共通性、同質性によってアジア各国での受容を容易にするとともに、ある時は異質性によってエキゾチシズムをかき立てた。どの要因がうまく働いたかは、地域や時代、作品によって異なってくるが、必ずしも「文化的近似性」[岩渕 2001：198]だけではなく、異質性も作用したことは、たとえば1998年に日本においてインド映画『ムトゥ 踊るマハラジャ』が大ブレイクした時、日本人観客にアピールした要素として"カルチャー・ショック"という表現がよく使われたことからもわかる。異質性は、新奇なもの、その国の映画が有しないもの、と言い換えてもよく、インド映画と香港映画はそれを常に追求し続けていたために支持されたのだとも言える。

②セリフの非重要性
　トーキー化以降、映画はその言語を理解しない観客に鑑賞してもらうためには、吹き替え、あるいは字幕という処理を要求されることになった。イラン、タイ、中国などでは吹き替えが定着したが、吹き替え、字幕とも多額の費用がかかる上、識字率の低い地域では字幕は用をなさなかった。その結果、セリフが理解できなくても楽しめるアクション映画や、ミュージカル映画が広範な観客を集めることになった。舞踊も一種のアクションであると考えれば、身体言語中心の映画を作ることによって、日本や香港のアクション映画、そしてインド映画はマーケットを拡大していったのである。

③メディア・ミックス

前述したように、中国語圏映画とインド映画は、映画と音楽というメディア・ミックスによってマーケットを維持してきた。インド映画音楽は、インドネシアの大衆歌謡ダンドゥットを始め、タイや中国などでもカバーされて親しまれている。また1980年代以降の香港映画は、レスリー・チャン、アンディ・ラウ、レオン・ライトップ歌手が主演することによって、プロモーションをいっそう効果的に行なうことができたのである。

④経済性

アジア映画の上映権料(今は、劇場上映権、テレビ放映権、DVD等へのソフト化権などを一括して買う場合が多く、オール・ライツと呼ばれる)は、ハリウッド作品に比べるとけた違いに安い。かつてインド映画『パダヤッパ[Padayappa]』(1999)が5万ドル(約550万円)で日本の配給会社に売れた、というので、インドでは一般紙も報道する大騒ぎになったことがあったが、この反応は通常のインド映画よりも相当高額であったことを示している。香港映画はインド映画に比べると格段に高いが、それでもハリウッド作品の場合、メジャーが配給するような大作なら数百万ドル、日本で単館ロードショー扱いとなるような作品でも50万ドルを超えるのが普通であることを考えると、アジア映画はまだまだ安価である。[14]

結びに代えて：継承されない越境の記憶

韓流ブームが起きて日本の女性ファンが大騒ぎする様子を見た時、筆者をはじめとする香港映画ファンは、かつての自分たちと同じではないか、と思ったものである。ある作品を見たのがきっかけで、魅力的なスターを認識し、その

---

[14] しかしながら最近は、韓国映画『シルミド』(2003)が日本に500万ドルで売られるなど、ハリウッドのメジャーなみとも言える韓国映画の上映権料の高騰ぶりに、日本の業界内部でも危機感が生じている。韓国映画の高騰を招いたのは日本の配給会社の見識のなさであるとして、韓国ものなら何でも言い値で、先を争って買い付けようとする現在の風潮を批判する人も多い。

人のファンになってあらゆる情報や関連物を集める。さらに興味は他の映画、他のスターへと広がっていき、やがてその国へ行ってみたくなり、言語まで学ぶようになる……。1980年代後半から1990年代前半にかけて、日本のあちこちで広東語教室が隆盛を極めていた光景が思い出される。当時の香港映画ブームと現在の韓流ブームが異なる点は、きっかけとなる作品が映画ではなくテレビドラマだったこと、したがってお茶の間に入り、より多くの人を魅了したこと、ファンとなった人々の平均年令が韓流ファンの方が高いこと、だけではないかと思われる。

　香港映画に関してはそれ以前にも、前述したジャッキー・チェンやブルース・リーに対する熱狂ぶりが発生している。この2人は当時の男の子たちにとってはスーパースターであり、特にジャッキー・チェンは女性にも人気があって、彼との結婚を夢見るファンが出るなど、まさに「ヨン様」的存在でもあった。

　さらに遡れば、1960年代前半に東宝とキャセイの合作映画『香港の夜』（1961）、『香港の星』（1962）、『社長洋行記』（1962）等に主演した香港女優尤敏（ユーミン）は、当時の日本でも人気者だった。その人気ぶりは、たとえば当時ハリウッドスターや日本の女優をよく表紙に取り上げていた『アサヒグラフ』1962年6月8日号が、尤敏の写真を表紙に使用していることからもわかる。中に掲載された記事「日本通のユーミンさん」でも、既に彼女が何回も来日していることを紹介し、日本のスターに近い取り上げ方となっている。

　このように日本人がアジアのスターを受容した過去の歴史は、韓流ブームが語られる時に言及されることはまずない。確かに対象国が香港と韓国という違いはあるのだが、我々のような以前からのアジア映画ファンにとっては、アジアのスターへの熱狂ぶりは最近始まったものだ、という扱いには釈然としないものが残る。

　さらに、**表2**のように多くの日本人監督がアジア映画に進出していたにもかかわらず、その情報は一般の人々にはもちろん、映画ファンにすら知られていないのが現状である。渡辺謙が『ラスト サムライ』（2003）でハリウッド進出を果たした時、少なくない媒体が早川雪洲や上山草人らかつてハリウッドで活躍した日本人俳優にも言及していたのと比べてみると、アメリカのハリウッドに越境した映画人の記憶は共有され、アジアの"ハリウッド"に越境した映画

人は記憶にも留められないのだ、と、その差を感じずにはいられない。

　これは何も、日本に限ったことではないかもしれない。アジアの諸事の価値はどこの国でも、多くの場合欧米という鏡に映されて初めて定まる、という側面を持っており、アジアの鏡にどれほど映ろうともそれはプラスに評価されないことが多い。欧米偏重、アジア蔑視と言ってもよいが、他のアジア諸国でもその傾向はあるものの、日本にいると特にその傾向を強く感じるのである。

　それを打ち破りつつあるのが、現在アジア域内で起こっているダイナミックなポピュラー文化の越境現象だが、日本の場合、韓国に対する認識は大きく変化したものの、他のアジア諸国に対する見方にはまだまだ偏見が含まれている。小論で述べてきたような過去の豊かな越境現象が日本人の間で共通認識になっていないのも、これまでアジア諸国を対等な存在として見てこなかったことに起因するものだ。

　現在のポピュラー文化の越境現象が、日本人のアジア認識をさらに変化させていくのかどうか——韓流に続いて台湾のテレビドラマやタイ映画が人気を呼びそうな気配だけに、今後の展開が注目されるところである。

第4章　映画が国境を越えるとき：アジアの"ハリウッド"が築いたムービーロード

表2　越境した日本映画と映画人（1946～1980年）

*（　）内は合作相手国での題名、[　]内は日本公開時の原題／**日本人名後の（　）内は使用した中国名

製作年	映画題名*	製作国	映画会社	監督**	主演	備考**
1955	海棠紅	香港	新華	易文	李麗華、王引	東宝がロケ協力
1955	楊貴妃	日本／香港	大映／邵氏	溝口健二	森雅之、京マチ子	合作
1955	東京香港蜜月旅行	日本／香港	東宝／電懋	野村芳太郎	林黛、岸恵子	合作
1956	蝴蝶夫人	香港	新華	易文	李麗華、黃河	東宝がロケ協力
1956	白夫人の妖恋	日本	東宝	豊田四郎	李香蘭、池部良	邵氏が撮影協力
1957	神秘美人	日本／香港	東宝／邵氏	若杉光夫（華克毅）	李香蘭、趙雷	合作、撮影：西本正（倪夢東）
1957	山下奉文寶蔵	香港	中國影業	何澤民	楊耀娜、水戸光子	日本、香港、フィリピン俳優共演
1957	紅塵三女郎	台湾	長河	岩澤庸徳	游娟、方紫	台湾語映画
1958	異國情鴛	香港／韓国	邵氏	若杉光夫（華克毅）、屠光啓、全昌根	尤敏、金振奎	撮影：西本正（倪夢東）
1958	一夜風流	香港	邵氏	卜萬蒼	李香蘭、趙雷	
1958	東京尋妻記	台湾	臺湾第一	倉田文人	唐菁、美雪節子	
1958	阿蘭	台湾	長河、高和	岩澤庸徳	小艷秋、石軍	台湾語映画
1958	太太我錯了	台湾	長河、高和	田口哲	游娟、鍾林	台湾語映画
1959	お姐ちゃん罷り通る（香港三小姐）	日本／香港	東宝／邵氏	杉江敏男	団令子、重山規子、張沖	合作
1959	山田長政　王者の剣	日本／タイ	大映／？	加戸敏	長谷川一夫	合作
1961	香港の夜（香港之夜）	日本／香港	東宝／電懋	千葉泰樹	宝田明、尤敏	合作
1961	千嬌百媚	香港	邵氏	陶秦	林黛、陳厚	撮影：西本正（賀蘭山）、美術：村木忍
1961	燕子盜	香港	邵氏	岳楓	林黛、趙雷	撮影：西本正（賀蘭山）
1961	手槍	香港	邵氏	高立	王引、李香君	撮影：西本正（賀蘭山）
1961	釈迦	日本	大映	三隅研次	本郷功次郎、チャリト・ソリス	フィリピン女優出演
1962	楊貴妃	香港	邵氏	李翰祥	李麗華、嚴俊	撮影：西本正（賀蘭山）
1962	白蛇傳	香港	邵氏	岳楓	林黛、趙雷	撮影：西本正（賀蘭山）
1962	金門島にかける橋（海彎風雲）	日本／台湾	日活／中央電影	松尾昭典、潘壘	石原裕次郎、華欣、二谷英明	合作
1962	香港の星（香港之星）	日本／香港	東宝／電懋	千葉泰樹	宝田明、尤敏	合作
1962	社長洋行記（三紳士艷遇）	日本／香港	東宝／電懋	杉江敏男	森繁久彌、尤敏	合作
1962	続社長洋行記	日本	東宝	杉江敏男	森繁久彌、尤敏	香港女優出演
1963	ホノルル・東京・香港（香港、東京、夏威夷）	日本／香港	東宝／電懋	千葉泰樹	宝田明、尤敏	合作
1963	花團錦簇	香港	邵氏	陶秦	林黛、陳厚	撮影：西本正（賀蘭山）
1963	武則天	香港	邵氏	李翰祥	李麗華、趙雷	撮影：西本正（賀蘭山）
1963	梁山伯與祝英台	香港	邵氏	李翰祥	凌波、樂蒂	撮影：西本正（賀蘭山）

1963	愁風愁雨割心腸	台湾	天鵝	志村梅夫、許瑞騰	游娟、易原	台湾語映画
1964	七仙女	香港	邵氏	何夢華、陳一新	凌波、方盈	撮影：西本正（賀蘭山）
1964	花木蘭	香港	邵氏	岳楓	凌波、金漢	撮影：西本正（賀蘭山）
1964	妲己	香港／韓国	邵氏／申フィルム	岳楓	林黛、申栄均	撮影：西本正（賀蘭山）
1964	王昭君	香港	邵氏	李翰祥	林黛、趙雷	撮影：西本正（賀蘭山）
1965	最長的一夜	日本／香港	東宝／電懋	易文	宝田明、樂蒂	合作
1965	香港の白い薔薇（香港白薔薇）	日本／香港／台湾	東宝／電懋	福田純	宝田明、張美瑤	合作
1965	大地兒女	香港	邵氏	胡金銓	樂蒂、陳厚	撮影：西本正（賀蘭山）
1965	寶蓮燈	香港	邵氏	岳楓	林黛、鄭佩佩	撮影：西本正（賀蘭山）
1965	西廂記	香港	邵氏	岳楓	凌波、李菁	撮影：西本正（賀蘭山）
1966	バンコックの夜（曼谷之夜）	日本／香港／台湾	東宝／國泰／台湾省電影	千葉泰樹	加山雄三、張美瑤	合作
1966	大醉俠	香港	邵氏	胡金銓	岳華、鄭佩佩	撮影：西本正（賀蘭山）
1966	金菩薩	日本／香港／韓国／フィリピン	邵氏	羅維	林翠、張沖	合作
1966	藍與黑（上・下）	香港	邵氏	陶秦	林黛、關山	撮影：西本正（賀蘭山）
1966	アジア秘密警察（亞洲秘密警察）	日本／香港	日活／邵氏	松尾昭典（麥志和）	二谷英明／王羽、浅丘ルリ子	合作、主演男優は香港版と日本版で異なる
1967	香港ノクターン（香江花月夜）	香港	邵氏	井上梅次	陳厚、鄭佩佩	撮影：西本正（賀蘭山）、音楽：服部良一、美術：黒沢治安
1967	黑鷹	香港	邵氏	古川卓巳（載高美）	胡燕妮、張沖	
1967	諜網嬌娃	香港	邵氏	井上梅次	鄭佩佩、張沖	撮影：西本正（賀蘭山）、美術：黒沢治安
1967	特警009	香港	邵氏	中平康（楊樹希）	杜娟、唐菁	撮影：西本正（賀蘭山）
1967	龍虎溝	香港	邵氏	岳楓	金漢、鄭佩佩	撮影：西本正（賀蘭山）
1967	風流鐵漢	香港	邵氏	古川卓巳（載高美）、程剛	張仲文、張沖	撮影：西本正（賀蘭山）
1967	飛天女郎	香港	邵氏	中平康（楊樹希）	方盈、岳華	撮影：西本正（賀蘭山）
1967	青春鼓王	香港	邵氏	井上梅次	凌雲、何莉莉	音楽：服部良一
1967	神火101 殺しの用心棒	日本	松竹	石井輝男	竹脇無我、林翠	國泰ロケ協力
1967	青春悲喜曲	台湾	永裕	湯浅浪男	陳雲卿、津崎公平	台湾語映画
1967	懷念的人	台湾	永新	湯浅浪男	張清清、津崎公平	台湾語映画
1967	霧夜香港	台湾	玉山	南部泰三、何基明	小林、張清清	台湾語映画
1967	難忘的大路	台湾	永新	湯浅浪男	張清清、石軍、安藤達巳	台湾語映画

1968	花月良宵	香港	邵氏	井上梅次	李菁、陳厚	撮影：西本正（賀蘭山）、音楽：服部良一
1968	春満乾坤	香港	邵氏	薛羣	李昆、邢慧	撮影：西本正（賀蘭山）
1968	狂戀詩	香港	邵氏	中平康（楊樹希）	胡燕妮、金漢	撮影：西本正（賀蘭山）
1968	諜海花	香港	邵氏	井上梅次	何莉莉、陳厚	撮影：西本正（賀蘭山）
1968	神龍飛俠	台湾	?	小林悟	江青霞、呉敏	台湾語映画
1968	月光大俠	台湾	?	小林悟	江青霞、小林	台湾語映画
1968	Raja Bersiong〔訳：吸血の王〕	シンガポール	マレー・フィルム（邵氏）	ジャミール・スロン、山崎徳次郎	アフマド・マフード、サリマ	撮影：荒野諒一、照明：松下時男
1969	千面魔女	香港	邵氏	鄭昌和	陳亮、丁紅	撮影：西本正（賀蘭山）、韓国人監督
1969	裸屍痕	香港	邵氏	島耕二（史馬山）	陳厚、丁紅	
1969	獵人	香港	邵氏	中平康（楊樹希）	方盈、金漢	撮影：西本正（賀蘭山）
1969	釣金龜	香港	邵氏	井上梅次	何莉莉、陳厚	撮影：西本正（賀蘭山）
1969	青春萬歳	香港	邵氏	井上梅次	丁珮、林沖	撮影：西本正（賀蘭山）
1969	人頭馬	香港	邵氏	村山三男（穆時傑）	凌雲、于倩	撮影：西本正（賀蘭山）
1969	椰林春戀	香港	邵氏	島耕二（史馬山）	何莉莉、林嘉	
1969	龍王子	?	?	福田晴一	江青、武家麒	
1969	封神榜（上・下）	?	東影	山内鉄也	葛香亭、謝玲玲	製作：王東海
1970	殺機	香港	邵氏	村山三男（穆時傑）	凌波、關山	撮影：西本正（賀蘭山）
1970	女校春色	香港	邵氏	井上梅次	李菁、陳厚	
1970	遺産五億元	香港	邵氏	井上梅次	邢慧、金峰	
1970	青春戀	香港	邵氏	井上梅次	胡燕妮、楊帆	
1970	鬼門關	香港	邵氏	村山三男（穆時傑）	凌雲、丁珮	撮影：西本正（賀蘭山）
1970	海外情歌	香港	邵氏	島耕二（史馬山）、桂治洪	金峰、虞慧	
1970	武林風雲	香港	邵氏	岳楓	陳鴻烈、舒佩佩	撮影：西本正（賀蘭山）
1970	胡姬花	香港	邵氏	島耕二（史馬山）	何莉莉、楊帆	
1970	餓狼谷	香港	邵氏	鄭昌和	羅烈、李菁	撮影：西本正（賀蘭山）、韓国人監督
1970	那個不多情	香港	邵氏	桂治洪	何莉莉、鄭君綿	撮影：西本正（賀蘭山）
1970	女子公寓	香港	邵氏	井上梅次	李麗麗、丁珮	
1971	鑽石艷盗	香港	邵氏	井上梅次	何莉莉、凌雲	
1971	五枝紅杏	香港	邵氏	井上梅次	金漢、林嘉	撮影：西本正（賀蘭山）
1971	一劍勾魂	香港	榮堅	森永健次郎、楚原	陳思思、狄娜	

1971	齊人樂	香港	邵氏	井上梅次	金峰、舒佩佩	
1971	女殺手	香港	邵氏	松尾昭典(麥志和)、桂治洪	何莉莉、張佩山	
1971	我愛金龜婿	香港	邵氏	井上梅次	何莉莉、凌雲	
1971	夕日戀人	香港	邵氏	井上梅次	井莉、秦沛	
1971	新座頭市 破れ！唐人剣〔獨臂刀大戰盲俠〕	日本／香港	勝プロ／嘉禾・永聯	安田公義、徐增宏	勝新太郎、王羽	
1972	玉女嬉春	香港	邵氏	井上梅次	丁珮、宗華	撮影：西本正(賀蘭山)
1972	大內高手	香港	邵氏	林福地	川原、舒佩佩	撮影：西本正(賀蘭山)
1972	風月奇譚	香港	邵氏	李翰祥	宗華、貝蒂	撮影：西本正(賀蘭山)
1973	梅山收七怪	香港	邵氏	山內鐵也	井莉、金霏	
1973	最後のブルース・リー ドラゴンへの道〔猛龍過江〕	香港	嘉禾	李小龍(ブルース・リー)	李小龍、苗可秀	撮影：西本正(賀蘭山)
1974	勾魂艷鬼	香港	福星	華山	李昆、恬妮	撮影：西本正(賀蘭山)、技術顧問：春原政久
1974	青春不時着	韓國	申フィルム	中平康		
1974	ウルトラ6兄弟VS怪獸軍団 (Hanuman vs 7 Ultraman)	日本／タイ	円谷プロ／チャイヨ・フィルム	東條昭平		合作
1974	Hanuman vs 5 Camen Riders〔訳：ハヌマーンと5人の仮面ライダー〕	タイ／日本？				合作？
1975	中國超人インフラマン〔中國超人〕	香港	邵氏	華山	李修賢	撮影：西本正(賀蘭山)、特撮：三上睦男、他
1977	ゴルゴ13 九龍の首〔狙撃十三〕	日本／香港	嘉倫	野田幸男	千葉真一、嘉倫	
1978	北京原人の逆襲〔猩猩王〕	香港	邵氏	何夢華	李修賢、エヴリン・クラフト	特撮：有川貞昌、他
1978	ブルース・リー 死亡遊戲〔死亡遊戲〕	香港	嘉禾	李小龍(ブルース・リー)、ロバート・クラウズ	李小龍、ダニー・イノサント	撮影：西本正(賀蘭山)

＜參考資料＞
第廿四屆香港國際電影節．2000．『跨界的香港電影』香港：康樂及文化事務署．
口述電影史小組．1994．『台語片時代（台灣電影史料叢書003）』台北：國家電影資料館．
梁良（編）．1984．『中華民國電影影片上映總目 1949〜1982（上・下）』台北：中華民國電影圖書館出版部．
西本正／山田宏一・山根貞男．2004．『香港への道―中川信夫からブルース・リーへ―』東京：筑摩書房．
＊現在も香港映畫界で活躍中のアクション俳優倉田保昭の出演作は今回のリストから漏れているが、以下の文献の卷末に一覽が掲載されている。
倉田保昭．1997．『ドラゴン放浪記』東京：國際通信社．

【参考文献】

アグスティン・ソト．1991．「フィリピン映画抄史」『フィリピン映画祭』（村山匡一郎訳）国際交流基金アセアン文化センター．
市川彩．2003．『日本映画論言説大系　10：アジア映画の創造及建設』ゆまに書房．（復刻版．原著は；市川彩．1941．『アジア映畫の創造及建設』國際映畫通信社・大陸文化協會．）
井上梅次．1987．『窓の下に裕次郎がいた』文藝春秋．
岩渕功一．2001．『トランスナショナル・ジャパン——アジアをつなぐポピュラー文化』岩波書店．
岩渕功一．2004．「韓流が「在日韓国人」と出会ったとき」毛利嘉孝編．『日式韓流』せりか書房．
岩本憲児編．2004．『映画と「大東亜共栄圏」』森話社．
内海愛子・村井吉敬．1987．『シネアスト許泳の「昭和」』凱風社．
ウドムデート，マノップ．1990．「タイ映画——その過去から現在まで」『タイ映画祭』国際交流基金アセアン文化センター．
加藤厚子．2003．『総動員体制と映画』新曜社．
川谷庄平／山口猛構成．1995．『魔都を駆け抜けた男——私のキャメラマン人生』三一書房．
倉沢愛子．1989．「日本軍政下のジャワにおける映画工作」『東南アジア——歴史と文化』18号．東南アジア史学会．
車田譲治．1979．『日中友好秘録：君ヨ革命ノ兵ヲ挙ゲヨ』六興出版．
小出英男．1943．『南方演藝記』新紀元社．
胡昶・古泉／横地剛・間ふさ子訳．1999．『満映——国策映画の諸相』パンドラ／現代書館．
清水晶．1995．『上海租界映画私史』新潮社．
鈴木常勝．1994．『大路——朝鮮人の上海電影皇帝』新泉社．
高見順．1965．『高見順日記：第一巻』勁草書房．
高見順．1966．『高見順日記：第二巻ノ上』勁草書房．
田村志津枝．2000．『はじめに映画があった——植民地台湾と日本』中央公論社．
辻久一．1987．『中華電影史話——一兵卒の日中映画回想記［1939〜1945］』凱風社．
中平まみ．1999．『ブラックシープ——映画監督「中平康」伝』ワイズ出版．
西本正／山田宏一・山根貞男．2004．『香港への道——中川信夫からブルース・リーへ』筑摩書房．
松岡環．1997．『アジア・映画の都——香港〜インド・ムービーロード』めこん．
山口猛．1989．『幻のキネマ満映——甘粕正彦と活動屋群像』平凡社．
四方田犬彦編．2001．『李香蘭と東アジア』東京大学出版会．

呉繼岳．1983．『六十年海外見聞録』香港：南粵出版社．
第廿一屆香港國際電影節．1997．『光影繽紛五十年』香港：香港市政局．
第廿三屆香港國際電影節．1999．『香港電影新浪潮』香港：香港臨時市政局．
第廿四屆香港國際電影節．2000．『跨界的香港電影』香港：康樂及文化事務署．
Said, Salim. 1991. *Shadows on the Silver Screen*, Jakarta: The Lontar Foundation.
Sen, Krishna. 1988. *Indonesian Cinema*, London and New Jersey: Zed Books.

第5章　台湾のスポーツにみる文化の交錯

清水　麗

はじめに

　政治的支配主体のたび重なる交代、そのたびに上から押し付けられるナショナルなもの、あるいは下からの受容によって地域に根付き変容していったローカルなものが、この台湾という地域の文化には積み重ねられている。台湾の文化は、その意味では他への関心なく閉じられて存在するという時間が多い領域ではなかった。この地の文化に歴史的に覆いかぶせられてきた上からのナショナリズムとポピュラー文化、住民のアイデンティティのせめぎあいが、この地を閉じさせることなく存在させてきたとも言えよう。

　戦後に中国国民党政権が推し進めようとした脱植民地化としての日本文化への規制も、いわば閉じられていない文化の流れを人為的に断ち切ろうとする努力でもあった。そうした深い関わりを持つ台湾と日本との関係では、文化の越境の事例として、日本のトレンディドラマの流行や「哈日（ハーリー）族」の存在が取り上げられることが圧倒的に多い。哈日族に注目した分析では、ポピュラー文化としての新しいつながりの受け皿を生み出した要因として、日本の植民地時代の影響とその後の中国国民党時代の台湾人抑圧の記憶が語られる。しかし、そうしたポピュラー文化の流行や新しいつながりに見られるものは、越境した日本文化の影響における１つの次元にすぎないのであって、より深い次元での日本の文化の影響にも注目していく必要があろう。

その別の次元での影響とは、日本植民地時代や台湾の戦後の歴史の記憶から来る日本への対抗意識や懐かしさの再生、そして「台湾」というアイデンティティの再構成にもかかわるものである。そうした、いわば身体に刻み込まれ変容していく側面を見ようとする時、スポーツとそれに関わる身体文化という次元が興味深い領域として浮かび上がることになる。なぜならば、スポーツは、それが取り入れられ根付いていく過程では、無色透明な万人の遊びではない。その身体運動が生み出され、ルール化され、競技として制度化されていく過程は、さまざまなローカルな文化の中で進んでいくことになる。そのため、スポーツの導入や普及は、ある文化の受容とその変容を意味するものなのである。
　しかも、この身体運動としての文化の受容は、意識されたり予想されるものよりもはるかに深い影響を生み出すことがある。身近な例で言えば、自転車のこぎ方を容易に忘れることができないように、テニスのラケットの振り方、野球のバットの振り方、ボールの投げ方を容易に身体から忘れさせることはできないほど、身体文化は深く身体に刻まれる。さらにスポーツという身体文化は、近代国民国家形成の中で少なからず上からのナショナリズム（公定ナショナリズム）と結びつき、体育という学校教育のチャネルを通じて普及していった。この学校という制度も、近代国民国家の形成に欠くことのできない国民と兵士を作り出す重要な役割を果たしたものであり、スポーツがこの制度と強く結びついていたことがアジアのいくつかの地域におけるスポーツの特徴を付与することになる。
　さらに付け加えれば、スポーツという身体文化はこのほかにも「健康」についての考え方であったり、身体の美しさや美しい動きへの感覚といった文化要素も含まれる。それは、たとえば日本の中に西洋流の身体の健康観が定着し、ゲームソフトや漫画のキャラクターにおいても「たくましい」「強い」肉体のイメージがステレオタイプなものとして描かれている表象を、我々はさほど違和感なく受け止めていることにも見られる。あるいはまた、西欧世界で受け入れられたものとしてのヨガブーム、日本古来の身体操法としての古武術への注目など、それぞれ異なる身体観、健康観が美容や健康ブームの中で共存している。スポーツという身体文化は、やることによって身体に刻みこまれるものだけではなく、むしろより日常的な次元においてより広範な影響を持つものであ

る。
　本章での試みは、そうした視点から台湾における文化の越境をスポーツに焦点を当て考えようということである。それは、台湾という重層的でかつ異文化が溶け合わずに混在する文化領域で、越境する文化がある種の画一的なものを生み出す側面ではなく、ナショナルなものとローカルなものとのせめぎあいの中で生まれてくるものを抉り出し、越境した文化がナショナル・アイデンティティを強化したり、時にローカルなものと結びついて新たにローカル・アイデンティティを再構成するといった側面を明らかにすることになるだろう。

野球とバスケットボール

　台湾では、野球とバスケットボールは二大人気スポーツやポピュラー文化として存在しているだけではなく、ローカル・アイデンティティを表すものである。候孝賢監督作品であるの『多桑』(父さん)の映画での会話、あるいは野球のわかる陳水扁総統(本省人)とバスケ好きの馬英九台北市長(外省人)と表現されることがある。台湾でのナショナリズムとスポーツの関係は、代表例としてバスケットボールと野球の対照性をもって語られる。日本植民統治時代から盛んに行なわれるようになった野球は、容易に本省人(1945年以前から台湾に住んでいた人々)というアイデンティティと結びつけられる。一方、バスケットボールは中国国民党政権によって軍人を中心に組織化され、主に戦後台湾に普及したスポーツとして外省人(45年以降に台湾に移り住み本籍を台湾省以外に持つ人々)というアイデンティティと結びつけられる［謝 2003：74-74］。戦後初期の時代に『民生報』は、「野球をやるのは本省人、バスケットボールをやるのは外省人」との区分を用いて表現した。1970年代以後実質的にはこの区分はもはや適切ではないが、現在でもスポーツとアイデンティティの問題として象徴的に使われている。

台湾メディアの中のスポーツ

　台湾で野球を語るということは、野球が植民統治時代に日本から伝えられ学校教育の中で次第に根づき、そして開花・発展してきた100年の歴史を振り

図1　アテネオリンピックを前に、野球関連の本の出版や雑誌の特集が続いた。

返ることである。それは、つまり台湾自身の歴史を語ることにほかならない。
そうした台湾野球の歴史から見れば、台湾の新聞メディアに毎日、MLBと並んで、日本のプロ野球の試合結果や投手の成績、活躍した選手、あるいはストの情報が掲載されることは不思議ではないかもしれない。日本の視線は、あくまでも太平洋をはさんだ米国に向けられ、アジアの野球に対する関心はごく一部のマニアが持つ程度にすぎない。一方、台湾の視線が向かうところも太平洋をはさんだ米国のMLBではあるが、少なくとも台湾、日本、米国の野球リーグがつながっている。もちろん、そこにはMLBを頂点とした野球の序列化という意味で、日本と台湾に大きな意識の差があるわけではない。

　台湾のメディアの中のアジアという感覚について言えば、台湾以外の選手の活躍について、「アジア」という表現を使って注目することは少なくない。たとえば、バスケットボール選手の田臥勇太がNBAと契約した際の語り口に表れる。

NBAにはこれまでアジアのガードが出現したことはなかった。2002年に台湾の陳信安(Chen Xinan)がサクラメント・キングスに挑戦したが成功せず、2003年に田臥はダラス・マーベリックスでうまくいかなかった。しかし、今年フェニックス・サンズに田臥、サクラメント・キングスに中国大陸出身の劉煒(Liu Wei)がいる。NBAはじめてのアジア・ガードが出現するのか、請うご期待(『蘋果日報』2004.9.4)。

　野球についても、月刊誌『職業野球(Professional Baseball)』などは米国、日本、韓国それぞれのプロ野球について取り上げる構成になっている。そして、そこでは「94年の野茂英雄から2001年のイチローは、米国人に日本、ひいてはアジアプロ野球の水準の成長ぶりについて徹底的に目を開かせ、さらにはアジアの打者はMLBに生存できないとの観念を打ち破った」[2002.3.10, No.240]とイチローらの活躍をとりあげている。そこでまず、野球が21世紀の今、台湾で「国技」「国魂」と語られるようになる歴史をひもとき、日本から越境していった野球というスポーツ文化が、台湾のローカリティといかに結びついていったのかを見てみよう。

1．日本統治時代の「体育」とスポーツ

1．1．教育制度の導入

　日清戦争の結果台湾は清朝から日本に割譲され、日本は台湾に総督府を置いて植民地経営に乗り出した。1902年ごろまでに平地での漢族居住地域を制圧し、1910年代中頃までには山地に居住する先住民族への制圧もほぼ完了させて支配を確立する。こうした台湾の住民への支配確立とともに、南北をつなぐ幹線道路、鉄道の開通や全島の通信網の完備など、後に矢内原忠雄が「台湾資本主義化の基礎的事業」[矢内原 1988：13]と呼ぶさまざまな建設や制度改革も行なった。そして、教育については、台湾植民地経営のかなり早い段階から近代学校教育制度の導入を進めた。

　台湾には、それ以前に外国人宣教師が開設した諸学校や科挙の試験準備を主

とする「書房」と呼ばれる伝統的な教育機関が存在していたが、1895年3月、総督府は台湾に国語伝習所と国語学校を設立し、西洋式の教育制度を導入した。「国語」(日本語)を授業で用いる教授言語として、まず国語の習得によって台湾の人々の日本人への「同化」をはかったのである。制度上は平等を標榜していたものの、台湾人のための学校教育は日本人対象の学校よりも低く位置づけられ、台湾人を「二等国民」として「同化」する実質的な作用を持った。このため、台北帝国大学(現在の台湾大学)を頂点とする台湾での教育体系は、台湾在住の日本人に圧倒的に有利で、台湾人が高等教育に進んでいくには相当のハンディキャップを背負うことになった。そうした実質的な差別があったにせよ、台湾の人々は子弟を日本に留学させるなどして、次第に教師、技師、医師、弁護士などになる人々が育ち、一種の中産階級が登場してくる。

その後、台湾総督府の教育方針は日中戦争の勃発により転換し、日本式姓名への改名や国語(日本語)の家庭での常用の奨励、神社参拝など、上からの「皇民化」を推し進めるようになる。そうした日本文化の押しつけが行なわれたが、教育の普及という面では、1898年に1421あった「書房」は1925年には128に減少し、一方学校は96から539へと増加して生徒数も24倍になり、1944年には学齢児童の就学率が70％を越えていた［矢内原 1988：154-70］。

1．2．体育——学校の中の遊び時間

身体論の観点から言えば、近代スポーツは、近代国家建設の長いプロセスの中で軍隊の活動、国民教育としての体育活動を通じながら普及し、そのことによって近代国民国家の「国民」となり得る「無色透明な」身体を用意した［松田 2000：61-3］。それは、その土地の生活に根ざした伝統、エスニシティの衣をまとう身体をいったん解き放つかに見えて、実際には上からの訓練に順応しやすい身体を作り出していくものだった。身体の国民化を媒介する重要な役割を果たしたのが、学校教育での体育である。

明治時代に日本に導入されたスポーツは、学校教育の場において身体教育、つまり体育として普及した。体育におけるスポーツ文化は、1926～36年の「遊戯・スポーツ中心」の時期と1936年6月以降終戦までの「軍事教練中心」の2つの時期に分けられる。森有礼が1885年に兵式体操を学校教育に取り入

第5章　台湾のスポーツにみる文化の交錯

れたが、それは兵士を育成するためだけではなく、近代化を進める中で富国を目指し欧米人並みの身体を作り出そうとする試みであった。しかし、後半の時期は日本が第2次世界大戦へ突入していく過程で、楽しみとしてのスポーツをはじめ「遊戯」としての身体文化の要素が表舞台から排除されていかざるをえなかった。そして、スポーツの中でも、心身の鍛錬として「武道化」し、時代状況に適応した競技だけが残ることになった。

　台湾に持ち込まれた日本式体育は、当初台湾の人々の目に統治者側の強制力のイメージを映し出してしまった。1898年、台北龍山寺前の広場において催された学校「体操科」の授業は、身体教育の成果を見せようとするものであった。しかし、号令に従って一糸乱れぬ整然とした動作を行なう生徒たちの姿は、集まった多くの観衆に対して強烈な印象を残すことになる。この生徒たちの規律ある行動は、台湾の人々に軍事訓練のイメージを想起させ、学校に入るとは軍隊に入ることにつながるとの誤解さえ生んだ。中には、子供が体操科の授業に参加することに反対する親さえいたほどであった［謝 2003：18-9］。

　しかし、体育・スポーツという面から見ると、子どもにとって公学校は書房よりも魅力的だった。許佩賢が「植民地台湾の近代学校――その実像と虚像――」で紹介するように［同書：42-3］、1920～30年代に活躍した台湾の文人たちの回顧録には、公学校は活気に満ちた新しい空間としてのイメージとして映っていたという。たとえば、1920年代に活躍した楊肇嘉は、自身の回顧録『楊肇嘉回憶録』（台北：台北三民書局．1968）の中で「学校は子供たちの楽園だった」と記した。また、台湾新文学の父と呼ばれた頼和もその回顧録「無聊的回憶」（『台湾民報』1928）で、学校では自由に遊ぶ時間があるので書房より学校の方が楽しかった、と語っている。

　さらに、張文環は傑出した日本語作家であったが、小説『論語と鶏』の中で主人公の源の気持ちを、「絵のついている本が読みたい。庭で公式に遊びたい。つまり遊んでもいいと認められて、にわでさわぎたい。歌を唄ってもいいという公認のまえで声をはりあげたい」（『台湾文学』1：2．1941）と描写する。そして、味気ない書房ではなく楽しそうな学校の生活に入りたいのだと語らせている。教育の中で身体を動かすこと、身体を鍛えることは、従来の伝統的な教育観の中にはなかったが、子供はその楽しさに魅力を感じていたようである。

1．3．体操の普及

　先に触れたように、1885年に文部大臣となった森有礼は、日本人の身体能力を欧米人に匹敵するほどまでに改造するために、その手段として兵式体操に注目していた。1886年に日本の学校教育の中に導入された兵式の体操教育は、1920年代になると学校という枠から社会へと流れ出していく。また、この時期は、全国中等学校野球大会やオリンピックへの参加など、日本でもラジオというメディアを通してスポーツが一般の人々に広く浸透し始めた時代であった。しかし、一般の人々が気軽に行なえるほどスポーツ環境は整備されてはいなかった。そのため、スポーツという新しい娯楽は、いったん学校を離れてしまうと、依然として多くの人々にとっては直接観戦に行って見たり、ラジオを通して間接的に観戦をしたりするもので、「やる」ものではなかった。

　欧米人の身体および身体技法を目標とする身体づくりと健康観が普及していくにつれ、簡易に誰もが参加できるラジオ体操は、近代的・合理的な「求めるべき」身体づくりのための格好の活動として広められた。ラジオ体操の背景には、従来の日本の身体技法を否定し、欧米人の身体を目標とした、身体そのものの矯正という観念があり、それはある面においては近代的軍隊に対応できる兵士の身体を提供し得る活動でもあった。そして、さらにラジオを聞きながら集団で行なう体操は、社会的、集団的な規律を身体に内面化することによって、近代的な生産様式への適応に寄与した［黒田1999］。つまり、早起きをし、一定の時間に仕事を始め、あるいは学校へ登校して授業を受け、一定時間のうちに担当分の作業を終わらせるといった近代的生活の中で、均質的に刻まれる時間に身体を合わせ、生活を同調させていったのである。

　さて、このラジオ体操は、日本統治下におかれた朝鮮、台湾でも行なわれた。台湾でのラジオ放送は1925年の試験放送に始まり、28年からは台北で毎日5時間の放送が開始された。その後台南（32年）、台中（35年）、嘉義（42年）、花蓮（44年）などの地点でも開局し、ラジオを聞くために登録した数は最高で10万台にのぼったものの、その60％以上が日本人の世帯だった［川島］。さらに、1930年代になり社会教育が強化されると、美化運動や早朝6時のラジオ体操への参加、ラジオ放送によって時計の針を合わせることなどを通じて、台湾社会に時間の標準化がもたらされることになった［呉文星］。鉄道の時刻どおり

の運行に始まり、時間を守るという姿勢が台湾の人々の生活にも浸透していくことになる。

体操の普及は、主に学校を通じて進められていったと考えられる。たとえば、1940年代に台北市第一高女、第二高女、第三高女、静修女学校などが台北帝国大学運動場で行なった連合運動会では、開幕式の中で隊列を乱さない一斉動作による体操が披露された［行政院体育委員会編 2001：55］。体操が教育の成果として重視されていたことがわかる。

1．4．広がるスポーツとの接点

台湾の学校でも1年に1度の運動会が開催され、徒競走や球技などさまざまな種目が行なわれていた。公学校用の漢語読本にも「運動会」の課が見られる。また、1930年におきた霧社事件[1]も、運動会当日に地域の人々が集まっているさなかの出来事だった。運動会はその楽しさに加えて、賞品が付きものであった楽しみも加わり、こうした催しを通じて台湾の多くの人々が体育やスポーツとの接点を持ち、次第にスポーツや運動をするという観念が受け入れられていくことになる。

台湾総督府は、明治維新後に日本でも採用された曜日制を台湾に導入し、日曜・祝日を休日と規定した。この定期的な休暇は、大掃除、体育、音楽、映画、観光などの余暇活動を人々にもたらし、新しい日常生活のサイクルを形成することになる。1920年代になって台湾にもたらされた余暇活動は、観光旅行や運動会という活動的な時間としても過ごされたが、一般的には公務員や自由業者の多くは盆栽、園芸、書画、読書、写真、骨董、楽器、将棋などの静的な娯楽を愛好したという。

体育を「軍事教練」と誤解したマイナスイメージが出発点となったことを考えても、当初台湾の人々にはスポーツへの関心はほとんどなかったに等しい。そこで、1920年に設立された台湾体育委員会は、各種の陸上競技や剣道のほ

---

[1] 1930年10月27日、台湾中部の霧社の公学校で運動会が開催されている折、先住民族であるタイヤル族300余名が運動会を襲撃して130数名の日本人を殺害する事件が発生した。この原因は、「理蕃」と呼ばれる日本の植民地統治のもとで、生活様式の改変や日本語教育などが性急に進められたことへの反発と考えられている。総督府警察と陸軍隊の鎮圧に対し、彼らは1ヵ月以上も山にこもって抵抗を続けた。

かに、バレーボール、ラグビー、バスケットボール、ソフトボールなどの球技の大会も開催し、スポーツ活動の普及に取り組んでいた。これに加えて水泳も、体育およびスポーツ活動の中では重要視されている種目であった。

1．5．日本野球の上陸

ヨーロッパ発祥の近代スポーツはどのような過程を経るにせよ、多くの地域に根づいた。その中でも、米国で普及した野球は、明治時代に輸入されて以来、他のスポーツと比べものにならないほど日本に定着した。その理由は何であったのか。それは、しばしば語られるところによれば、集団対集団の戦闘形式を経験した戦国時代から侍と侍の一騎打ちの精神を改めて展開させた江戸時代を経て、明治期の日本の人々にとって投手と打者が対決する方式は理解しやすかったからだとされる［玉木 2001, 2003］。

そうした中で台湾社会に根づくことになったスポーツが、野球である。台湾の人々が徐々にスポーツに親しんでいく中で、野球は当初台湾を統治するために日本から派遣された職員、文官や軍人によって始められた。彼らの中で既に野球を経験したことのある人々は、当初キャッチボールなど気軽な娯楽活動として行なったものだった。チームが結成され正式な試合が行なわれたのは、1906 年のことである。この年、現在では進学率の高さで知られる建国中学の前身総統府国語学校中学部の校長田中敬一が学生をメンバーにチームを結成、国語学校師範部のチームも結成されて対戦を行なった。これが、台湾野球の歴史の第 1 ページとされる。

しかし、そのチームのメンバーといえば、すべて日本人だった。その後、学生野球はいったん途絶えるが、1910〜11 年頃から社会人チームが多く生まれている。鉄道会社の職員が結成した「鉄隊」をはじめ、「雷隊」「法院隊」「台北庁隊」「財務隊」「土木隊」など政府機関、銀行、軍隊、工場、実業会社の人々で作るチームが台湾北部に続々と登場した。その後、少し遅れて中部、南部、東部でも野球チームが結成され、野球は職員たちの健康的なレジャー活動として広まった。社会人チームの場合、企業や工場など所属する機関ごとに結成されるのでまとまりやすく、転勤や転職などによる人の移動も激しくなかったため選手を確保しやすかった。所属機関の支援を受けることにも成功したため、

最も多い時期には100を越える社会人チームがあったと言われる。まさに、台湾全島で社会人野球が盛り上がった時期であった。1917年からの日本の大学チームの台湾訪問、21年のベーブ・ルースをはじめとする米国プロ野球チームの遠征などで野球熱もさらに高まり、日本人にとってだけではなく台湾人にとっても野球は相当に身近なスポーツとなった。

1．6．甲子園の記憶

　1923年7月、台湾は初めて「全島中等学校野球大会」を開催し、台北の圓山球場において甲子園への出場校を決める試合を行なった。この第1回の大会で優勝した台北一中は、第9回全日本中等学校野球大会に出場し、立命館中学と対戦した。結果は台北一中の大敗であったが、日本のメディアは野球の大会であるにもかかわらず、植民地として最後に台湾が加わったことを実質的な「大日本帝国の共栄共和の象徴」として報道した。

　台湾での中等学校野球大会は、1年に1回のスポーツの祭典となり、参加するチーム数は年々増加した。しかし、大会の優勝は、主に台湾に来た日本人の子弟が選手となっている台北一中、台北商業などの北部の学校に占められる時期が続いた。「優勝は濁水渓を渡れず」との言葉まで使われるほどであった。

　しかし、1931年、優勝旗は初めて濁水渓を渡ることになる。北部から中部、南部へと盛り上がっていった学生野球は、次第に日本人子弟のものだけではなくなり、台湾人の子弟が勉強している学校にも浸透していった。嘉義から参加した「嘉農棒球隊(嘉義農林学校)」は、この年台湾での大会で優勝し、日本で行なわれた第17回全国中等学校野球大会に出場した。そして、この大会の舞台で決勝にまで進み、準優勝の殊勲をあげたのである。このことは台湾の野球史上で非常に大きな意味を持った。

　第1に、嘉農棒球隊の勝利は、当時の台湾のスポーツ文化と関連して2つの特徴があった。1つは、近藤平太郎という「鬼コーチ」が1928年に着任し、日本の第一高等中学校の練習として語られるようなスパルタ式の特訓、「猛練習」を重ねたということである。このことは、猛然と努力を重ねて成功に結びつける、ある種の日本式精神主義の導入を意味した。また、もう1つの特徴は、チームの構成メンバーにあった。選手の6、7割が台湾の人々で構成され、

その中には台湾の先住民族の1つであるアミ族も、漢族の人々も混じり、さらに日本人選手も入った混合チームだったことである。近藤は民族に関係なく差別せずに選手を鍛え、台湾先住民族、漢族、日本人が力を合わせて勝ち取った「三族協和」の記憶として語られる。

第2に、この嘉農棒球隊の躍進によって、北部以外でも学生野球ブームが巻き起こった。もちろん、この時代には警察が抗日民族運動を厳しく弾圧して壊滅させており、決して融和的なイメージのみで台湾社会をとらえることはできない。しかし、野球の記憶ということでは、台湾のチームが日本本土のチームに勝利し、「日本精神」を日本人以上に示した出来事と位置づけられている。

2．中国国民党統治時代のスポーツ

2．1．中国バスケットボールの台湾上陸

日本が敗戦して台湾を放棄したあと、国連の委託を受けた中華民国政府が台湾を接収した。この後、台湾は中華民国の1つの省として位置づけられることになる。

日本の植民地時代にも、バスケットボールは台湾の全島レベルでの大会が行なわれていた。そのため、少なからぬ学校の施設にはバスケットボールコートが設置されていた。戦後の台湾で正式な試合が行われたのは1947年のころである。台湾省レベルのバスケットボール協会は、1949年7月に誕生し、当時鉄道局長であった莫衡が第1代の会長に就任したこともあって、鉄路藍球場が建設され、その後のバスケットボール発展の拠点となった。しかし、台湾でバスケットボールが語られる際の特徴は、その歴史が中国大陸時代から始まる点にある。劉俊卿・王信良の『時光隧道——台湾藍運六十年』（台北：聯経出版, 1999）でも、1939年中国貴州で王士選という将軍がチームを結成したことが始まりとされている。

その後、中国国民党は中国共産党との内戦に敗れ1949年に中華民国政府を台湾に移転したため、政府関係者、軍人とその家族ら総勢100万人が人口600万人ほどの台湾に移り住むことになった。この時、中華民国政府は中国全

土を統治するにふさわしい大規模な統治組織をそのまま台湾に持ち込んだ。議会についても、基本的には中国大陸を奪還するまでの間選挙を実施しないこととした。この結果、台湾の人々は二・二八事件[2]によるエスニックな溝を傷として抱えながら、再度統治される側の立場に追いやられてしまった。

　戦後台湾におけるバスケットボールは、中華民国政府と軍隊の移転とともに登場した。この1950年代初期に始まった台湾でのスポーツ組織の体制は、軍が主導的役割を果たすという特徴を持っていた。1951年に中華全国バスケットボール委員会主任委員に就任した周至柔は、まさに空軍の将軍であった。また、当時国防部政治部主任であった蔣経国らは、軍における体育を重視したので、総政治部の下に体育専業組織を作り、幹部学校には体育学部を設立した。この体制からもわかるように、この時期の体育・スポーツ活動とは、まさに国家建設の一環として行なわれ、1つの外交手段として政治要素を強く持っていた。

　バスケットボールが軍隊との深い関わりの中で台湾に入ってきたことによって、その後も国民外交の手段として政治に利用されることになった一方、バスケットボール振興のための政府の積極的な支援を獲得することにもなった。たとえば、1949年以降いくつかの野球場はバスケットボールの試合用に使われるようになり、50年には憲四団球場に初めて夜間照明が設置された。これによって夜間の試合が可能になり、また51年には5000人を超える観衆を収容できる三軍球場が完成し、その他いくつかの体育館の改修も進んだ。その結果、台北に集中して住んでいた外省人たちがバスケットボールを楽しみ、試合観戦に駆けつけるようになったのである。1950年代は、韓国、フィリピン、日本を含めた4ヵ国による大会の開催なども行なわれ、熱狂的なファンはチケットを買うために前夜から徹夜で並んだという［行政院体育委員会 2002：34］。

---

[2] 二・二八事件とは、1947年2月27日の夕刻台北市内のヤミ煙草を売っていた寡婦が取り締まりの職員に殴打されることによって民衆との衝突が生じ、その流れ弾にあたって台湾民衆の1人が死亡したことに端を発する。これに激高した民衆の暴動は、その後台湾全島にまで拡大し、政府の取り締まりなどによって1万8000～2万8000人の人が犠牲になったと言われる。この事件は、エスニックな面での本省人の不満が噴出した出来事であったが、本省人と外省人との間に深い溝を作りだすことになり、その後の台湾政治に大きな影響を及ぼすことになった。

図2　バスケットボールの人気は高い（2004年9月、台北）。

2．2．オリンピックへの参加をめぐって

　中国と台湾が分裂状態となったことは、戦後の台湾のスポーツをさらに政治化させることになった。中台それぞれはオリンピック委員会を組織して国際オリンピック委員会（IOC）へ加盟、オリンピックへの参加によって自国の国際的な地位を高めようと活動した。台湾NOC（中華全国体育協進会）は中国大陸から台北に移転をしてきた組織で、一方中国NOC（中国全国体育総会）は、1949年の中華人民共和国成立後に結成された組織である。この2つの組織は、同時に参加するかどうか、どのような名称で参加するのかなどについてIOCという国際的な場で争い続けた。

　バスケットボールは、1936年の第11回ベルリンオリンピックから正式種目となっていた。そこですぐに、1952年にフィンランドで開催されるヘルシンキオリンピックへの参加が大きな問題となった。その時フィンランドは既に中華人民共和国と外交関係を樹立していたので、フィンランド政府が台湾側にビザを出すかどうかという問題を含め、事態は楽観が許されなかった。バスケットボールチームの監督林為白ら関係者は、どんな障害にも負けずに代表団を派

遣したいと考えていたが、台湾が大会で使用する名称が「Formosa China」と決定すると、台湾政府は急遽参加を取りやめるとの決定を下してしまった。これ以降、台湾と中国は90年代に至るまでオリンピックへの参加をめぐる戦いをIOCという場で繰り広げることになる。特に1970年代の時期は、台湾のスポーツ界にも大きな試練を与えていた。

70年代に入り、米中関係が改善するにつれ中国が国際舞台に登場してくることになると、71年にそれまで国連でのCHINAの地位を占めてきた台湾の中華民国政府は脱退を余儀なくされ、相次いでその他の国際組織からも脱退や名称変更を迫られることになる。スポーツも例外ではなく、台湾のスポーツ界は大きな試練を迎えた。

IOCでは、中国の加盟に際しても台湾NOCに脱退を迫ることはなかったが、81年に台湾NOCとの間で「CHINESE TAIPEI」として参加することで合意し、さらに中国とのオリンピック同時参加が実現したのは84年になってからだった。こうした政治的な出来事によって、台湾のスポーツ選手は国際舞台での活躍のチャンスを確保できなくなり、スポーツ界の低迷を引き起こすことになった。

2．3．野球と台湾人の誇り

日本から持ちこまれ台湾に根づいた野球は、1945年以降苦しい時期を迎えた。台湾省代表チームは結成されたが、公式見解としては国家を代表するチームとは異なるとされており、1949年に中華民国政府が台北へと移転してきた後も、特に必然性がなければ「台湾聯隊」の名称を使って試合に参加していた。それは、中国全土の代表性を主張する政府の立場としては、台湾という一地域で結成されたチームをそのまま国の代表チームと認めることはできないという姿勢の表れであった。しかし、1954年の第1回アジア・カップが開催されるにあたり、他の国々が国家名を冠したチームとして代表団を送り参加していたため、台湾からも台湾聯隊が「中華民国代表隊」の名で参加することになった。これが、戦後台湾における野球の正式な代表チームとしての誕生でもあった。

さらに、1950年代の台湾野球に影響を与えることになったのは、米軍の存在であった。台湾に駐留する米軍、顧問団らのチームとの対戦は、コカ・コー

ラに代表される物質的な魅力で台湾の人々を魅了した。米国が国際大会への台湾の参加を後押しする役割を担ったこともあり、米国に対しての憧れは強く、野球スタイルも色濃く影響を受けた。

　一方、日本野球とのつながりも切れていはいなかった。1953年には早稲田大学を招待するなど、大学レベルでの交流が60年代まで盛んに行なわれ、明治大学、駒沢大学のほか関西の大学も台湾を訪問している。しかし、なんといっても人気が高かったのが、早稲田大学と慶応大学の野球チームの訪問であった。1963年には両チームが台湾を訪れ合計6試合を行なったが、どの試合にも1万5000人を超える観衆がつめかけた。台湾の人々は、そのレベルの高い技術やプレイにあこがれつつ、内心では日本に勝って見返したいという気持ちを持ち、勝ち星をあげることができない台湾チームにため息をついていたという［謝2003参照］。

　そうした台湾野球の自信喪失の時期に、大きな転機が訪れる。1966年、世界少年野球大会で優勝した日本の和歌山の少年野球チームが台湾野球委員会の招待を受けて台湾を訪問し、台湾の「紅葉隊」と「垂楊隊」と対戦した。このとき紅葉隊は、胡武漢投手の14奪三振、被安打2の力投で日本を7－0で完封、翌日垂楊隊との混合チームも5－1で日本に勝利した。

　この紅葉隊は、台東地区のブヌン族が住む小さな村の小学校のチームだった。わずか100人足らずの生徒しかいない小さな学校だったが、バットは木からくりぬいて作り、石をボール代わりにして練習を積んだという物語で有名だった。その人気は、台湾の成功物語として映画まで作られたほどである。彼らの苦労と活躍は、台湾野球が国際舞台へ向かう可能性を台湾人に見せることになったのである。1970年代には台湾の政府は日本をはじめ各国との外交関係の断絶や国連からの脱退など相次ぐ外交での挫折が続いたが、台湾野球はその時代に熱狂的なブームを引き起こした。紅葉隊の物語は、日本に勝ったことにより取り戻した台湾人の自尊心を象徴する出来事として語り継がれている。

3．台湾文化の再構成

3．1．ケーブルテレビの中のスポーツ世界

　台湾のメディア環境は、1990年代に入り大きく変容し始めた。従来3局しかなかったテレビ局は、「中視」「華視」「台視」がそれぞれ政府、中国国民党、軍の指導下にあった。この制限されたメディア環境の中で、人々は禁止されていた日本語番組までもレンタルビデオやケーブルテレビで楽しむようになっていた。さらに、1990年代に入ってからの合法的なCATVの開設により、急速に「スポーツ観戦」も普及した。スポーツ専用チャンネルは3局あり、NBA、日米のプロ野球、テニス、ゴルフ、サッカーなどを見ることができるようになった。

　台湾のプロ野球の中継は1シーズン7ヵ月で300試合の中継がなされている。プロ野球の試合数は、1990年には180程度であったが、97年に535でピークを迎え、2002年には324試合となっている。これとともに1試合平均の観客動員数は、90年には5000人、92年に6878人でピークを迎えた後、97年には2リーグ制への分裂で2585人と人気は低迷し、02年には2211人へとさらに減少している［行政院体育委員会 2003］。この年の末に台湾職業棒球リーグは解散し、1リーグ制へと戻ることになった。

　一方、台湾のバスケットボールのプロリーグは、93年に結成されたものの、5年後には解散せざるを得なかった。しかし、行政院体育委員会の調査では、「行なう」と「見る」ことも含めて、台湾の人が好きなスポーツは、14～24歳でバスケットボール、55歳以上の人では散歩であった。青少年の間では、バスケットボールが圧倒的に人気がある。

　また、普段からスポーツを見ると答えた人は67.68％で、テレビ観戦が最も多い。一部の熱烈なファンを除くと、野球場やバスケットボールのコートに足を運んで応援する人は少数派のようだ。台湾のプロ野球もバスケットボールも地域密着型のスポーツへと脱皮できず、観客動員数は伸び悩んでいる。

　現在、台湾ではケーブルテレビを通じてF1レース、自転車、MLB、NBAなど海外のスポーツを含めさまざまな試合を見ることが可能な環境にある。し

かし、日本の場合には、読売新聞や日本テレビが読売ジャイアンツの試合をテレビで中継し、新聞でも中心に扱うことによって売り上げをのばし、また全国高等学校野球大会は夏が朝日新聞、春の選抜大会は毎日新聞が主催し、都市対抗野球は毎日新聞が主催するなど、メディアとスポーツの関係が前面に出ている。台湾の場合は、そうしたメディアとスポーツの二人三脚による発展は見られなかった。

3．2．オリンピックでのメダル

　2004年夏のアテネオリンピックは、台湾にとって特別な大会となった。このとき台湾は「中華台北(Chinese Taipei)」として参加し、5つのメダルを獲得した。特に金メダル獲得は初めてのことであった。金メダルを獲得したのは、テコンドーの女子選手陳詩欣(Chen Shixin)と男子選手朱木炎(Zhu Muyan)の2人で、台湾のオリンピック参加史上初めての快挙に台湾中が興奮の渦に巻き込まれた。このテコンドーは、もともとは1966年に蒋経国が軍隊の訓練のために取り入れたもので、後に一般の人々も行なうスポーツとなった。

　しかし、アテネオリンピックの開催の直前に目を戻すならば、最も期待が寄せられていたのは野球だった。台湾のドリームチームを結成し、メダル獲得へ最も期待が高まっていたのである。

> 野球はナショナル・ボールゲーム(「国球」)と呼ばれ、台湾に根付いたスポーツである。日本から伝えられた野球熱は、台湾人にとって国家精神を鼓舞する重要なスポーツとなった（『新台湾』2004.9.4－9.10, No.441)。

　オリンピック記念として特設された本屋のコーナーには、アテネの紹介、オリンピックの歴史を紹介する本とともに、この時期に合わせて出版された野球関連の本と雑誌がずらりと並べられていたほどであった。それは、台湾の人々の中に野球に対する特別な想いや期待があることを示している。しかし、残念ながらアテネでの成績は振るわず、予選リーグの成績は日本、キューバ、カナダ、オーストラリアについで5位に終わり、予選を突破することはならなかった。

3．3．日本文化ブーム：「哈日族」

　台湾での日本のポピュラー文化の受容は、日本のトレンディードラマなどをきっかけとして1990年代に出現した「哈日族(Ha ri zu)」がよく知られている。なぜ、台湾に日本のポピュラー文化を好んで受け入れる一群の人々がいるのか。その理由については、「文化的近似性(cultural proximity)」、「植民地経験とその後の国民党政権下での抑圧された経験」などによって説明される［李2002；岩淵2004；酒井2004］。そして、さらに、日本文化の海外における受容という現象だけではなく、台湾以外にもアジアの都市で日本の漫画やトレンディードラマおよび韓国、香港、台湾のポピュラー文化が一方向的ではあるけれども受け入れられている現象に対して、一種の共通文化圏の創造が見出せるのではないかと指摘する人々もいる。

　日台関係の文脈の中では、別の側面も持っている。それは、日本の植民統治時代の教育を受けた知日派世代が既に高齢化し徐々に少なくなっているため、台湾での日本のポピュラー文化の受容が、その後継者としての新しい日本理解者の出現として受け止められている点である。一方、台湾社会の中では、一部の「アイドル追っかけ」「熱狂的な日本びいき」が哈日族の典型として描かれたために、哈日族とは「日本人になりたい」と願う人々として白眼視されているという面もある。あるいは、「援助交際」や若者の服装がだらしなくなっていくのは日本のアニメや漫画の悪影響だとして、マイナスのイメージを強調し批判する言説が掲載されることも少なくない。

　しかし、実際の哈日族の多くは、日本のトレンディードラマや漫画・アニメをきっかけとして日本語や日本文化に触れ、1つのスタイルとして生活に取り入れている人々にすぎない。その生活スタイルは、決して日本一色ではなく、日本のポピュラー文化をその1つとしていろいろな文化を取り入れていると理解したほうが現実的である［林逸叡2003参照］。そして、こうした新しい日本文化への注目は、台湾原住民文化の復権と同様に、1990年代に自由化が進み台湾が中国とは異なる存在として独自のアイデンティティを構築する中で、新しい台湾文化への再編成の一環として現れてきたのものである。

図3　学生も一般人も夕方になると、大学構内のグラウンドで汗を流す（2004年9月、台北）。

3．4．フィットネス産業のかべ

　新しい都市に出現してきた中間階級のライフスタイルの典型的なイメージは、郊外型の生活の中で平日は時間をかけて都心のビル群へと出勤し、退勤後には職場近くの屋内のフィットネスクラブなどで汗を流し、休日は郊外の公園などに出かける機会を持つというものだ。その中で、彼らは職場とは離れて個人的にスポーツに参加する機会が増えやすいと言われる。

　しかし、台北の場合には、そうした都市中間層のライフスタイルの中に、個人的に参加する新しいスポーツが浸透してきているとは言えない。もともと台湾は、企業提供型の一般のスポーツ参加の面で日本とは大きな相違が見られる。台湾は、小さな家族的経営が主体となって経済成長を牽引してきたため、企業によるレクリエーションの提供などは行なわれず、また政府系の大企業によるスポーツ環境の提供なども見られなかった。むしろ国民党政権下の動員や抑圧のもとで上からの組織化の方が大きな役割を果たしていたため、民間の企業が選手を育てる環境はほとんどない。

　しかも、郊外型の居住区は台北の人口増加とともに急速な拡大を見せ、郊外

の居住区から中心部のビルへと出勤するスタイルではあるが、満員電車の中を職場へ1時間以上もの時間をかけて通うのが当たり前といった通勤スタイルはとられていない。もちろん、都市のオフィスでの座った仕事時間が増えるにしたがって運動不足や肥満、ストレスなどが増加していることは確かであろう。しかし、台北駅の目の前に作られたフィットネスジムが縮小されたように、欧米人の身体や健康美を目指すフィットネスジムのようなスタイルは伸びることができない。むしろ、家の近くの公園やグラウンドで早朝と夕方にジョギング、散歩、太極拳、ダンスなどで軽く汗を流す幅広い年齢層の人々のほうが多く見られる。

2002年に行なわれた行政院体育委員会の調査結果によれば［行政院体育委員会 2003］、3ヵ月以内に運動をした人は98.71％にのぼり、その内訳は散歩、ジョギング、バスケットボール、ウォーキング、ハイキング、登山などであった。何らかのスポーツ活動を行なった人の割合は非常に高い。その活動目的は「健康・体力づくり」「レジャー」「気分転換」「仕事や学校での参加」というものであった。多くの人がレクリエーションとして、早朝や午後の時間を使って軽くまたは中程度、何らかの運動に参加したということである。また、3ヵ月以内に行なったスポーツの種目については、年齢ごとにそれほどの大きな差は見られず、たとえば15～18歳の比較的若い年齢層でも、散歩(35.78％)、ジョギング(28.59％)、バスケットボール(19.44％)、ウォーキング(13.56％)、登山(11.11％)、野球(10.62％)となっている。

スポーツをする環境は、公園37.28％、学校のグラウンド35.08％で、10分以内の非常に近い場所で行なうことが多いようである。夕方になると大学のグラウンドや公園で散歩やジョギング、バスケットボールをしている人が多く見られることから考えても、近い場所で1人または少人数でも楽しめるスポーツに参加している人が多いことがわかる。筆者が90年代前半に台湾を訪れた際の個人的な経験では、平日の夕方台北にある大学のグラウンドをのぞいてみると、陸上競技場のトラックを普段着で数十分も走り続けている人を見かけることがあった。無論、学生ではない。スポーツをすると構えてスポーツをするのではなく、普段着のまま汗をびっしょりとかいている姿に、生活の中へのスポーツの取り入れ方の違いに驚きを覚えたものだった。現在でも、夕方になる

と、一般の人も含めて多くの人が大学のグラウンドでジョギングやウォーキングなどを行なっている。もちろん、彼らのスポーツをするスタイルは本格化してきており、ジョギング用のウェアはじめファッションとしてのスポーツ産業も本格化してきている。その意味では、スポーツが、ファッションという面から大衆化してきている面を見出すことができるだろう。

3．5．スポーツ人口倍増計画

　2000年頃より、欧米諸国だけではなくアジアの各国政府・各地方政府でも、市民生活の質の向上、レジャー習慣の普及、心身の健康増進などを目指して「スポーツ人口倍増計画」［『行政院体育委員会公報』］が推進されている。たとえば台北市では、99年から体育館と運動施設の建設が進められ、133の夜間照明を学校施設に設置して一般に開放するようになった。夜間照明の設置は、仕事を終えた人々が夜間に一汗流せるための施設提供として進められている。現在、一般にスポーツへの参加は10分程度の近い場所で身体を動かすという傾向にあり、近隣にスポーツ施設があるかないかはスポーツ振興の成功の鍵を握っている。このため、まず施設面での環境整備に取り組んでいるが、市政府の基本的な方針としては下からの自発的な参加を促進し、地域の社区や民間の力を利用した地域スポーツの活性化を目指しているという。

　また、学校教育や労働条件が週休2日制へと移行したことに伴って、青少年のスポーツに参加する機会の増加のために、さまざまな機会提供の工夫がなされている。また、学校教育の中でも、夏期休暇中の課外活動などを含め体育・スポーツの推進に重点が置かれているが、この中で1つ注目すべき点は、水泳の普及に力を入れていることである。島国である日本では学校教育の中でも水泳は当然のように取り入れられ、植民地時代の台湾の学校教育でも水泳は重視された種目であった。しかし、大陸から移転してきた国民党政権のもとで、台湾に住む人々が海に囲まれた島国に住むことを意識した教育は行なわれなかった。そのためにプールを持つ学校は少なく、水泳もほとんど体育の中に取り入れられてはいなかった。このスポーツ人口倍増計画の中に水泳教育の推進が盛り込まれたことは、海洋国家としての台湾へ、また台湾の独自性・アイデンティティの形成への意識が強く反映されたものと考えられる。

むすびにかえて

　台湾の人々は、日本植民地統治の諸制度の中で近代スポーツの多くと出会った。学校教育の中での体育、運動会、ラジオ体操、あるいは野球をはじめとする各種のスポーツが、この期間を通じて台湾に持ち込まれ、程度の差こそあれ台湾の人々が参加するものへと普及していった。政治的、社会的、教育上の差別や不公平がある植民地支配のもとで、スポーツは、台湾の人々が日本人に対して公平に競争しうると感じることのできる1つのフィールドでもあった。
　この時期の台湾は、上位の文化として統治者側の日本文化が存在する。そして、中華文化の要素であれ、先住民族のそれぞれの文化および身体文化であれ、上からかぶせられてくる日本文化や日本を通じて流れ込んできた近代西洋文化に対して下位に位置せざるを得なかった。ただし、それは一種の近代化プロセスの中で進行したこともあり、吉見俊哉が指摘するように［吉見 1999］、下からの受容の側面も見逃すことはできない。野球について言えば、それは統治者側の遊びとして台湾に持ち込まれたが、野球自体の持つ魅力も手伝って、台湾の人々にも共有されるスポーツとなった。そして、このプロセスで伝わったのは、野球という近代スポーツだけではなく、そこに既に入り込んでいた日本のスポーツ文化の要素でもあったのである。
　日本が去った後、中華民国政府の統治下にあった時代に、台湾の人々の持つ文化に上からかぶせられたものは、いわゆる中華文化であった。政府は日本語の使用をはじめ、日本的なものを取り去り、台湾の日本植民地文化からの脱却を標榜した。しかし、台湾社会の中で正当な認知を受けずに台湾の人々への支配を続けた中華民国政府のもとで、先住民族の諸文化を含めた台湾の人々の文化は、日本文化の影響をしみこませながら下位文化として存在し続けることになる。スポーツに象徴される「民の野球、官のバスケ」という捉え方自体、上からの中華文化に対し、下には日本の影響を包み込んだ台湾の人々の文化との対抗構図の中でとらえていることを表していた。
　そして1990年代に開花してくる自由化の時期、台湾はいわばあらためてこれまで文化を構成してきた諸要素をさぐるように刺激しながら、現代中国とは

異なる台湾文化のアイデンティティを構築しようとしているように見える。もちろんそれは、部分的には自覚的なものであり、また部分的には無自覚的なものである。それらの現象は、フィットネス産業に見られた米国式健康観の変容であったり、哈日族に見られる新しい日本文化との接点であったり、そしてまた先住民族文化の復権であったり、政府のスポーツ計画に見られる新たな上からの国民化であったりするわけである。そうしたことから、ポピュラー文化としてのスポーツは、現在も台湾がアイデンティティを再編成するために動き続けているということを我々に見せてくれている。

【参考文献】

五十嵐暁郎編. 1998.『変容するアジアと日本』横浜：世織書房.
岩渕功一編. 2004.『越える文化、交錯する境界』山川出版社
川島真「『自由中国』と戦後台湾のラジオ政策」http://www.juris.hokudai.ac.jp/˜shin/80/archive/radiomediasymosium2.html
邱繡霞. 2002.「媒体運動(Media Sport)的全球策略──以 NBA 在台湾発展為例」台湾：淡江大学大衆伝播学系伝播碩士論文.
許佩賢. 2003.「植民地台湾の近代学校」『アジア遊学』No.48. 勉誠出版.
行政院体育委員会編. 2001『台湾体育影像集(一)』台北：行政院体育委員会.
行政院体育委員会. 2002.『台湾世紀体育名人伝』台北：行政院体育委員会.
─────. 2003.『中華民国体育統計 2003 年版』台北：行政院体育委員会.
─────編. 2003.『我国国民運動意識之調査研究(Ncpfs-All-091-002 委託研究報告)』台北：行政院体育委員会.
黒田勇. 1999.『ラジオ体操の誕生』青弓社.
呉奕賢. 2003.「運動漫画内容與価値観意涵之研究」台湾：国立体育学院体育研究所修士論文.
呉文星「近代台湾の社会変遷」http://www.f.waseda.jp/ksunaoka/class/taiwankouza/wuwenxingriwen.htm
黄威融編. 2004.『国家的霊魂──中華隊的 33 場関鍵球賽』台北：巨思文化出版.
酒井亨. 2004.『哈日族 なぜ日本が好きなのか』光文社.
謝仕淵・謝佳芬. 2003.『台湾棒球一百年』台北：果実出版.
玉木正之. 2001.『日本人とスポーツ』(NHK 人間講座)日本放送出版協会
─────. 2003.『玉木正之 スポーツ・ジャーナリズムを語る』(スポーツ・システム講座)国士舘大学体育スポーツ科学学会.
松田恵示. 2000.「エスニシティと体育」平井肇編『スポーツで読むアジア』世界思想社.
矢内原忠雄. 1988.『帝国主義下の台湾』岩波書店.
吉見俊哉. 1999.「ナショナリズムとスポーツ」井上俊・亀山佳明編『スポーツ文化を学ぶ人のために』世界思想社.
李天鐸編. 2002.『媒介擬想 JOOK 1 日本流行文化在台湾與亜洲(1)』台北：遠流出版.
劉俊卿・王信良. 1999.『時光隧道──台湾籃運六十年』台北：民政報.
林逸叡. 2003.『越界的日本流行文化現象：「哈日族」十五人的生活風格實例研究』台北：東呉大学社会学系修士論文.
若林正丈. 1992.『台湾 分裂国家と民主化』東京大学出版会.
─────. 2001.『台湾──変容し躊躇するアイデンティティ』筑摩書房.

雑誌類

『季刊 国民体育』(台北)
『行政院体育委員会公報』(台北)
『光華 中国語・日本語版』2004. 8、第 29 巻第 8 号
『商業時代』(台北)2002. 3. 11 − 3. 17，No.70
『職業野球』(台北)
『新新聞』(台北)2003. 12. 25 − 12. 31，No.877 他
『大地』(台北)2004 年 8 月，No.197
『Event Platform』(台北) 2004. 9，Vol.04
『New Taiwan 新台湾』(台北) 2002. 7. 6 − 7. 12，No.328 他
『Taiwan News』(台北) 2004. 9. 2 − 9. 10，第 149 期
『自由時報』『中国時報』『麗台運動報』他

第6章　イデオロギーと脱イデオロギーの狭間から：
韓国の青少年が夢中になる日本のポピュラー文化

張竜傑

はじめに

　韓栄恵が韓国日報に寄稿した記事によると、日本のポピュラー文化に対する態度は、1990年代に大学に入学した学生と2000年代に入学した学生との間ですら違っているという。1990年代の学生は日本のポピュラー文化が好きと言った後に必ず「日本は好きではない」と付け足すのに対し、2000年代の学生にはその傾向がむしろ弱いというのである。[1] このことは、日本に対する認識に世代間の格差がますます広がっていることを表しているであろう。現在の韓国で日本のポピュラー文化の受容において中心的な役割を果たしているのが若い世代であることを考慮すると、韓国社会全体の動きにとってもこの変化は無視できないものである。日本に対する見方が若い世代と既成世代との間で大きく隔たっており、その変化は急激なものである。[2]

　1990年代に入り韓国が日本のポピュラー文化の開放を余儀なくされた際、反対する理由として述べられたことは、主に日本のポピュラー文化が韓国の若者たちに非常な悪影響を及ぼすということであった。日本のポピュラー文化に

---

[1] 『韓国日報』2004.7.20.
[2] 土佐昌樹は、社会の問題として現れる青少年の問題や世代論はグローバル化と密接な関係があり、韓国で「世代論」の議論が盛んになったのは急激な社会変化のせいで世代と世代の間に大きい断層が走っているからだと言っている。［土佐　2004：60-1］

は「煽情的」で「暴力的」だという否定的なイメージがあるため、韓国の若者たちがその犠牲になるに違いないという論調が浮上し、そのことが日本のポピュラー文化に対する警戒心を呼び起こしたのである。しかし、1998年度の第1次開放が始まった時、若者たちはむしろ賛成した。[3] 彼らは、開放前にも開かれていた経路を通じて既に日本のポピュラー文化を経験しているから、それほど違和感がなかったようである。[4]

このように、日本のポピュラー文化に対する韓国人の見方には世代ごとに大きな差があるものの、その主な消費者は青少年と呼ばれる20代前後の若者たちである。したがって、私はここで韓国の若者たちを取り上げ、国際化が作り出した文化越境の状況の中で彼らが自分の文化とは違う日本のポピュラー文化をいかなるものとして捉え、どのような形でそれを自分のものとして再生産していくのかを考えたい。またこれとともに、日本のポピュラー文化によって若者たちがどのような変化を見せているのかということについても概観してみようと思う。

韓国における日本のポピュラー文化の受容について論じる研究はこれまでにもなかったわけではない。韓国政府が日本のポピュラー文化の開放に乗り出した際、韓国のメディアや学会や研究所からは調査報告書が続出した。ところが、そのほとんどは反対か賛成かという意見に集約されるものばかりだった。特に、若者たちに関する研究報告書のほとんどは、日本のポピュラー文化が韓国の若者たちに多大な悪影響を及ぼすから、開放するとしても選別的な受け入れが必要だと論じるものであった。また、韓国の青少年が犯す非行や犯罪が日本のポピュラー文化と関わりあっていると主張するものすら多かった。

たとえば李英春は、韓国の青少年が日本のポピュラー文化を受容するにあたり、アンケート調査の結果を根拠に、以下のことを指摘している。第1に、韓国の青少年は日本のポピュラー文化に高い関心を持っているため、選別的に

---

[3] 「KBS第二FMの『イ・ジュノのFM人気歌謡』の調査によると、ソウル市内の男女青少年503名に対してアンケート調査を実施した結果、50.7％にあたる青少年が日本の大衆文化に対する開放に賛成すると答えた」『国民日報』1998.6.11.
[4] 韓国文化政策院がGALLUP KOREAに依頼して調査した結果によれば、日本のポピュラー文化の接触度は男子・低年齢層・高学歴層であるほど高く、職業別に見ても学生層の接触度が一番高かったという［韓国文化政策開発院 1998：11］。

受容させることが望ましい。第2に、韓国の青少年は日本の雑誌を読みその内容を真似している。第3に、日本のポピュラー文化に対する教育が行なわれていない。また、韓国の青少年が既に日本の歌やメロディーに慣れ親しんでいることなども述べられている。[5] またキム・テヒは、日本のポピュラー文化における消費の両面性を指摘している。ここで言う両面性とは、日本のポピュラー文化の消費は続くが、日本に対するイメージは変わらないということである。そのため、あまり心配することはないという結論に繋がっていくのである。ただ、他方では日本のポピュラー文化の開放にあたって、放送の解禁はもっと慎重にすべきであるとも論じている。なぜなら、青少年に対する影響が強いからだという［キム・テヒ 2001：90］。さらに、韓国で起こる「いじめ」「援助交際」「学級崩壊」などの問題が日本のポピュラー文化が持つ低俗性の影響だと考えるのは当然だとし、その対策として「日本の大衆文化の受容の過程で表れる問題と有効性を見極めること、日本の大衆文化を含めたすべての大衆文化を選別できるような教育やプログラムが必要であること、競争力の強化、専門家のアイディアを積極的に取り入れること」を主張している［キム・ホンマン 2002：116］。

　これらの主張は、もっぱら韓国の青少年をいかにして日本のポピュラー文化から保護するかという「文化防衛論」的な考えに依存するもので、それゆえに教育的な側面を強調する内容に偏り、結果として現実的・文化的な現象に対する視野を欠いているのである。文化が越境して他国に入れば「文化摩擦」、「文化変容」、文化の「ローカリゼーション」、「文化混血主義」、「異文化理解」、「文化接触」、「文化消費」などのような文化的現象が起こり得るが、それらは単なる「対応策」だけでは理解できないものであるにもかかわらずである。

　のみならず、現在の韓国社会が社会的・文化的・政治的・経済的な多様化という大きな変化を見せており、その中で今まで韓国社会が保とうとしてきた2つのイデオロギーが根底から揺さぶられているということも、この問題とは深く関わっている。それは日本に対する「反日」と北朝鮮に対する「反共」というイデオロギーであり、2つとも植民地期以降の韓国社会を支える軸になって

---

[5] ［イ・ヨンチュン 1995：43-5］。この他に、キム・ジョンシン、イ・チャソク、ソ・ジョンギュン、ユ・ヨンインなどの調査報告もある。

きた。それが揺れるということは、韓国社会がいかに大きく揺れているかということの証しであり、社会の多様化の問題に止まらず、社会的・文化的・政治的・経済的な葛藤が社会全体で激化している表れでもある。韓国社会を論じる際には、「反日」については世代的な差を意識しないわけにいかないだろうし、「反共」も保守的な人々の不安感を無視してはいまだに語れないのである。

またアジア全体に目を移せば、「韓流」が急流のように渦巻いている。この現象によって韓国人が文化的に相当な自信感を持ち始めているということも、ここで無視することはできない。近代に入ってから他国の文化を一方的に輸入してきた韓国人が輸出する側に立つということは、韓国人にとって文化に対する意識を大きく変える出来事なのである。

私は以上のような点を念頭に置き、現在の韓国の若者たちが日本のポピュラー文化に接する様相を、イデオロギーの急激な揺れの中で現れる1つの文化現象として捉えようと思う。このアプローチを通して、賛成と反対、対応策の提示、社会問題の起源、教育の必要性の主張などだけでは理解できないものを提示したいと思う。

本論では、まず、韓国国内の「日流」がなぜアジアにおける「韓流」のようなブームになっていないかということについて考えてみたい。次に、韓国の若者たちが抱く脱コンプレックスと、日本を普通の国として捉える認識、そして政治と文化とを完全に分離して考えている若者たちの国家と文化に対する意識を明らかにする。そして、若者たちが日本のポピュラー文化を楽しむことで現れる文化的な意識の変化、つまり「純粋文化」から「雑種文化」への変化について考える。さらに、「性」に対する意識の変化も考察の対象としたい。

これらを論じることによって、国際化と「反日」と脱「反日」が複雑に交じり合い交錯する現在の韓国の様子を察することができるだろう。またそれに止まらず、文化と政治が絡まって「愛憎」が錯綜した形で表れるという文化同士の交流の一面を明らかにし、さらには韓国における日本のポピュラー文化の過去と現在、そして韓日関係の未来を考える一助ともなろう。ひいては、東アジアの中での韓国と日本の今後の関係について、ここで改めて見つめなおしてみたい。

第6章　イデオロギーと脱イデオロギーの狭間から：
韓国の青少年が夢中になる日本のポピュラー文化

1．静かなる「日流」

　現在韓国はポピュラー文化の時代にあるといっても過言ではない。韓国の映画を見ても、この点はすぐにわかるはずである。

　テレビ普及率が低く韓国映画が第1の全盛期を迎えた1960年代以降、韓国映画に対する国民の関心は低迷し、西洋、特にアメリカの映画に人気が集まった。しかし、90年代に入って雰囲気は一転し、韓国国内の映画の観客総動員数は既に1000万を超えている。これとともに韓国映画に対する関心も高まり、現在では観客動員数も非常に多い状況にある。

　また、現在「韓流」がアジアで猛威を振るっていることも、韓国社会に影響を及ぼしている。韓国人のポピュラー文化に対する関心は国外だけではなく国内でも高まり、韓国人は自らの文化に対するプライドさえ持ち始めている。

　本来「韓流」とは、中国から発せられた用語である。そこからアジアに広がり、韓国の歌謡・ドラマ・ファッション・観光・映画などのようなポピュラー文化を好み、消費することを表すようになった。今、韓国の文化が日本でこれほどまでに熱狂的に受け入れられていることに対して、驚いているのは日本側ではなくて韓国側である。最近は少し沈静化しているようでもあるが、韓国のメディアでは連日この「韓流」を取り扱っている。日本による植民地支配を余儀なくされ、そのコンプレックスに悩んでいた韓国人にとっては、大変に嬉しい出来事なのであろう。一方では日本の文化に憧れ、もう一方では日本の文化を下品なものとして扱ってきた韓国人にとって、自らの文化が日本でこれほど人気を呼ぶとは考えもよらなかっただろう。だからこそ、「韓流」は韓国人にとって一種の自尊心を回復させる出来事なのだと思われる。[6]

　ところが、この「韓流」とは雰囲気がいささか違うが、韓国の中にも日本と似たような現象が潜んでいると言えるであろう。「韓流」ほど一般化していないものの、一部のメディアやマニアはそれを「日本流」あるいは「日流」と呼ぶ。日本のポピュラー文化が韓国では人気がないというのは、とんでもない錯覚であろう。たとえばソウル新聞では、日本の音楽家たちの来韓公演について「日流が押しかけて来る」[7]と書かれている。このように、現在の韓国の「日流」

も、日本の「韓流」に負けないほどだと言えるのである。

　なぜだろうか。その答えは、韓国では日本のポピュラー文化が既に内在化されている点にある。韓国人は、実は長い間にわたって日本のポピュラー文化をじっくりと楽しんできたのである。若い世代がインターネットを通して日本のポピュラー文化を味わっている一方、既成世代は、日本のものではないと国家から思い込まされて、日本のポピュラー文化を味わってきたのである。つまり、日本の「韓流」のように21世紀になっていきなり人気が出たわけではない。この点が、相手側のポピュラー文化に対する韓国と日本との感じ方の違いであろう。

　韓国に対する日本のポピュラー文化の影響は、植民地時代まで遡る。つまり、「文化政治の宥和政策とともに、東亜、朝鮮などの代表的な民間新聞の歴史が始まったし、多様な雑誌が創刊されたのである。また、ラジオの放送が導入され、レコード産業とともに大衆音楽が成立することも日帝時代」であった［文化体育部 1994：78］。そしてそのような影響は、韓国社会を「模倣」と言う監獄に誘い込み、いまだに苦しめているのである。

　まず映画の場合を例にとれば、日本映画は1903年から輸入されて上演された。1919年にはキム・トサンによって『義理的仇討』という初の韓国映画が作られたが、それは日本の新派劇のパターンをそのまま踏襲したに過ぎなかった。また、植民地時代から独立した後でも、日本の映画に対する模倣と複製が横行してきたのである［イ・ヨン他 1998：54-7］。

　映画だけではない。国内のポピュラー音楽の場合にも、独立後も常に倭色の

---

[6] ここで「韓流」を分析する余裕はないが、チョ・ハン・ヘジョンの考え方に従っておく。『韓流』に対する研究はアジア地域の中で行なわれる大衆文化の流れを分析できる歴史的な契機になり、これを通して文化産業の巨大な資本化と西欧中心に変わる解釈の可能性を提供してくれる。1990年代以降、アジアの若者たちの間で消費されている大衆文化は、自国文化と西欧文化、そしてその他のアジアの地域の文化が混成する形で各地域の近代化の過程の中で互いに交じり合い、新しい現代性を作り出していく過程の中で生産されたものなのである」。つまり、「韓流」は西欧中心の文化意識に代わって多様な文化が歴史的な過程の中で混合されたアジア的な文化の流れを理解できる可能性を提示したというのである。これは「日流」をアジアの錯綜した文化の流れとして考える際にも示唆的であると言えるだろう。現在、韓国の若者たちは文化を純粋なものとして捉えるのではなく、「混成」「混合」「雑種」文化として捉えている。このような考え方も、日本のポピュラー文化の流れと無関係とは言えないだろう［チョ他 2003：1-42］。

[7] 『ソウル新聞』2004.11.19.

第6章 イデオロギーと脱イデオロギーの狭間から：
韓国の青少年が夢中になる日本のポピュラー文化   173

是非が問われてきた。この最も顕著な例が1965年に起きた事件である。この際、国内のポピュラー音楽が日本の演歌に由来するという主張が起こり、イ・ミジャの「ドンベック・アガシ（椿娘）」ほか150曲あまりが一斉に禁止されるといった事件が起きたのである［同書：165-166］。これらのことから明らかなのは、「日流」は植民地時代から既に始まっており、現在まで続いているということである。

　確かに、植民地から独立した後、韓国政府は日本のポピュラー文化を法的に禁止した。しかし、漫画とアニメの例を見れば、その法的措置はとても寛大なものだったと言わねばなるまい。日本アニメは、韓国の民営テレビ放送局であるTBCで、1967年に初めて放送された。作品は永松健夫の『黄金バット』であった。TBC放送局は、アニメの人気は今後ますます高まると判断し、日本の製作側と手を結んで共同制作に乗り出した。しかし、アニメの製作には膨大な費用がかかることに驚いたTBCは、1編を作った後、すべてを日本側に委ね、アニメ制作から手を引くこととなった。その後に韓国の国営テレビ放送局であるKBSが同じアニメを再び輸入し、これ以降の韓国では民営テレビ放送局のMBCも含めたこれら3社が先を争う形で日本アニメを輸入することとなった［同書：144-6］。

　漫画の場合も、膨大な量の漫画が不法に輸入され流通していた。当時日本のポピュラー文化は文化体育部（現在の文化観光部にあたる中央官庁）の方針でかたく禁じられていたため、日本アニメを放送することは不法であった。しかし、アニメと漫画とでは事情が少し違っていた。日本の漫画は外国の図書出版物であるから、原作者と正式に版権契約を締結すれば、合法的に翻訳して出版することができたのである。そのため、1987年に韓国が国際著作権協会に加入した後には一部の漫画出版業者が正式に版権契約を結んで翻訳出版に乗り出したが、「日本漫画に対する市場開放」に反対する世論のため、審議すら経ずに不法ということになったという経緯がある。この処置で法的根拠となったのは、外国の刊行物の輸入および配布に関して当時の文化体育部が定めた法規の第5条「輸入推薦」と第7条「輸入推薦および配布などの制限」であった。これらによれば、日本から輸入される原書が長官（日本の大臣に相当する）の推薦を得ていないことが発刊禁止の法的根拠として成立するのである［文化体育部 1994：

170-1]。

　法的な問題だけではない。というのも、放送局は日本のアニメを輸入して放送する際に自社で制作した作品として放送していたのである。韓国の視聴者はそれらのアニメを、日本のものだとはつゆ知らず、韓国製だとばかり思って見ていたわけである。

　ここで、日本アニメが放送される際に施された非常に巧みな操作を紹介しよう。まず、韓国語で吹き替えして放送することはもちろん、アニメに含まれる日本的な要素はできる限り西洋化あるいは韓国的な内容に置き換えるという操作が行なわれていた。アニメや漫画に現れる作者名・監督名・プロダクション名などは、表示しないか、あるいは英語で表記されていた。もちろん、題目や内容に出てくる固有名詞（地名・人名・公共施設名など）も、すべて韓国語に置き換えるのである。つまり、完全なる韓国化である。

　宮崎駿のアニメについても、その内容こそは韓国でも素晴らしいと認められたものの、日本のポピュラー文化の開放以前には輸入できなかった。ただ、「未来少年コナン」のような作品の場合には、アニメの中に日本を感じさせる要素がまったくなく、放送することができた。このように、SFの要素が強いアニメは、開放前にも韓国に多く入っていた。手塚治虫のアニメもしかり。日本的な要素がない未来的なものや、動物が中心になる作品、西洋的なイメージが強い作品だけが輸入されていた。

　実のところ、70年代や80年代に韓国で放送されたアニメは、すべて日本のものだった。しかし、日本アニメの流入に対し加工が施された結果、当時の若者たちはそれらを韓国のものだと信じ込むこととなった。当の私も、日本のものだとは知らずにいたのである。

　実際に私は日本留学中に日本人の学生とアニメについて話したことがある。私が『アトム』や『鉄人28号』、『あしたのジョー』に『タイガーマスク』、そして『宇宙戦艦ヤマト』から『マジンガーZ』などについてまで詳しく話したところ、日本人学生はたいへん驚いていた。彼の話によれば、韓国では日本のアニメが放送できないと思っていたと言うのである。娘が通った日本の小学校で韓国の小学生のことについて講演したこともあるが、その際に韓国の小学生も皆さんと同じ『ドラゴン・ボール』や『アンパンマン』や『クレヨンしん

ちゃん』などを見ていると言ったところ、皆がびっくりしていた覚えがある。

　ファッションの場合はなおさらである。『non・no』や『流行通信』などのファッション誌は、そのまま輸入され書店で売られていた。韓国の当時の若者たちは、それを見て服装を真似ることを楽しんでいたものである。

　このように、「反日」イデオロギーによって日本のポピュラー文化がかたく禁じられていたとしても、実際には日本のポピュラー文化のほとんどは入っていたと言えるだろう。ただ、日本のポピュラー文化が開放される前の韓国では、そのうちアニメや漫画が日本のものだと知られていなかったというだけの話である。なお、私の場合このことを知ったのは、おそらく中学生の頃のことだったと思われる。

　状態が一変したのは90年代に入ってからである。80年から始まった日本の衛星放送は、90年度に入ってから確実に放送範囲を拡大した。また、時を同じくしてアジア各国も衛星放送に乗り出した［キム・クァンオク　1997：55-62］。私の記憶では、この時期にパラボラ・アンテナを立てる家庭が多かった。主にソウルや釜山のような大都市部が中心になっていたが、こうして韓国人も日本の衛星放送を見ることとなったのである。特に釜山の場合は、地理的に近く、日本の放送に接することが最も簡単なため、日本のポピュラー文化の窓口の役割も果たしていたと言えるだろう。このような状況を受けて韓国政府は日本の衛星放送を視聴することを禁じようとしたが、実際には効果が上がらなかったようである。

　90年代の変化は衛星放送だけではない。インターネットという新しいシステムが登場する。若者たちは、インターネットを利用して衛星放送より多様で膨大な日本のポピュラー文化に接することができるようになった。国家側は相変わらず日本のポピュラー文化の輸入を禁じ、国民はインターネットを通して日本のポピュラー文化を楽しむという矛盾が膨らんだ。これが、後に韓国政府が日本のポピュラー文化の開放に乗り出す際にも、大きな力として働いていくこととなる。

　政府が禁止する日本のポピュラー文化を、若者たちはインターネットを利用して膨大な情報を自分のパソコンの中に取り込んでいく。さらに、韓国のIT産業の発展によって、その輸入の速度と量はさらに早く大きなものになってい

く。日本の映画・ドラマ・音楽・アニメ・漫画などをインターネットで一気にダウンロードしてコレクションを作り、それを友だちと共有するというコミュニケーションが成立していく。こうして韓国の若者たちは日本のポピュラー文化に段々とのめり込んでいくようである。

　最新の生々しいポピュラー文化を日本人と同時に楽しむことができるということは、壁があってないも同然である。また、日本のポピュラー文化を扱う方法を見れば、韓国の若者たちが文化に適応する力を持つようになっていったとも言える。メディア世代としての彼らは、文化に関し、既成世代とは違った形の能力を持ち始めている。

　我々がこうしている今も、韓国の大学生はインターネットを通して日本のドラマを見ているだろう。日本語を専攻する学生は、勉強の一環として、ドラマや映画やアニメをインターネットで見ながら、日本語を学んでいるのである。そしてそのことは、開放の前後で特に違いはない。その意味では、日本のポピュラー文化が開放されてもされなくても、韓国の若者にとってはあまり意味がなかったとも言えるわけである。

　いや、むしろ、開放そのものが彼らにとっては「障害」になったのである。なぜかというと、開放によって国家は日本のポピュラー文化を検閲し、変形させ、若者たちはあるがままの日本のポピュラー文化に接することができなくなってきたからである。実際に、法的に日本のポピュラー文化が輸入されたとたん、日本のポピュラー文化は面白くなくなるだろうと極言する声さえ聞こえる。そして実際に、韓国の若者たちはテレビよりはインターネットを多く利用している。だからこそ、公には日本の映画やアニメなどを見る人が少なく見えているのであろう。これはもちろん、日本から入ってくるものだけに限った話ではなく、90年代以降の韓国におけるポピュラー文化全体の発展にも同じように言えることだろう。また、日本から入ってくるものに関して言うならば、テレビや映画館で今になって上映しているものでも、みなインターネットでは既に経験済みだということも、「日流」が低迷しているように見えていることと関係しているのだろう。

　要するに、日本のポピュラー文化は歴史的な過程を経て、開放以前から既に韓国社会の中に根を下ろしていたのである。だからこそ、韓国社会では「日流」

が静まっているのである。日本のポピュラー文化に人気がないというのではなく、そこにはもう神秘感すらない。初めての経験でもない。長い時間をかけて韓国社会の中で消化され吸収されてきたのである。結果的に見れば、植民地時代を経て作られてきた「反日」というイデオロギーは、韓国の若者たちが日本のポピュラー文化を自分のものにする上で大きな貢献をしたとまで言えるのかもしれない。

2．日本文化を見る目の変遷

　日本のポピュラー文化の開放前、日本に対するイメージは一般に否定的だった。そこにある真実の是非は別にして、植民地時代を経験した韓国はかつての植民地宗主国に対する偏見を維持していた。今でも覚えているが、私が日本に留学することになった時、日本人の友人が「日本には鬼ばかりいるわけではないよ」と言ってくれた。それは何を意味するか。彼は私を安心させるためにそのような話をしたのかもしれないが、それだけではないと思った。韓国で長い滞在の経験を持つ彼の言葉は、「あなたは韓国で作られた日本のイメージしか持っていません。日本へ行ったらそれが変わるかもしれませんよ」というように聞こえた。

　「反日」感情は日本に対するさまざまなイメージを作ったし、そのイメージのほとんどは良いものではなかった。もっともわかりやすいのは、1980年代の韓国の歴史ドラマや映画に出ている日本人の姿である。これが90年代になると、悪いというイメージの根底に暴力性・煽情性・低俗性などが強調されるようになり、日本とか日本人はもちろん、日本文化、特にポピュラー文化に対する否定的なイメージが現れるようになった。このような暴力性・煽情性・低俗性などの強調は、現在でも一部のメディアなどで続けられている。

　もちろん、日本のポピュラー文化の中には本当に悪いものもあるし、良いものもある。ハ・スサンが言うように、「常に日本の大衆文化を語る時、暴力・煽情・低質が表現される。しかし、どこの国の大衆文化が、暴力的でなく、煽情性がなく、低質でなかろうか。そうでないものは大衆文化ではなく、高級文

化なのである」。[8] そもそも、ポピュラー文化の越境を考えるということは、良し悪しの問題とは無関係なのである。

　また、そもそもポピュラー文化とは、それが持つどういった属性を強調するかによって、イメージが完全に変わってしまうものである。日本のポピュラー文化の開放に対する賛否世論が全国を飛び回る中、否定的なイメージが最も強調された。しかし、その後の経過を見ると、日本のポピュラー文化の問題を指摘する論調は少なくなった。現在もインターネットには日本のポルノが溢れているのにである。ここで、日本のポピュラー文化に対する韓国社会の評価方法がどのように変わってきたかを追ってみよう。

　日本のポピュラー文化の開放に際し、国内では実に多様な意見が出た。反対側の理由としては、文化の低質さ、日本の文化的隷属になってはいけないという文化帝国主義的な考え方、「倭色文化」の浸透によって青少年たちの文化的な主体性が喪失されるという意見、日帝時代の日本文化が既に十分なほど残存しているという見解などがあった。賛成側の理由としては、日本のポピュラー文化の中には優れたものもあるので、選択的に受容すれば問題がないとか、優れた韓国製商品の生産を促すだとか、文化コンプレックスからの脱出だとか、日本文化の恐怖からの脱出と自信感の回復が期待できるなどというものがあった。さらに、文化政策の強化、文化産業の育成も強調された。たとえば、韓国の漫画とアニメを発展させるため、多くの大学、特に短期大学にはアニメーション学科が設けられるようになった。現在では、このような学科が多くなり過ぎて、調整するべきだという話も新聞に出るほどとなった。

　ところが、日本のポピュラー文化を開放して本格的に受け入れるにつれ、日本の文化を積極的かつ肯定的に理解・分析しようとする動きが高まった。そして日本に関する色々な書物が出版され始めた。たとえば、金智龍はそうした本を書いた目的として、「むしろ正確な判断を下したい人々の役に立てばと願う。賛成であれ、反対であれ、自分が何か見たり聞いたりしたものがあってこそ可能ではなかろうか。読んでもらう人々に日本文化を偏見なしに整理してもらえるよう、基本的な資料だけでも正確に提示したい」と述べている。[9] 学界でも

---

[8] 『東亜日報』1996. 3. 6.

日本のポピュラー文化に関する論文や書物が出版された。特に金弼東は、最近氾濫している日本のポピュラー文化に関する書籍はほとんどが商業目的で、日本のポピュラー文化を正しく理解させるのを妨害していると主張している［キム・ピルドン 2000：17］。映画に関しては、「日本映像文化研究会」が設けられ、日本の映画に対する理解が深められている[10]。さらに、韓国のポピュラー文化に対する関心も高まり、ポピュラー文化自体への評価が高まっている。

韓国で日本に関する本がこれほど一度に出版されたことは、これまでになかったことだろう。もちろん、中には性的な刺激だけというような本も少なくない。しかしこれらは、韓国人がまともに日本を理解しようとする1つの実践の契機になることは間違いないだろう。また、これほど真剣に日本文化について考えようという動きが学術以外の領域で出てくることも、これまでになかったことと言えよう。たとえ始まりは文化防衛論だったとしても、韓国社会が日本文化に対する先入観と固定観念から離脱し、偏見なく日本を見ようと動き始めたということは確実だと言える。

これは若者たちにも影響を及ぼしていると言わざるを得ない。なぜなら、このような本の読者は主に若者だからである。インターネットで日本のポピュラー文化に慣れてきた彼らが、日本を理解したいという想いを特に持つというのは不思議なことではない。つまり、日本を異文化として理解しようとする動きは、既にこの時点で若者たちにも起こりつつあったのだ。

日本に対する理解とともに、自己反省の動きも起こった。素直に日本のポピュラー文化の優秀性を認めるべきであるという認識が強くなるとともに、それにともなって韓国のポピュラー文化の競争力を強めようという認識も強くなってきたのである。今までは、韓国文化の優越性がイデオロギーとして強調され、日本は文化よりも経済において優越性が認められてきたのである。たとえば、大江健三郎がノーベル賞を受賞した時、『東亜日報』に「韓国は日本の小説文化に負けた」[11]との嘆きが載せられたように、韓国人は歴史的に言って日本人

---

[9] ［キム・ジョン 1998：9-10］。この他にも、［イ・ギュヒョン 1998］、［キム・ボンソク 1998］、［パク・テギョン 1998］、［キム・ドヨン 1998］などがある。これらの書物は、1998年度の日本のポピュラー文化開放に合わせて出版された。

[10] 『文化日報』1998.7.30.

に対する文化的優越感を持っていたのである。

　このような状況の変化は、私の娘が日本のアニメや漫画に夢中になる理由によっても明らかである。答えはただ１つ、韓国のアニメや漫画は面白くないからだそうだ。このことは、韓国の若者たちが日本のポピュラー文化の優秀性について国家を超えて客観的に見ていることの証であろう。言い換えれば、日本の文化を率直に受け止めているということである。

　私自身も、実際に最近作られているアニメを見て、日本のアニメには適わないという気がした。韓国の若者たちが宮崎駿のアニメに熱狂することも無理はないだろう。これからは文化鎖国主義をやめ、文化を経済的な側面から見直すべきであるという主張が多くなってきたのは、まさにこのためである。韓国政府の文化観光部も、1999年度から「文化産業を21世紀における国家基幹産業として育成する」[12]と言い出した。その実践として、アニメや映画などの映像産業・ゲーム産業・レコード産業・放送映像産業・ファッションおよびデザイン産業などを戦略産業として設定したのである。

　日本のポピュラー文化に対する第１次・第２次・第３次・第４次の開放が行なわれ、韓国社会には日本の文化が溢れつつある。家庭のテレビでは日本のアニメ・映画・ドラマ・音楽・スポーツなどに関する放送が１日中流れている。韓国の若者たちは、朝起きてから夜寝るまで、日本のアニメを見ることができるようになった。しかも、韓国語で吹き替えられたものばかりではなく、日本語が聞こえてくるアニメも少なくない。日本のドラマもテレビで自由に見ることができるようになってきた。このことは、韓国人にとって日本の文化は、もう既に馴染めない類のものではなくなったことを示している。70年代・80年代には日本のものと知らずにポピュラー文化を楽しんできた韓国人は、完全な開放によってそれが確実に日本のポピュラー文化だと知りながら、それに対する違和感はもはや持っていないのだと思われる。既に慣れてしまっているのである。文化だけではなく、日本そのものに対しても慣れてしまったとも言えるだろう。

　このことは、文化についてだけではなく、「モノ」の世界にも現れている。

---

[11] 『東亜日報』1994. 10. 15.
[12] 『ハンギョレ』1999. 2. 20.

第6章　イデオロギーと脱イデオロギーの狭間から：
　　　韓国の青少年が夢中になる日本のポピュラー文化

図1　ミュージックビデオ

　以前の韓国では、日本の消費財は簡単に輸入できなかったので、欲しくても手に入らなかった。日本の電化製品やカメラや時計などは闇で買ったものである。また、日本へ簡単に行ける環境でもなかったので、日本の製品にはどこか神秘性のようなものがあった。国家が日本製品の輸入をかたく禁じており、それを買えるのは普通の人ではなく、社会的にある程度の財力や地位を手に入れた人々と決まっていた。普通の人々は、日本製品を持つ人々を羨み、製品の質についてよく知りもしないのに、日本製について知ったかぶりでしゃべっていたものである。まるで伝説を語るかのように。そして、そのようなほめ言葉はやがて神話となった。

　今や韓国の百貨店に行けば、日本の製品がたくさん陳列されている。以前は密輸でしか手に入らなかったような製品もいっぱいある。これほど日本の製品が溢れ、それも誰もが簡単に、以前と比べると安価で買える状況になった今、もう日本製品の伝説や神話、神秘的な魅力はなくなった。今や、韓国国内で売られている世界各国からの輸入品の1つに過ぎないのである。言い換えれば普通の製品になったのである。それにともない、日本の国家も韓国にとって普

図2　カレンダー

通の国になりつつある。

　このような韓国人の意識の変化は、韓国人が自信感を持つのに十分な役割を果たしている。この背景には多様な理由があると思われるが、そのうちの１つとしてIT産業の発展を欠かすことはできないだろう。また、日本のポピュラー文化をほとんど開放したが、その被害が思ったより少ないということも挙げられる。もう１つには、日本による被害より、サムスンやLGなど韓国企業の躍進やその日本向け輸出の増加が目立つということもある。最後には、やはり「韓流」であろう。

　現在の韓国の若者たちは、商品の国籍よりも、どれが自分の好みに合うかをまず考えてモノを買うようになった。商品の質・デザイン・価格を優先して買う結果、韓国の商品だけではなく日本の商品を選択することもできる。近年には、日本製に本来の強みがあったモノの場合でも、若者たちが韓国製を買うようになった現象も見られる。ただしこれは、韓国の商品が競争力を持ったためと考えるのが適当なのである。

　「韓流」について趙韓惠貞は、「国境を越える超国家的資本とメディアの移動、そして人の移動によって起こる複合的でダイナミックな『超文化化』現象の一部であり、『権力再編』の過程として把握できる現象である」と述べている［チョ 2002：34］。ここで権力再編というのは、欧米中心の再編ではなく、他の国の世界進出であるという。このような昇格現象によって韓国人は、日本に対する偏見から逃れられるという。

　元文化観光部長官の李滄東氏も、「過去の歴史に対するコンプレックスがない若い世代が主導権を握って文化交流を導いてこそ、本当の交流が行なわれ

る」[13] と述べている。既成世代は「反日」教育によって日本を憎んだり、日本に警戒心を持ったりするようになったが、それと同時に大きなコンプレックスを持っていた。「反日」教育は国民に、先進国・経済大国・学ぶべき存在という日本認識も与えてきたのである。私は 1984 年に日本へ行った時、上野駅のトイレがとても汚いことや、出勤時間帯に地下鉄を待つ日本人たちが並ぼうともしないことなどを見て、とても驚いた。先進国の日本ではトイレも清潔で秩序もよく守られていると教育され、実際に行ってみるまでそう信じていたからである。

若者たちが日本に対してコンプレックスを持っていないのは、日本を客観的に見ることができており、偏見や先入観から離れて率直に日本文化に触れているということであろう。実際のところ、このような意識は、単にコンプレックスからの離脱の問題だけではなく、政治と文化を切り離して考えることにも関係していると思われる。

今年起きた日本との歴史教科書問題や独島問題について、映画シネティズン (www.cinetizen.com) を運営するデジタルラップ（代表イ・テクス）が今年 3 月 10 ～ 14 日に行なった日本のポピュラー文化の受容態度に関するアンケート調査によると、「60 ％の人々は独島問題が影響を与えると答えた。そして、影響ないと答えた人は 32.2 ％で、7.8 ％はよくわからないと答えている。しかし、3 月と 4 月に上演する日本の映画の観覧についてその意向を聞いた結果、65.1 ％が、現在観客は独島問題とは関係なく映画そのものによって選別して観覧するだろうと答えた。日本映画の観覧にも否定的な影響を与えると答えた人は 34.9 ％である」[14] と書いてある。

この調査の結果を見たら、意識的には否定的な影響を与えるだろうと思っているが、実際に日本のポピュラー文化に接する際にはそれほど否定的ではないという両面性が見えてくる。ここには、自分が日本のポピュラー文化を楽しむということと、否定的な影響というものとは別だという意識が表れているのかもしれない。

実際、今回の歴史教科書問題や独島問題について、若者たちは強く批判して

---

[13] 『ソウル新聞』2004. 11. 19.
[14] 『ヘラルド経済』2005. 3. 17.

いる。たとえば、インターネットを利用して日本の政府を攻撃したり、「独島はわれらが地」という歌を一所懸命に歌うのである。しかし、もう一方では宮崎駿の『ハウルの動く城』をとても面白く見ている。私の娘も、歴史教科書問題や独島問題にとても興奮していながら、日本アニメにも別の意味で同じくらい興奮している。自分の祖父が独立運動家であったことについて、誇りを持っているのも事実である。

　これは、韓国社会が政治中心より文化が中心になっていることを示しているであろう。『国民日報』は、「日本文化をどのように受容すべきか」という題目で、次のように述べている。「21世紀は文化の世紀だ。社会を動かす強力な力が政治・経済から文化に移った。私たちの時代に話題の中心になっているのは文化で、中でも特に大衆文化は文化の花形になろうとしているのである。（中略）今この時代、私たちの前にはもう1つのトンネルがある。それは日本の文化開放」。[15]

　韓国においては、日本のポピュラー文化に対する意識が、このようにイデオロギーとは徐々に切り離されはじめている。それで日本を見る意識も変わってきたのである。ここまで述べてきた韓国社会の変化を5つにまとめてみよう。

　第1に、日本人の手で作られた作品を味わうことを通して、韓国人が作り上げてきた日本文化に対する先入観と固定観念からの離脱が進んでいる。第2に、日本文化の優越を認めながら、自己に対しては強い反省を強要している。それで文化──特にポピュラー文化──を、イデオロギーよりも経済的な部分と結びつけ、文化産業として考えるようになってきた。第3に、日本文化や事物に神秘的な印象がなくなってきた。普通の国・普通の製品・普通の文化へと、イメージの変化が起こりつつあるのだ。第4に自己の文化に対する自信を持てるようになった。つまり、日本に対するコンプレックスから離脱しようとしているのである。第5に、政治的な問題があったとしても、それと文化とは切り離して考えるようになってきた。政治的な問題に対しては激しい批判をするが、だからといって日本文化を毛嫌いするわけではない。

　一言でいえば、日本に対して以前より客観的な姿勢が取れるようになったと

---

[15] 『国民日報』1999. 4. 2.

言えよう。つまり、反日感情から脱して、韓国人は日本を率直に見るようになってきた。その礎には、自分たちに対する自信が生じたことがあるのだ。

3．日常生活の中での日本のポピュラー文化

　加藤周一は日本の文化の特徴について1955年に雑誌『思想』6月号の中で「雑種文化論」を打ち出している。即ち、イギリスやフランスの文化と比較した上で「英仏の文化を純粋型の文化の典型であるとすれば、日本文化は雑種の文化の典型ではないか」と示唆しながら、日本の文化の特徴は「伝統的な日本から西洋化した日本に移って来たということではない。その2つの要素が深いところで絡みあっていて、どちらも抜き難いということ自体」にあるというのである［加藤 1999：41］。加藤周一が言っているのは西洋文化と日本文化の単なる混合ではなく、その中から新しいものを創造しているということであろう。つまり、東洋文化と西洋文化という図式を設定すれば、日本はどちらでもない第3の文化と言えるだろう。この加藤周一の主張について青木保は次のように評価している。

　　　すなわち、日本文化は、大陸からの影響と黒船以来の「欧米」化の波にさらされてきたが、そこに生まれた「雑種性」には積極的な意味がある。「英仏」など西欧の「純粋性」に劣等感をいだく必要はない。むしろそこに「欧米」とはちがった可能性を見出すべきである。それはまた大衆が生活実感の中でとらえて楽しんでいる「雑種性」の意味を大事にすべきだと言うことを明らかにすることにもなり、この主張は、当時の「日本人」を大いに勇気づけることとなった……」［青木 1990：69-70］

　つまり、加藤周一が言っている「雑種性」は西洋に対するコンプレックスから逃げ出せる出口になるだろう。それと同時に、「日本近代の文脈においては、文化のハイブリッド化は強いナショナリスティックな衝動を伴って語られてきた。日本文化の「不純性」は、異文化を同化、吸収してきた近代経験によっ

て明瞭視されているにかかわらず、その経験は日本のナショナル・アイデンティティを本質主義的に構築する形で語られてきたのである」[岩渕 2003：63]。「雑種性」は日本のナショナル・アイデンティティの本質的な構築として見ることもできる。そしてそれは大衆の中で生き生きしている時こそ意味を持つようになる、ということであろう。ポピュラー文化をグローバルのコンテクストの中で論じる時、文化の「雑種」、「混成」、「ハイブリティズム」などの用語がよく使われているのを見ると、加藤周一の考えは今も生きていることがわかる。

韓国もやはり変わってきている。その根底では文化に対する意識が完全に変わりつつあるのである。日本のポピュラー文化を開放して1年経った1999年から韓国でも「脱民族主義」、「雑種社会」を追求すべきだという主張が出始めた。[16] イ・ギュテも「韓半島がただ、大陸から入ってくる五色の文化の『雑種文化』の袋のような役割をするだけではなく、それが世界の大洋に向かって進出する港のように見える」[17]と言っている。そして『文化日報』には韓国のポピュラー文化が脱国籍化しているという記事が出ている。それによると、「最近無国籍性・脱国籍性が文化トレンドになっている。最近大衆文化界の主な流れは積極的に国籍を消すこと」である。[18]

日本の「雑種論」がコンプレックスからの逃げ口になったとすれば、韓国の場合は植民地時代を経験したコンプレックスからの逃げ口としてむしろ強く「単一民族主義」と韓国文化の「純粋性」を強調したのである。それが韓国の近代国家の大事な柱になったし、「国民文化」のアイデンティティの栄養分になってきたのである。しかし、韓国社会がグローバルな環境の中で日本のポピュラー文化を開放する際にこれ以上純粋な文化だけを主張しても時代の流れにはついていけない、という意識がだんだん強くなってきたのであろう。だからこそ、純粋な国民文化から雑種文化への意識の転換が起こるのであろう。そしてこのような意識は異文化への寛容さと自由さを駆り立てるようである。このような現象は韓国内の至る所で見られるようになった。

最近テレビドラマにハーフのタレントの出演が目立って増えている。自分が

---

[16] ［イン・ジヒョン 1999］、［ホン・ソンウック 2003］などを参照せよ。
[17] 『朝鮮日報』2000. 3. 17.
[18] 『文化日報』2004. 6. 2.

第6章　イデオロギーと脱イデオロギーの狭間から：
韓国の青少年が夢中になる日本のポピュラー文化　　187

図3　女子中学生の創作劇

ハーフであることを隠しもしないし、むしろそれを積極的にアピールしている。また日本の俳優の韓国での活躍も見られる。そして韓国の映画やドラマ、漫画などにも多国籍的な雰囲気が強くなってきた。歌詞の中に英語が混ざっている現状である。さらに最近は「フュージョン」が流行っている。たとえば、フュージョン式の食べ物を例に取り上げることができる。西洋料理と韓国料理の組み合わせ、日本料理と韓国料理との組み合わせ、または中国料理との組み合わせなど、言ってみれば何でもかんでもフュージョン式なのである。映画を作る時も韓国の資本だけではなく、俳優は韓国人、製作者は香港というようなこともある。最近上映された『僕の彼女を紹介します』という映画もその例である。このような現象は日本のポピュラー文化を取り入れる時にも行なわれている。

　私の娘の中学校で学園祭があった。私は最近韓国の中学生が日本のポピュラー文化をどのように楽しんでいるか知りたくて、娘の友人たちをインフォーマントにして調査したことがある。まず、学園祭に行ってみた。そこでは学生が舞台で劇をしていたのだが、その服装や内容は韓国のものではなく日本のアニメだった。出演した学生たちは皆アニメに出てくる主人公の格好でそのアニメの

図4　コスプレの「犬夜叉」

内容の通りに演技をしていたのである。しかし、日本のアニメのストーリーをそっくりそのまま真似したわけではない。主人公や服装や人名などは真似をしているが、話の内容は全然違っていた。原作とは違って、なにかコメディーみたいな内容であった。出演した学生たちがセリフを発しては動くたびに、見ている学生たちが歓声をあげる。先生たちもそれを見て笑っている。学校の学園祭でこのような劇をするのは娘の学校だけではなく、既に他の学校でも一般的になっているようだ。娘の友達は日本のアニメを題材にして遊ぶ若者たちが大勢いると話してくれた。特に、コスプレがその代表である。

　コスプレは、服装を意味する英語の単語コスチュームと遊びを表すプレーの日本式合成語である。漫画やアニメやゲームの中のキャラクターのような衣装を作って着て主人公の真似をしながら遊ぶ文化である。コスプレは個人で楽しむのではなく、同好会に入って仲間といっしょに楽しむ。そしてそれぞれ自分の役を決めて劇をしたりするのである。さらに、韓国や西洋のキャラクターまで使って自分たちの作品を作っている。また、個人的にもコスプレが好きで、直接日本のアニメの主人公の衣装を作って自分で満足している若者も多い。費

第6章 イデオロギーと脱イデオロギーの狭間から：
韓国の青少年が夢中になる日本のポピュラー文化

用はほとんど自分の小遣いを使っている。釜山とか、ソウルではコスプレコンテストのような行事も行なわれる。その時、若者たちはグループを作ってその行事に参加するのである。コスプレに関する情報はインターネットカフェを通して交換しあっている。

　娘になぜコスプレをするのかと聞いたら、まず日本のアニメに関心があり、好きであること、2つめは、衣装を作りあげた時の満足感、3つめは、ずっとその衣装を着ることができること、4つめは、相手を評価しながら自分のアニメを見る目が養われることなど理由を話してくれた。そのほかにコスプレを通して若者たちのアイデンティティを表現できるということもあるだろう。なぜかというと、コスプレの世界には既成世代は誰もいないし、誰にも束縛されずに自由に自分の世界を演出することができるからである。

　コスプレだけではなく、アニメや漫画の主人公の写真を使ってミュージックビデオを作ったりもしている。これは主にソウルの若者たち——お金持ちの子供が中心である——が自分のお金でアニメの名場面だけを選んで作るのである。そして、色を変えたり、絵の形を変えたりしてアニメの主人公のキャラクターを利用してファンシーグッズのようなグッズを作ったり、キャンドルを作ったり、アニメの原作を自分の作品に作り変えたりしている。アニメのキャラクターを使って作った名刺を持っている学生もいる。日本のアニメをフォトショップを使って自分で作品化していく。また日本のアニメのキャラクターはそのまま使ってストーリーだけ変えて漫画を作ったりする。その漫画のストーリーはそのアニメの内容以前の話になったり、親の世代の話になったりしながら自分が直接漫画を描くのである。まれにではあるが、作ってからそれを学生たちで回し読みすることもある。さらに、ネット上で小説化させることもある。もちろん原作とはストーリーが全然違う。そして自分の作品をカフェに登録したら、仲間と共有したり、それに基づいてお互いに情報を提供しあったりする。つまり、このような活動のほとんどがインターネットを通して行なわれているというのである。私の娘のパソコンのフォルダの中には日本のアニメや漫画の主人公の写真がいっぱいあり、学校から帰ってきたらパソコンの前でそのような写真をいじっている。

　私の娘も日本のアニメに夢中になっている少女の1人である。好んで見る

図5　『最遊記』の名刺

アニメは色々とあるが、その中で特にお気に入りは『INUYASHA』（原題『犬夜叉』）と『最遊記』である。宮崎駿のアニメは当然のことで、今も自分の部屋の壁には『もののけ姫』の大きいポスターが張ってある。普通はテレビで見ているが、塾から夜遅く帰ってきたら番組は終わっているので、インターネットでアニメを見る。インターネットで見る時は、日本語の音声に韓国語の字幕がついている。そして寝る前には、日本の漫画——これは韓国語で翻訳されて韓国で出版されたものである——を読んだり、日本から私が買ってきた漫画を読んだりしている。

　夢中になって見ている娘の姿を見ていると、私にはあんまり面白くないのに、どこがそんなに面白いのかという気がしてくる。「何がそんなに面白いの」と聞いたら、視線はテレビに向かったまま、「主人公が素敵じゃない」と答える。見ている間に感動の声を連発する。つまり彼女は、内容よりはキャラクターにほれこんでいるのである。

　ある日、彼女は私に日本の歌の歌詞を教えてくれといった。何かと思って見たら、インターネットから『INUYASHA』と『最遊記』の歌をダウンロードして、その歌を練習していたのである。おそらく知らない日本語があったのだろう。日本から帰国して以来、妻が日本語を忘れないようにと、毎日、日本語の本を読ませようとしたが、失敗に終わった。それなのに、アニメのおかげで日本語の勉強が自然に始まったのである。幸い、主人公の行動やファッションを真似するまでにはなっていない。しかし彼女の話によれば、大勢の友達は真似をして遊んでいるようだ。

　私が彼女に「なぜ日本の漫画を読んでいるの。なぜ韓国の漫画やアニメを見

第6章　イデオロギーと脱イデオロギーの狭間から：
韓国の青少年が夢中になる日本のポピュラー文化

ないの」と聞いたことがある。答えは簡単であった。「韓国の漫画やアニメは面白くないから。もし面白かったら見るよ。もちろん日本の漫画といっても面白くなかったら読まない」。自分の国のものだという認識より、どれほど面白いかが先である。

このような日本のアニメや漫画などを楽しむこと以外にも最近日本式に食べたり、飲んだり、遊んだりするいわゆる「ニッポンフィール」というのが若い人々の間で急速に広がっているのである。それについて『ハンギョレ新聞』では次のように述べている。

図6　『最遊記』のファンシーグッズ

　　日本の旅行から帰ってきたばかりの人は最近のソウルのアックジョンドンやシンチョンの若者たちの格好にびっくりする。日本の街に来ているのではないかと錯覚を起こすほどだからである。ヘアスタイルからTシャツ、ワンピース、ジャケットを重ね着している姿が全く日本の若者たちの格好とそっくりである。「ニッポンフィール」という日本流の風が吹いて来たのである。「ニッポンフィール」とは日本を表す日本人の発音「ニッポン(nippon)」と英語「フィール(feel)」を合成した新造語である。一言でいえば、日本の感覚を追う傾向のことで、国内の若者たちに急速に広がっているのである。(中略)日本人が「ヨン様」に熱狂するのだとしたら、韓国の若者たちは。「ニッポンフィール」に溺れていると言える。韓国が日本の大衆文化を開放した時憂慮されていたことが現象として表れたのである。日本の大衆文化の開放が

図7 『ワンピース』に関するドンインニョの創作品

青少年たちに及ぼす影響は「取るに足らないだろう」と言っていた専門家たちの予測は完全に外れたのである。(中略)日本のゲームとアニメーションに慣れている若者たちが日本の感覚に嵌まり込んでアイデンティティーを失うのではないかと心配されている。[19]

この記事では、日本のポピュラー文化の開放以降、若者たちが日本の文化に溺れていると心配している。しかし、彼らは単に溺れているのではなく、自分なりの視点を持って日本のポピュラー文化を楽しんでいるし、それをもって自分の意識を変えていっているのである。たとえば、最近インターネットで流行っている小説を見てもはっきりわかるだろう。「ドンインニョ(同人女)」という

---

[19] 『世界日報』2004.11.24.

ものであるが、それはもともと「同人誌」のように自分のお金で漫画の本を作るものである。ほとんどアマチュアが中心になっている。しかし、この「同人誌」に男性同士の同性愛を扱った日本の「ヤオイ」物の影響で、そのような傾向の漫画がたくさん作られるので、いつの間にか「ドンインニョ」が同性愛を主に扱っている集団のように見られるようになった。しかし、実際に同性愛とは関係ない漫画を作る女性も多いのである。韓国では日本の「ヤオイ」が好きな女性を「ヤオニョ(ヤオ女)」と呼んでいる。しかし、ヤオニョの場合は日本のポピュラー文化を消費することだけで満足しているのに対し、「ドンインニョ」は新しいポピュラー文化を作り出す創作者である、という違いがあると思われる。

さらに、「ヤオニョ」と「ドンインニョ」は韓国の若者たちの「性」に関する意識を変えているという面もある。特に、同性愛に全く関心がなく、それがタブー視されてきた韓国社会では衝撃的なことだと言える。これは単純にワイセツにとどまるのではなく、積極的に「性」の世界に入り込むことを意味する。韓国のインターネットのサイトに入るとこの「ドンインニョ」に関する知識がたくさんある。[20]

私の娘の話によれば、自分の友人の中では「ドンインニョ」志向の友人と「ヤオイ」志向の友人が別々にいるそうである。もちろん「ドンインニョ」志向の友人も同性愛のことに関心を持っているが、それよりは主人公のキャラクターをもって自分がいろんな新しい作品を作るのである。その中では美少年の2人を連れ合いにして楽しんでいる。しかし、「ヤオイ」志向の、「ヤオニョ」はほとんどが同性愛が中心になっている。友人の中ではそのような経験を持っている学生もいる。彼女たちは学校の成績もそんなに悪くないし、頭も良さそうだが、人間関係は彼女たちだけを中心にして回っている。つまり、普通の学生とは付き合わないし、自分たちだけの仲間意識を持っている。その中で日本のアニメや漫画について激しい議論もしたり、情報を交換したり、自分の作品を見せたりしながら、自分たちの世界を構築するのである。

こういうことは普通は学校で行なわれている。そして、このことは中学校か

---

[20] http://kin.search.naver.com/search.naver で韓国の「ヤオニョ」と「ドンインニョ」について知ることができる。

ら高校に進級しても変わらない。ただ、中学校から違う高校に進級するにつれ、仲間は変わるが、また新しい仲間を作って活動を続けていくのである。

このように韓国では日常生活の中で日本のポピュラー文化が隅々まで浸透している。そしてその文化を韓国の若者たちは1日中楽しんでいる。ただ、楽しむ時は単に日本のポピュラー文化として消費するのではなく、韓国的なものにアレンジしたり、あるいは無国籍的なものが生まれることもある。また「性」に対する意識もだいぶ変わってきたことがわかった。つまり、韓国の若者たちはさまざまな面で意識が変わってきていると言わざるを得ないだろう。

結論

ここまで私は、韓国の若者たちを中心に、グローバル化が作り出した文化的越境の状況の中で、そして「反日」と脱「反日」の交差点で、日本のポピュラー文化がどう捉えられるようになってきたのかを論じてきた。主なポイントは、以下の3点である。

1つ目は、韓国で「日流」が目立たない理由が、「反日」というイデオロギーの作用によるものだということだ。「反日」の影響のもとで、韓国人が日本のポピュラー文化を見て見ぬふりをしてきたため、むしろ日本のポピュラー文化は韓国社会に静かに根を下ろしてきたのである。だからこそ、日本のポピュラー文化が入ってきたからといって、今さら歓声を上げる若者たちはいないのだ。

2つ目は、韓国人の「視線」が変わったということだ。日本のポピュラー文化の開放をめぐっては、賛否世論の嵐が激しく吹き荒れた。その時、変化が起きたのである。それは、日本に対する意識の変化に止まらず、自分を改めて考え直すことにも繋がった。つまり、日本文化に対する先入観と固定観念からの離脱、自己反省に立脚した文化産業の躍進、日本と日本のモノを「普通」と位置づけるイメージの変化、自文化に対する自信、政治と文化との分離など。これらによって日本に対する心のゆとりが生じたのである。

3つ目は、韓国のポピュラー文化が「雑種化」「内在化」「無国籍化」の様相を見せていることである。そして「同性愛」について積極的に関心を持ったり、

「性」に対して寛大であったりする流れが青少年に広がりつつある。

　要するに、韓国の若者たちは純粋な国民文化にこれ以上こだわりもないし、異文化への寛容さも持っているし、多様で開かれた文化的な普通の生活を営んでいると言えるだろう。彼らは崔吉城が言っているように「日本的なものであっても西洋や中国文化で包装されていたら受け入れやすい」［崔 1992：176］ということはもはやないだろう。日本の文化は日本の文化として率直に接するのである。

　人類学者のC.ギアーツは、「社会的心理的な緊張と、その緊張を理解するための文化的手段の欠如とが合流し双方が互いを強めあったところに、（政治的・道徳的・経済的）体系的イデオロギー登場の舞台が用意された」［ギアーツ 1989：43-4］と指摘している。ここで重要なのは、文化的な手段が力を発揮できなかった時にイデオロギーが現れるという点であろう。現在、韓国社会はギアーツが言ったような状況から免れているのではなかろうか。そして、その中で若者たちは、自文化と異文化の境界に拘束されることなく、開かれた状態で自由に文化に接していくことだろう。つまり、イデオロギーの代わりに「文化」が、若者たちの視野の中には見え隠れしているのだ。その「文化」の中には、今までなじみながらも恐れの対象だった日本のポピュラー文化も入っている。

　このような韓国の若者たちがいる限り、韓国と日本の未来は否定的なものではなかろう。しかし、そこには両面性をそなえた未来が見えている。

　楽観的な未来図としては、民族主義的な幻想や自文化に対する優越感から脱皮して、新たな文化的コミュニケーションの可能性が切り開かれつつある面を挙げることができる。今や韓国の若者は日本の若者と「同じ」文化を共有し、単なる模倣を越えてそれを自分のものにした上で、新しい文化を作り出す段階に入った。それは当然ながら無国籍で、雑種の文化である。そしてそうした新たな文化を通じて韓日の若者たちは同じような感情を抱き、親密なコミュニケーションを築いていくことができるようになった。

　ポピュラー文化の越境によって韓日の間で起こっているこのような現象は、そこで終わるものではない。それは、ナショナリズムのイデオロギーに惑わされることなく、開かれた多様な文化的コミュニケーションを発達させていこうとするなら、どの地域でも起こりうる過程である。まさにそこにアジアの文化

的なアイデンティティとして予兆できる未来が見えているのではなかろうか。つまり、同一化の動きと多様な方向に拡散する動きを同時に含んだ文化的アイデンティティの創出である。

　悲観的な側面として、韓日両国の若者たちが共有しているポピュラー文化は、決してアジアの多様性を反映していないという問題が挙げられる。韓国の若者の関心が及ぶ文化といえば、アメリカを除くなら、せいぜい日本、中国ぐらいであろう。韓国のテレビでそれ以外のアジアのドラマや映画、音楽、アニメを放送することは、まずない。こうした状況を放置しておけば、新たな文化的アイデンティティがアジアの中で育つことは永遠にないだろう。少数の強力な文化がアジアの文化的なアイデンティティを代表しようとするに止まるのではなかろうか。「韓流」、「日流」、「中国流」だけではアジアの共通のアイデンティティは作り出せないのである。

　21世紀のアジアは、「西洋」に対抗するだけのアイデンティティを追求してはいけない。これからのアジアは、「アジアの中で」相互のコミュニケーションを積み重ねていった方がいいだろう。そのためには「韓流」を喜ぶ前に、アジアの多様な文化に若者たちを近づける努力を始めねばならない。李滄東元文化観光部長官の声が聞こえてくる。「本当の世界化とは、アメリカ文化による標準化ではないが、そのように受けとられる側面もある。各国の多様な文化がお互いに活発に行き来しなければならない」と。ここで私はこのように言い換えたい。「本当のアジア化とは、1つか2つの強い文化によるものではなく、さまざまな文化によるものである。それが昔からの我々の宿願であろう」と。

【参考文献】

青木保. 1990.『「日本文化論」の変容――戦後日本の文化とアイデンティティ』中央公論社.
岩渕功一. 2003.『トランスナショナル・ジャパン』岩波書店.
イ・ヨンチュン. 1995.「青少年の日本大衆文化の受容の態度に関する研究」大邱大学校教育大学院.
イ・ヨン他7人. 1998.『日本の大衆文化の書き写し』ソウル：ナムワスップ.
イ・ギュヒョン. 1998.『J・Jが来る』ソウル：ヘネン.
イン・ジヒョン. 1999.『民族主義は反逆である』ソウル：ソナム.
イ・チャソク. 2001.「青少年たちの日本文化の認識に関する研究」慶南大学校教育大学院.
加藤周一. 1999.『加藤周一セレクション5 現代日本の文化と社会』平凡社.
ギアーツ, C. 1989.『文化の解釈学』(吉田禎吾地訳)岩波書店.
キム・クァンオク. 1997.『東アジアの放送と文化』ソウル：キョンイン文化社.
キム・ジョン. 1998.『僕は日本文化がすきだ』ソウル：ミョンジン出版.
キム・ジョンシン. 2000.「日本大衆文化に対する開放と受容の態度に関する研究」中央大学校行政大学院
キム・テヒ. 2001.「日本に対するイメージと日本の大衆文化の消費の相互関係に関する研究」全北大学校行政大学院.
キム・ドヨン. 1998.『日本TV 裸にさせること』ソウル：サンソンメディア.
キム・ボンソク他. 1998.『クリック　日本文化』ソウル：ハンギョレ新聞社.
キム・ホンマン. 2002.「日本の大衆文化が韓国青少年に及ぼす影響」韓国教員大学校教育大学院.
キム・ピルドン. 2000.『その日本は泣いた』ソウル：セウン.
徐正旳. 2002.「韓・日両国の大衆文化交流に対する青少年の意識構造の考察」慶南大学校 教育大学院.
チョ・ハン・ヘジョン. 2002.「東／西洋のアイデンティティの解体と再構成：グローバル地殻の変動の徴候から読む『韓流熱風』」『韓国文化人類学』.
チョ・ハン・ヘジョン他. 2003.『「韓流」とアジアの大衆文化』ソウル：ヨンセ大学出版部.
チョ・ヨンホ. 1998.『日本新人類文化が押し寄せて来る』ソウル：芸術時代.
崔吉城. 1992.「韓国における日本文化の受容と葛藤」『思想』7月号　岩波書店.
土佐昌樹. 2004.『変わる韓国、変わらない韓国――グローバル時代の民族誌に向けて』洋泉社.
韓国文化政策開発院. 1998.『日本の大衆文化の開放に関する国民世論調査の報告書』、GALLUP KOREA. 1998. March.
ホン・ソンウック. 2003.『ハイブリッド世の中の読み』ソウル：アングラッピックス.
パク・テギョン. 1998.『ジャパニメーションが世の中を支配する理由』ソウル：ギルボッ.
文化体育部. 1994.「日本の大衆文化の対応方案に関する研究」.
柳永殷. 2003.「青少年たちの日本大衆文化の受容の態度に関する考察」慶南大学校教育大学院.

第7章 「韓流」はアジアの地平に
向かって流れる

土佐昌樹

はじめに

　この章を書き上げつつある 2005 年 3 月の日本において、「韓流」ブームは既に終息の気配を見せている。まだそう断ずるのは早いかもしれないが、少なくとも一時の特別な熱狂は下火になり、韓国のポピュラー文化に対する関心が日常的で落ち着いた水準に収まりつつあると言うことはできるだろう。

　本稿は、TV ドラマ『冬のソナタ』が日本で大きなブームを呼んでいた 2004 年夏に書き、ワークショップで発表したものを下敷きにしている。[1] ブームと並行して、ドラマや俳優に関する膨大な情報が新聞、雑誌、テレビ、インターネットなどから流され、またそうした社会現象を同じメディアが好んで分析の対象とした。しかし、その歴史的重要性はまだ十分明らかにされているとは言いがたい。一般に、日本では日本におけるブームの意味にばかり目が向けられ、韓国では韓国文化の魅力の側面にばかり注意が行き、アジア各地で同時多発的に生起している現象の重層的なプロセスにまで目が届いていない。

　一方で、メディア研究や社会学の分野において専門的な論文や書物がいくつ

---

[1] ワークショップでは、コメンテータのペク・ソンス氏をはじめ多くの方から有益なコメントをいただいた。また、本文中で触れている調査以外に、フィリピンとタイでも予備的なインタビュー調査を実施した。本文や注で名を挙げている人はもちろん、個人名まで挙げることのできなかった人を含め、調査の過程でお世話になったすべての方々に感謝の念を記しておきたい。

も発表され、本稿で示されている基本的な知見や主張が孤立していない点も徐々にはっきりしてきた。たとえば、ブームの背景にはメディア環境のグローバル化や混淆化があり、単純に韓国文化の質的向上を指摘するだけでは不十分であること、受容する社会の側の歴史的条件に目をやることがさらに重要であること、ブームを過大評価することはできずアジア諸国における韓国文化の「消費」はニッチ市場にとどまっていること、しかし同時にブームの歴史的重要性は小さくないということ、等々。また、そうした研究が特徴としているさまざまなアプローチは、本稿の取り扱っていない多くの側面を明らかにしている。[2]

本稿はこれまで公になった研究と多くの知見を共有しながらも、トランスローカルな立場を前面に押しだす点において、ユニークな位置付けを保っている。ブームの渦中に書かれたものではあるが、日付を直したり、新たな参考資料による補強を行なうにとどめ、内容はほぼ発表当初のままになっている。

1.「韓流」の起源

日本でブームになる何年も前から、韓国のＴＶドラマ、映画、ポップ音楽に対する人気は、アジア各国で既に大きな高まりを見せていた。タイの日刊紙『The Nation』（2002年6月21日）の記事は今から3年前にこう告げている。「意識しようがしまいが、私たちは少しずつ、韓国のポップカルチャーの虜になろうとしている。何年ものあいだ、日本のものや、いわゆる『J-pop』に対する熱狂とともに私たちは生きてきた。今や、『K-pop』である」。シンガポールの新聞も（『The Electric New Paper』2004年2月20日）、韓国の音楽、映画から食べ物に至るあらゆるものが今でもブームの対象となっており、韓国からの輸入品に対する投資が増大している様子を伝えている。中国、台湾、ベトナム、マレーシア、フィリピン、インドネシアなどでも同じような報道が確認で

---

[2] マスメディアにあらわれる言説が比較的単線的なアプローチにとどまっているのに対し、研究書には現象の重層的な意味を捉えようとする多様なアプローチが見られる。主なものに、［チョ 2003；チャン 2004；毛利 2004；ユン 2004；平田 2005］がある。韓国では専門論文だけでも10本以上が既に公刊されているが、ほとんどが文化産業論的な観点から韓流の将来について政策提案することに重点が置かれ、ここでの議論に直接役に立つものは少なかった。

きる。ざっと言うなら、日本からミャンマーに至る広い地域で類似の現象が起きている。それは韓国のポピュラー文化に対する熱狂的なブームであり、いわゆる「韓流」と呼ばれる現象である。

2003年の統計によれば、韓流の影響でアジア各地から韓国に訪れた観光客は全体の20％に達する117万人に及ぶと推定されている。韓国観光公社は昨年と今年を「韓流観光の年」に定め、韓流を一過性のブームに終わらせない努力をしている。昨年1年だけで、韓流から派生する経済効果は1兆ウォン（約1000億円）に達するとも言われていた（『週刊朝鮮』04年3月11日号特集「『第2の韓流』がアジアを襲う」）。こうした推計には、どこまで波及の範囲に含めるかによってかなりの開きがある。また誇張や見込み違いもあり、実態はそれほどでないという指摘もある。[3] しかし、21世紀初頭の少なくとも数年間、ブームと呼ぶに値する社会現象がアジア広域で見られたことは間違いない。

もともと「韓流(hanliu)」という言葉は、自国の若者が韓国ポップスのアイドルに熱中する様子に対して中国メディアが2000年あたりから使用し始めた表現だと言われている。[4] それはシベリアからやってくる寒気流、つまり「寒流(hanliu)」をもじった同音異義の造語であり、そこには旧世代の驚きとともに警戒心や揶揄が含まれていた。この言葉は、やがて映画やTVドラマへと人気が拡大していくにしたがい、韓国のポピュラー文化が巻き起こす流行現象を広く指すようになっていった。

この表現はすぐ韓国に伝わり、韓国語の発音 hallyu となって受け入れられ、中国から台湾、東南アジアへと広がっていった韓国ポピュラー文化のブームを指し示す用語として定着した。ただ、東南アジアでこの言葉が使われることはなく、また台湾では日本のポピュラー文化に対する愛好家を意味する「哈日族

---

[3] 『デジタル朝鮮日報』日本語版(http://japanese.chosun.com/)2004年9月22日付の記事によれば、韓国の貿易協会研究所は韓流の経済効果が期待を大きく下回ると結論づけている。また、同サイトの2005年3月7日付記事は、KOTRA名古屋貿易館の分析として、日本の韓流ブームが限界に達したという見方を紹介している。

[4] 1999年末に中国の新聞がこの語を使い始め、中国語圏で大きな影響力を持つ香港の週刊誌『亜洲週刊』が2001年6月24日号で「文化驚艶、両岸三地、韓流滾滾」という特集を組んだことがこの語の普及を助けたと言われる［ハン 2004：125］。一般に韓国では「韓流」の発端をできるだけ遡ろうとする傾向にあり、また中国語圏の内部における「時差」や、ポピュラー文化のどの分野がブームの火付け役となったかについて異論もあるが、2000〜01年あたりを1つの分岐点と見なすのが妥当であろう。

(harizu)」をもじって、「哈韓族(hahanzu)」という表現も見られた。日本に類似の現象が伝わったのは比較的遅く、ブームと呼べる現象が見られたのは2003年になってからのことだが、韓国語読みに近い発音 hanryu と日本語読みが混在したまま「韓流」という言葉も定着しつつある。

　こうして、漢字文化圏とそれを取り巻く地域で韓国のポピュラー文化は大きな人気を博し、そうしたブームの広がりを韓流として一括して理解することが可能であるかに見える。しかし、韓流という言葉が示す対象は、その発音以上に大きな地域的偏差を含んでいる。TVドラマ、映画、音楽がその主な内容であるが、音楽が流行の引き金となる地域もあれば、ドラマがその役割を引き受ける場合もある。さらに、韓国文化に対する接触の少なかった地域では、そうしたブームを契機に食文化、ファッション、観光、さらには家電製品に対する人気が高まる場合もあり、韓国ではそこまで含めて韓流と呼ぶことも少なくない。

　ここでは、韓流には主にドラマによって引き起こされるブームのレベルと、歌、映画、ファッションなどに対する若者世代の愛好がつくりだすサブカルチャーのレベルがあることをまず指摘しておく。両者は多くの地域で密接な結び付きを見せてきたが、本章ではドラマに焦点を当てながら、日本とミャンマーの事例を比較することを通じ、韓流の共通性と偏差の意味を探ってみたい。

　その前に、「韓流」の言葉が生まれた中国の事例にまず目を向けておくべきだろう。韓流の興隆をもたらした社会的背景にはさまざまな要因があるが、主に消費文化、多文化的メディア状況、海賊コピーという3つのポイントから分析を加えることが可能である。

　第1に、中国社会における消費文化の部分的肥大が背景として挙げられる。改革開放政策のおかげで、少なくとも経済のレベルで中国は90年代以降に大きな成長を遂げた。北京や上海といった大都市では誇示的な消費文化がにぎわい、外国の流行やグローバルな情報の流れが地域のライフスタイルに大きな影響を与えるようになった。中国と外部を隔てていた境界線はきわめて不鮮明で流動的なものになっていった［張 2004］。

　しかし、そうしたグローバルな消費文化のにぎわいは、社会全体から見た時にバランスを欠いた現象であり、一方で経済格差の増大や不十分な民主化といっ

た現実が厳然とそびえることもしっかり踏まえる必要がある。市場経済の導入とともに中国では非常に短期間のうちに大衆消費社会が形成されてきた。「節約」から「消費」へ、「非物質志向」から「物質志向」へと社会の基調が短期間のうちに大きく変化した。そして、急激な消費水準の上昇とともに、地域、階層、世代による消費文化の格差が広がりつつある。計画経済と市場経済が統合されていくにしたがい、そうした社会的矛盾も解消されていくと予測されているが［李海峰 2004］、過渡期に特徴的ないびつな消費文化がさかえる温床となっている点も否定できない。ただし、ここでのポイントは危機の予兆を強調するところにあるのではない。消費は別の観点からすれば、自己実現的な側面まで含めた能動的な人間行動として踏まえておく必要もあるのである［石井 1993］。そうした広い意味での消費の活性化は、アジアにおける韓流の広がりと明らかに相関している。

　第2に、韓国文化の流行には、欧米や日本などの先行者がいたという条件がある。1985年に放映され国民的なフィーバーを引き起こした『おしん』はその特別な例だが、ハリウッド映画、香港映画、日本のアニメやトレンディードラマ、台湾のアイドルドラマなどは既に高い人気とともに受け入れられていた。政府の規制や管理が厳然と働いているものの、衛星放送、インターネット、ケーブルテレビなどの普及とともに多文化的なメディア状況が既に成立していた。韓国は、そうした環境における新参者であった。冷戦構造を脱却し、中韓の国交が正常化したのはようやく1992年になってからのことであり、90年代後半になって急激に交流が活発化した。この転換期は、韓国社会におけるグローバル化や文化的革新の進展の時期と重なっている［土佐 2004］。ビジネスや留学を含む人的交流、映画やドラマの文化交流が両国のあいだで爆発的に増大した。ポピュラー文化のレベルでは韓国から中国への流れの方が支配的であったが、これは韓国文化の新たな力と中国の多文化的メディア状況を同時に待って初めて生まれる出来事である。[5]

　最後に、海賊コピーの問題がある。文化のグローバル化を考える時、衛星放送やインターネットに代表される高度なメディアテクノロジーに眼が集まりがちであるが、アジアの大衆にとって、もっと草の根的で多くは非合法なテクノロジーの方が重要になってくる。とりわけ、海賊版DVDと、それより画質は

劣るがさらに廉価な海賊版 VCD は、海外のドラマや映画を急速度で普及させることに大きく貢献している［フー 2003］。これは単に付随的な問題でなく、アジアにおける文化の越境を考える時、かなりの比重を持つ問題として迫ってくる。中国だけで考えても、既に闇の領域を越えた一大産業が形成されており、「中国全土で映画関連産業に従事しているのは 50 万人強、海賊版関連産業に従事しているのは 100 万人強」［中野・呉 2003：191］とまで言われている。

そうした闇のネットワークが提供する「デジタル・ファストフード」が日本のトレンディードラマを流行させ、そして韓国のポピュラー文化の浸透に大きく貢献している。日本では一般にこの問題は経済的損失の観点から論じられがちであるし、文化コンテンツを配給する側から見ればきわめて深刻な問題であることは確かだが［児玉 2000］、見方によれば政治経済的な格差を文化のレベルで補完しているという側面も無視できない。言葉を換えるなら、政府の半規制下にある多文化状況において、海賊コピーは文化的越境の「自由度」や多様な文化的消費を実現するためのゲリラ戦法として機能している。[6]

以上、消費文化の均衡を欠いた肥大化、多文化的メディア状況、海賊コピーという 3 つのポイントについて見てきた。これは、中国における韓流現象を考えるときに浮上してくる特徴的な要因だが、それ以外の地域に考えを敷衍させるときにも大きな手がかりとなるであろう。

---

[5] 中国における韓流ブームをさまざまな角度から検証した論集『中国はなぜ韓流を受容するのか』も、韓流の前提として既に欧米、日本、台湾、香港のポピュラー文化の人気が中国社会に根を下ろしていた事実を強調している。そして、結論部分で次のような分析を行なっている。「結局のところ、本研究陣は、韓流が今のところ韓国文化の競争力や文化の類似性、文化水準の受容容易性を基盤にして競争力の優位を確保した結果だというよりは、中国内部の社会文化的環境変化によるニッチ市場の確保だという結論に到達した。…中略…分析の結果、韓流がひとつのニッチ市場に根を下ろした要因には、1. 改革・開放による消費市場の成長、2. 中国の放送環境の変化、3. 中国政府の韓国文化商品に対する好意、4. 中国自体のプログラム代替能力の不足、といった要因が韓流の形成に主に作用していることを発見した」［キム 2004：386-7］。

[6] キム・ヒョンミは台湾における韓流を調査しながら、次のように述べている。「最近のアジア地域内における文化の流れは、前近代的な流通体系とコンピュータやインターネットという新技術が結合した「コピー」文化が特徴となっている。21 世紀のアジア的「消費」スタイルの特徴は、まさに最先端の技術と前近代的なシステムの結合がなんの無理もなく共存しているという点にある」［キム・ヒョンミ 2003：172］。

2．日本の韓流

　日本に韓流と呼べるブームが起きたのは、ごく最近のことで、NHK が衛星放送でドラマ『冬のソナタ』を放映し始めた 2003 年の 4 月が 1 つの区切りをなす。これ以降、徐々にフィーバーと言ってよい現象が巻き起こり、2004 年 4 月に NHK 地上波放映を記念して主演男優のペ・ヨンジュンが来日した時、空港には中年女性を中心とした 5000 人のファンが詰めかけ嬌声を上げた。本屋には韓国の俳優や作品を紹介したり、ドラマの舞台となった場所を紹介するムック本が何十冊と並び、雑誌は競って関連記事を載せようとした。

　こうしたブームは、日本におけるそれまでの韓国文化受容の歴史と連続しているというよりは、いかにも突出した出来事であった。戦後の日韓関係を考える時、1965 年の日韓国交正常化、88 年のソウルオリンピック、2002 年のワールドカップ日韓共催というのが大きな節目であると言える。70 年代までは植民地支配の遺産としての差別意識が社会の中にまだ強く生きており、韓国に対するイメージといえば貧しくて暗いものが主流だった。80 年代に入ると、政治イデオロギー的な関心から徐々に脱し、飛躍的な経済成長を成し遂げた韓国に対する関わり方も多様化していく。しかし、観光スポットとして韓国社会がなじみの地になっていったとしても、韓国の映画や小説に興味を示すのはあくまで限られたファンだけであった。90 年代に入り、そうした状況に変化が訪れた。ティーンエイジャーの間では韓国ポップスに対するファンが増え、韓国映画が動員する観客も着実に増えていった。

　決定的転機は 1998 年であった。この年、新たな大統領に就任した金大中は、日本のポピュラー文化に対して長い間閉ざしていた門戸を開き、段階的な開放政策をとることを決断したのである。この政策転換は、一方で国内の文化産業に対しても規制から奨励へと文化政策の比重を移すことを意味したが、結果として日本文化の影響力に対する懸念は杞憂に終わり、むしろ韓国のポピュラー文化が外へ出て行く条件を準備することになった。この年を境に、韓国映画の輸出実績は飛躍的に向上し、一方で韓国における日本映画のシェアは心配したほどの伸びを示さなかった。南北分断の現実を娯楽大作として描ききった映画

『シュリ』は、2000年に日本で公開され、韓国映画としては初めて観客動員数が100万人を突破した。それ以降、都市部の映画館では必ずどこかで韓国映画を上映しているという状況が生まれた。また、90年代後半から一般の家庭の食卓にまでキムチが上るようになり、TVドラマやK-popに対する人気も一定の範囲で定着し、日本における韓国文化の存在感はごく身近なものになろうとしていた。

　中国や東南アジアにおけるブームほど熱狂的なものではなかったが、内容的には90年代後半からここまでの流れの方が韓流に近いと言える。2003年に表面化したブームは、これまでの系譜と連続する面もあるが、実はまったく新しい現象だと捉えた方がいいのである。

　韓国の同時代のポピュラー文化を日本に紹介する仕事をしてきた田代親世氏によれば、日本における韓流を方向付けたものとして、やはり『冬のソナタ』の存在が決定的に大きかったという。[7] しかも、版権を持つ韓国の国営テレビ局KBSは、他の局からのオファーもあったにもかかわらず、あくまでNHKから放映することにこだわり、戦略的に日本市場に攻勢をかけてきたという。NHKも2003年にまず衛星放送で放映し、関連番組を流したりしながら好評を見極めた上で、満を持しての地上波放映であった。初恋を題材にしたこのドラマは、美しい映像や切ない音楽によって多くの中年女性を惹き付けることになった。

　2004年は韓流の年だと言われるくらい、日本では韓国のTVドラマが大きなブームを呼んだ。しかし、その実態はかなり限定的なものだというのが、さまざまな知見を重ねた上での結論である。たとえば、韓国文化について大学や高校で話す機会があるたびに聴衆に尋ねているのだが、そうした場に参加する若者でさえ韓国のTVドラマに関心を持っている比率は一割に満たないというのが正直な感触である。年配者の場合も男性は一般に冷淡であり、「冬ソナ」ブームを社会全体の熱気にまで高めて見せたマスコミの「業績」は非常に大きい。

　あるいは逆に、性と年齢で区切られたサブカルチャー現象がここまでの社会

---

[7] 04年8月に行なったインタビューより。田代氏には次注の「サロン韓流倶楽部」への橋渡しを含め、調査の過程で多くの協力をいただいた。

第7章 「韓流」はアジアの地平に向かって流れる

的インパクトを持つことができるという事実そのものにもっと驚くべきなのかもしれない。

　実際、日本の韓流を牽引している主体は、ほぼ30代から60代くらいまでの女性に限られている。そこには、以前からの流れを引き継ぐ層も含まれているだろうし、映画や音楽のファンと重なる部分もあるであろう。しかし、私がインタビューやアンケートで関わることができた限られた範囲で言うなら、はっきりと示唆的な特徴が現れている。ここでは、韓流ファン（主に『冬のソナタ』のファン）30名を対象に行なった調査をもとに、その結果の概要について述べてみる。[8]

　テレビなどで報道されるとおり、彼女らは平均年齢50に近い女性であり、主婦だけでなく仕事を持っている人も多い。圧倒的大多数は『冬のソナタ』に触れたことがきっかけでペ・ヨンジュンの熱狂的なファンになった人々である。それがきっかけで、『ホテリアー』『美しき日々』『秋の童話』『イブのすべて』といった他の韓国ドラマへと関心を広げていく人が少なくないが、それでもやはり『冬のソナタ』は特別な位置付けにある。ほとんど全員が、それ以前にはまったくと言ってよいほど韓国文化には関心がなかった。過去には韓国以外のアジア文化に興味のあった人と、欧米文化に興味のあった人がほぼ半々いる。過去に感動した作品を問うと、『ローマの休日』や『風と共に去りぬ』から宮崎駿のアニメや香港映画に至る多様なものが挙げられた。

　韓国ドラマはテレビ（衛星やケーブルを含む）で放映されたものを見る人が多いが、ビデオやDVDでまとめて見る人も少なくない。より特徴的なのは、家族や友人といっしょに見る人はまれで、ほとんどの人が1人で見ているという事実だ。しかし、そうした孤独な熱中はそこで終わることなく、周囲の人々や友人へと広がっていく。ほとんどの人が、ドラマに熱中したことによる生活の変化として友人が増えたと答えているが、中年女性のネットワークを通じたそうした熱狂の伝播が韓流の実態であると言ってよいかもしれない。

　では、そこまで多くの女性を虜にした『冬のソナタ』の魅力はどこにあるだ

---

[8] （株）二期リゾートが運営するファンの集い「サロン韓流倶楽部」（代表渡邊浩氏）の協力により、参加者約70名（全員女性）にアンケートを依頼し、30名から回答を得た。そのうち5名とはメールを通じて断続的なインタビューを重ねた。

ろうか。それを手短に記述することは難しいが、多くの韓国ドラマと同じように、『冬のソナタ』も非常に古典的なメロドラマの構造を備えていることはまず指摘できるだろう。そこには非常に明確な二項対立があり(善／悪、富／貧、貴／賤、男／女)、隠された秘密や運命に翻弄される登場人物が、メリハリのある演技と誇張された感情表現を繰り広げながら、葛藤からカタルシスに至る物語世界を作り出す。そうした「過剰と誇張表現のドラマツルギー」は、醒めた意識にはいかにも薄っぺらな虚構にしか見えないかもしれないが、感情移入した者には大きな感動を与え、時には人生に対する深い指針を与えることもある[ブルックス 2002]。

　そうしたドラマが日本にないわけではない。70年代後半に放映された山口百恵の「赤いドラマ」シリーズとの類似を指摘する人もいたし、宝塚ファンと冬ソナファンとの連続性を強調する人もいた。また少女マンガにはよく似た物語がたくさんあるのも事実である。最近の日本のドラマは都会の若者だけをターゲットにしたトレンディドラマが主流であり、そうしたドラマに飽き足らない人が韓国ドラマに惹き付けられたという見方もある。

　はっきり説明できない人気に対し、韓国ドラマには日本社会から見て異質で死に絶えた価値が生きているからこそ、むしろ新鮮に映るのだという主張がある。後期資本主義型の消費文化が成熟を極め、価値の相対化が極端にまで進んだポストモダン社会の日本では、むしろプレモダンの価値世界に対する郷愁があらわれているのだというわけだ[小倉 2004]。こうして韓国を「他者化」する言説は、今でも論壇で一定の力を持っているが、非常に疑わしい主張である。[9]

　『冬のソナタ』の主題の1つは初恋であり、若き日の純粋な姿に自分自身を

---

[9] 実は、そうした観点から論じることが可能であると私自身も思っていたし、今でも、ある種の超越的な視点(たとえば、F.ジェイムソンの「現在に対する郷愁」)からそうした問題設定も不可能でないとは思っているが、その「効果」はきわめて限定的であるというのが結論である。日本で実施したアンケートでも、ノスタルジーをドラマの魅力と結びつける回答は予想よりはるかに少なかった(次注参照)。ミャンマーでは、そもそもノスタルジーという言葉を翻訳することが困難な上に、そうした感情をドラマに結びつける見方がどうしても理解してもらえなかった。かなり強引にそちらの方向に話を持っていこうとしたが、相手がどんな知識人でも事情は変わらなかった。そうした経験を繰り返すうち、ノスタルジーという問題設定がいかに現実離れした見方であるかを思い知らされ、少なくとも現実の視聴行動のごく一部にしか関係しないものであるという結論に達した。

重ねながら郷愁を感じる視聴者も少なくないだろう。しかし、ドラマの魅力として郷愁を挙げる人は比較的少なく、実際にはそれ以外の要素に惹かれるケースの方が多かった。たとえば、ロマンチックな情緒、感情表現の豊かさ、風景の美しさといった項目をドラマの魅力として挙げる割合の方が高かった。[10]

　その中でもやはり際立つのが、ヨン様という愛称で親しまれている男優ペ・ヨンジュンの人気である。彼の高貴さ、奥ゆかしさ、品格の高さをたたえるファンの口舌によどみはない。彼はスターであり、聖なるイコンであり、また同時に身近な友人である。40歳の兼業主婦は、日本のガードの堅いアイドルやハリウッドのような別世界のスターに比べて、韓国の芸能人の方がずっと誠実で身近に感じられるという。もうヨン様は「卒業した」という彼女は、その魅力を次のように語ってくれた。「近そうで遠い、会おうと思えば会えそうな気がする、でも会えない、そんなちょうど良い感じの距離感がいいのだと思います」。言い換えれば、ペ・ヨンジュンはスターよりは空を舞う美しい小鳥に近く、手が届きそうで届かないその魅力にたくさんの女性が胸を焦がしている。そして、それ以前にまったく韓国に関心のなかった人々が、ドラマのおかげでそのイメージをほぼ100％好転させているのである。

　こうして、大きなブームになったものの、日本における韓流はあくまで世代とジェンダーで区切られたサブカルチャーの出来事である。それが中年女性を主体としているという点で日本に特異な現象であり、アジアの韓流が多くは若者世代によるサブカルチャー現象であることと連続している部分もあれば、そうでない部分もある。

　最後に、中国の事例から引き出したポイントについてここで簡単に触れておく。まず、日本が成熟した消費文化を備えていることは確かだし、アジアのどの地域のサブカルチャーの担い手と比べても、日本の韓流の担い手は豊かな生活基盤を持っていると言える。韓流を形成する重要な側面が消費行動であるという事実に注目した場合、日本の韓流で中年女性がクローズアップされたのは

---

[10] 複数回答可でドラマの魅力について尋ねたところ、「懐かしさを誘う」を挙げたのは約4割で、「男優の魅力」（9割）や「感情表現の豊かさ」（6割）などに劣る。次のような40代女性の声は代表的なものと言える。「冬のソナタに対してノスタルジーという言葉は私の中ではあまり当てはまりません。［ドラマの中に］確かに家族との交流や、ゆっくりとした時間の流れはありますが、それが懐かしいというわけではないのです。背景の美しさ、ドラマの音楽、言葉の美しさ、俳優たちすべてが1つだと思います」

不思議なことでないのかもしれない［李智旻 2004：101］。

　しかし、日本の中年女性が他の世代に比べ自由な時間とお金に恵まれているというはっきりした証拠はない。多くの場合、実際には限られた資源で韓流という形式を通して自己実現を果たしているというのが事実に近いようだ。ただし、一方で「冬ソナ貧乏」という言葉があるくらい、「ヨン様」にのめり込んで関連商品の購入や旅行の経費で散財する人々もいる。それはそれまでの日常から見れば大きく逸脱した消費行動であり、社会全体の景気を左右するくらいのインパクトをもたらした。ファンにとってドラマの世界は単なるフィクションでなく、視聴行動と観光が一体となった疑似イベントであり、「観（光）客」としての振る舞いには国境にとらわれない日韓の結びつきを作り出す力が含まれていた［平田 2005］。つまり、消費には受動的な逃避にとどまらない意味があり、消費を通じて現実と幻想が結合して生まれるバーチャルな「場所」にこそ、文化的越境の可能性も示されていると考えることができるのである。

　いずれにせよ、外国のドラマやスターに熱を上げ、消費ブームや特異な社会現象をもたらすといった例はどの国にも見られるが、その主体が青少年でなく中年女性であるという点においてかなり独特の現象であり、これからの時代を考える1つの興味深い材料になるかもしれない。

　第2に、日本の多文化的なメディア状況についてはあらためて指摘するまでもないだろうが、だからといって価値の混乱が起きているわけでもなければ、中年女性が絶対的な価値観を求めて韓国ドラマに惹かれていったのでもないという点は重要である。プレモダンやポストモダンといった分類は知識人だけに通用するジャーゴンであり、実際の視聴行動を説明するには役に立たない。しかし、多様でグローバルなメディア状況において、世代やジェンダーによる視聴の「棲み分け」はどのように起こるか、そして特定のサブカルチャーが特定の時期にブームになるのはどのようなメカニズムによるかを理解するためには、さらなる追究が必要となるだろう。

　日本における非合法コピーは、現時点ではあまり大きな問題として浮上してこない。この点が1番目の問題と結びつくと、メディアに対するアクセス能力を比較する際に日本は割り引いて考える必要が出てくる。

　冬ソナブームは日本だけの孤立した現象でなく、アジアの多くの社会で同時

並行的に見られたトランスローカルな現象である。そうした現象の意味は、「内側」から追究するだけでなく、異文化とのコントラストを通じて考えるという視点が大切になってくる。その意味で、日本の社会的現実とは大きな距離があると思われているミャンマーの事例は、きわめて示唆に富んでいると考えることができる。

3．ミャンマーの韓流

　国連から世界最貧国の指定を受けているミャンマーは、また軍事独裁国家としても知られ、西側諸国から経済制裁を受けて厳しい国家運営を強いられている。外からは北朝鮮と同じくらい閉鎖的な体制に見えるが、しかし一方で驚くほどグローバルなメディア状況が成立している。そしてまさに今、この地においても韓流のにぎわいが大きな話題となっているのである。

　この何年かミャンマーには毎年2度くらい仕事で訪れるのが習慣になっていたのだが、一昨年あたりからレストランなどでテレビの韓国ドラマに釘付けになっている人々を目撃するようになっていた。そこで、2004年8月にインタビューやアンケートを使った集中的な調査を行なったところ、予想を上回る熱い反応が得られた。[11] 誰もがブームの存在を認め、また自分の思い入れを語ってくれた。哲学が専門のある大学教授は、論理学の授業などで韓国ドラマを例に出して説明するだけで、学生の顔つきががらりと変わると言った。そして自分自身も含め、家族全員で熱中しており、ドラマの放映時間にはお互い訪問はもちろん、電話をすることも控えるのが地域のマナーになっていると教えてくれた。これほどの人気は、『おしん』以来だということである。

　ミャンマーにおける韓流は、2002年に『秋の童話』が放映された時に始まったとされる。これは『冬のソナタ』を撮ったユン・ソクホ監督の2000年の作

---

[11] 日本語学校と韓国語学校でそれぞれ20人の生徒を対象に、日韓のポピュラー文化に対する受容実態を調べるアンケート調査を実施した。韓国のTVドラマについては、約10人のミャンマー人に集中的なインタビューを行なった。また、現地に滞在している韓国人4人にインタビューを行ない、韓国ビデオ専門店を含む6軒のビデオショップを訪れて話を聞いた。調査にあたって多くの人々の協力を得たが、とりわけ土佐桂子、チョーティン、ティータトゥンの各氏からは格別の助力を得た。

品で、他の東南アジア各国でも韓流の火付け役となった。運命づけられた初恋をテーマとしている点でも『冬のソナタ』と共通するこのドラマは、放映と同時に高い人気を呼び、それを皮切りに、『トマト』『真実』『ホテリアー』『ロマンス』『イヴのすべて』など、ミャンマーに2つしかないチャンネルが合わせて約20本のドラマを競うように放映してきた。外国ドラマには基本的にミャンマー語の字幕を付すのが一般であり、予算の関係で吹き替えはしない。『冬のソナタ』はまだ放映されていないが、ドラマの流行現象としては日本より先行している。ファンの心理には日本と驚くほど近いものを感じるが、また流行を取り巻く環境には多くの違いがある。先ほどの3つのポイントを軸にしながら、そうした相違について述べてみたい。

　日本を含めた西側諸国からの投資を期待できないミャンマーの経済を支えているのは、主にASEANからの投資である。国の生産性は低い段階にとどまっており、日本の外務省によれば2003年度の1人あたりのGDPはわずか180ドルである。しかし、豊かな緑が保たれている首都ヤンゴンでは、英植民地時代の老朽化した建物がそのままたくさん使われている一方で、新たなオフィスビルやレストランやショッピングモールが建設を競っていることも確かである。きらびやかなショッピングモールやスーパーマーケットの陳列棚には、外国の商品が所狭しと並べられている。タイや中国の廉価な商品はもちろんのこと、日本の家電製品からスコッチ・ウイスキーまでおよそないものはなく、それを求める客足が途絶えることもない。

　中産階層が育っていないまま、都市の一部では肥大化した消費生活が繰り広げられている。グローバルなメディア状況が成立し、外国のイメージや商品知識が広がっている現実は、こうした均衡を欠いた社会の成長と深く関係している。

　ミャンマーのメディア状況を記述することは簡単でない。そこには明らかに複数の基準があり、政策と現実について正確な情報を得ることがきわめて困難だからだ。一方には、非常に厳しく統制された領域がある。ミャンマーには2つのテレビ局があり、いずれも放映されるすべての番組は検閲部（Censor Board）によって事前のチェックを受ける。ドラマは毎晩、7時台と9時台に放映する枠組みが設けられており、その時間帯に日によって国産ドラマか外国の

第7章 「韓流」はアジアの地平に向かって流れる　213

写真1　少数民族パダウン（俗に言う首長族）をコーヒーの宣伝に「動員」するミャンマーの旺盛な消費文化。

ドラマが放映される。最近は韓国ドラマが人気がありよく放映されているが、台湾や香港のドラマも同じくらいの比重で放映されている。番組の中に「不適切な」シーンがあると、それとすぐわかるほど唐突にカットされる。

　国営テレビ局で数年前まで検閲に携わっていた男性が、匿名を条件にインタビューに応じてくれたが、彼によれば検閲の最も重要な意義は、ミャンマー文化を守ることだという。ここでミャンマー文化とは、伝統、家族のきずな、仏教からなるものであり、そうした価値観から見て相応しくないものはチェックされる。たとえば、女性がお酒を飲んだり、過度に肌を露出した場合、容赦なくカットされることになる。実際にはそれ以外にも、政治的な配慮やさまざまな理由によってテレビの放映内容は左右されるという。たとえば、ある太った男性人気コメディアンが、中年女性の格好をして CF に出演した。検閲でも問題は指摘されず、放映されるとコミカルな演技に人気が出たが、その体型がさる政府高官夫人の容姿にたまたま非常によく似ていたことが明らかになった。

周囲の友人からそのことをからかわれた彼女は激怒し、その CF はすぐ放送中止になった。

　こうしたエピソードは、皮肉まじりにすぐ噂となって広まることもあり、現実には文化保護主義は権力者の恣意として機能しているといっても過言ではない。別の面から見れば、鎖国状態と思われているミャンマーは外来文化の流入に対してきわめて「寛容」でもある。この検閲担当者の言葉を借りるなら、発展するために外から来るものに対して門を閉ざすことはしないが、ミャンマーの国民が作るものに対しては、厳しくチェックすることが必要だという立場である。

　外国の文化は、外国人が作ったものだから「我々」には関係なく、その影響もたかが知れている。たとえば、衛星放送も見る人が限られているので問題にしていない。大衆のコントロールだけが大切なのだ。こうした見方は、1 人の検閲担当者の主観にとどまらず、政府の立場でもあるようだ。しかし、これは明らかに現実の変容に対する過小評価である。あるいは、テレビや新聞が情報省によって検閲されているのに対し、衛星放送は電気通信省の管轄下にあるという事情も左右しているのだろう。

　高いところからヤンゴンの町並みを見渡すと、無数の衛星放送受信アンテナが林立している風景が広がる。タイの衛星チャンネルに正式に登録してデコーダーで受信している世帯もあるが、ほとんどは世帯別に大きなアンテナを広げ、チャンネルを切り替えるごとに目当ての衛星にアンテナの角度を向けて無料で受信するケースが多く、未登録を含めてその実勢はつかみがたい。[12] BBC や CNN から NHK や韓国のアリラン TV に至るまで、外国の衛星放送がなんの検閲もなく視聴できる。その数は、明らかに一部の富裕層のレベルを超えている。

　さらに、より大衆的なメディアということであれば、VCD や DVD の海賊コピーが問題にされなければならない。しかも、それは非合法でも闇ですらな

---

[12] ミャンマー計画経済開発省が発行している『2003年度統計年鑑』によれば、1995 年から 2001 年までの時期、衛星受信アンテナのライセンス台数はほぼ 1400 から 1800 くらいで一定している。ところが 2001〜02 年に一挙に 5 万 9689 台に急増しており、この時期に許可が緩和されたことがわかる。現在では正式にライセンスを獲得したものだけで優に 10 万台を越えるものと推定される。

第7章　「韓流」はアジアの地平に向かって流れる　　215

写真2　ビルの屋上を飾る衛星受信アンテナ

い。ある映画関係者によれば、ミャンマー全体で約3万のレンタルビデオショップがあるが、それはすべて政府に登録されているという。しかし、そこでレンタルされ、あるいは売られている海外映画のメディアは、100％すべて海賊コピーである。たとえば、中国やパキスタンの国境を越えて、1枚1ドルから3ドルで取引されるDVDは、国内で大量にコピーされてさらに廉価で出回ることになる。中国産の非常に安い再生専用機が出回っているので、今やビデオテープよりはVCDやDVDで映画を見る人の方が多く、それがさらにコピーの増殖を加速させている。

　テレビで、日本や欧米の番組が放映されることはほとんどない。それは人気がないからでなく、放映料を今の財政状況では払えないという理由が最も大きいようだ。しかし、この海賊コピーの世界では、まったく異なる人気の指数があらわれる。何軒かのビデオショップを回って聞いたところによれば、利用者のおよそ7、8割はハリウッド映画が目当てだという。次に香港映画、アニメ（アメリカと日本）、そしてタイ映画と続く。最近は韓国映画の人気が高まって

写真3　ヤンゴン市内のレンタルビデオ屋

きたが、それでもせいぜい5％程度の需要である。

　ミャンマーにおけるメディア状況を理解するためには、テレビや新聞のように政府の統制が行き届いている領域だけでなく、VCDやDVDの海賊コピーに代表される「灰色の」領域にも目を向ける必要がある。それは衛星放送より直接的にグローバル・ネットワークを大衆に結びつけている。たとえば、テレビでタイのドラマや映画が放映されない理由を聞くと、人気がないからだと答える人が多く、テレビ関係者も放送を禁じているわけでないと口をそろえる。しかし、ビデオショップではタイのアクション映画やホラー映画などに対する一定の人気を確かめることができる。つまり、よくある隣国に対する警戒心や敵愾心が認められる一方で、大衆のあいだでは隣国のポピュラー文化に一定の人気があることも容易に確かめることができる。20人程度を収容できる無数のビデオルームでは、インドの移民がインド映画を楽しんだり、労働者がタイのアクション映画を楽しんだりといった風景も一般的だという。そうした見えにくい部分まで含め、ミャンマーのメディア状況は、ある意味かなり自由で多

文化的なものだと結論付けることができるだろう。そうした状況にあって、韓国の TV ドラマに対する人気をどう位置付けることができるだろうか。

　放映する側から見れば、韓国や台湾のドラマは、統制的な文化政策と現実に進行するメディアのグローバル化とのギャップを埋めてくれる格好のコンテンツである。検閲は、外来の文化を排除する方向でなく、自国の文化生産を萎縮させる方向へと発展してきた。そうした中で、国産のドラマは多くの視聴者からそっぽを向かれている。一方で、韓国や台湾のドラマは、国産のものに比べればはるかにモダンで魅力的に映る。ミャンマーの文化的コードに引っかかりカットされる場面もあるが、多くは家族で安心して見ることのできる内容を提供している。その理由のひとつは、それらのドラマもまた、権威主義的な政府による検閲をくぐり抜けてきた歴史を持つからだ。つまり、韓国や台湾のドラマは、無難でありながら刺激的なプログラムなのであり、その意味で政府の思惑と視聴者の期待がうまくクロスする範囲に収まっている。

　また、財政的な要因も無視できない。日本から無償で提供された『おしん』が 1992 年の放映時に爆発的な人気を呼んだことがきっかけで、日本のトレンディドラマが何本か放映されたことがある。しかし、高い放映料に見合うだけの人気が得られず、今では日本の文化的存在感は希薄なものになっている。欧米のプログラムも政治的な事情に加え、財政上の理由からテレビにはほとんど登場しない。一方で、中国での韓流に勢いを得た韓国側が、安い放映料で積極的な売り込みをかけてきたという事情もある。つまり、テレビで放映されるプログラムだけを根拠に、欧米や日本のポピュラー文化の人気がないと判断したとすれば、大衆の嗜好を大きく見誤ることになるのである。

　ようやく受容の次元が問題になるところまで到達することができた。ミャンマーにおける韓国ドラマの人気は、視聴者から見て主に 3 つの要因にまとめることができる。

　第 1 に、描写力の卓越さを挙げることができる。登場人物の性格や職業的背景のディテールなどがきちんと描かれていて、ストーリーに引き込まれる。貧しい生活と豊かな生活がリアリティーをもって描かれており、主人公が成功していくプロセスに説得力を感じる。こういう感想はミャンマーのドラマとの対比でもっともよく聞かれた。たとえば、ミャンマーのドラマでは、金持ちの

生活があたかも天から降ってきたような唐突さで描かれていて、リアリティーを感じられない。展開がわざとらしく、しかも次の場面がすぐ予測できてしまうのでつまらない、といった具合である。

　第2に、情緒の近さを挙げることができる。こうした要因は「文化的近接性」とも呼ばれ、外国のドラマが受け入れられる大きな要因としてよく指摘されるものだが、後に見るようにまだ解釈の余地を残している。ただ、情緒が近いから人気があるという言い方は、多くのミャンマー人が好んでする説明であり、また韓国でも韓流の人気の秘密としてそのように信じている人が多い。しかし、情緒が近いからドラマに引き込まれやすいのか、あるいは逆に物語として優れているから見る人の感情移入を誘うのか、その因果関係を断定するのは容易ではない。

　第3に、モデルとしての側面を挙げることができる。これには、人生の指針というごく真面目なモデルとして受け止める人から、都市的なライフスタイルの参考やファッションのガイドとして捉える人まで、さまざまなレベルがある。若い世代にとって、この側面は無視できない大きな力を持っている。たとえば、ドラマの影響で韓国の女優をまねてストレートパーマをかける女性が増えたり、スターと同じアクセサリーを身につける若者が増えたりした。しかし一方で、外国文化の影響から大学のキャンパスで洋服やジーンズが流行するたびに、教育省からの達しで伝統的な服装を身につけることが義務づけられるというパターンが繰り返されてきたともいう。こうして外国の映画やドラマが提示するライフスタイルに対するあこがれや、そこから発する流行現象は、ミャンマーでは抑圧される傾向がある。だが明らかにこの側面は、韓国ドラマに対する人気をも大きく支えている。

　ミャンマーでは家族そろってテレビを見るのが普通なので、世代による差異があらわれにくい。ただ、一般にはやはりミャンマーでもドラマに夢中になるのは女性が中心で、男性の場合はスポーツか、ドラマでも香港のカンフーものの方に人気がある。ここまで家族そろって夢中になるドラマは、『おしん』以来の珍しい現象だという。しかし韓国ドラマは展開が遅く、同じ話をくどくど繰り返すので好きになれないという男性も少なからずいる。最近の流行として目立っているが、実際の人気はあまり過大評価できないかもしれない。[13] また、

韓国ドラマは「アヘン」のようだと批判する人もいた。つまり、ドラマに夢中になっているあいだは日常生活もおろそかになり、また政府に対する批判から目をそらすのに役立っているという意味である。

4．韓流が結びつけるもの

　日本とミャンマーで「同じ」韓国ドラマが楽しまれているとしても、そうした現象を取り巻く環境には大きな違いがある。メディア政策、習慣、経済状況などの点において両国には隔絶たる差異があるので、単純な比較は誤解や見当違いの予測に導くことにしかならないであろう。しかし、幾多の差異にもかかわらず、外国のポピュラー文化を享受するという経験そのものには、驚くほどの共通性が見られる。そうした差異と共通性が複雑にあやなす景観を貫き、韓流が走り続けている。

　日本では、既存のメディア・コンテンツがほぼ飽和状態に近い成長を遂げており、衛星放送やインターネットといった新たなテクノロジーが登場したからといって外来文化の急激な浸透を促すことは一般にない。また、ポピュラー文化の受容形態も、個人化、分散化が進んでおり、あらゆる世代で共通の流行を追いかけることはもう望めないであろう。韓国ドラマの人気は中年女性を中心とするサブカルチャー現象として理解する必要があるが、流行やブームといった受容形態が外来文化の浸透にとって大きな役割を果たすことをあらためて教えてくれた。

　ミャンマーでは、国内の文化産業の衰退と国家の枠組みを逸脱する多文化的なメディア状況の進行が同時並行的に進んでおり、韓国ドラマの人気は政府の

---

[13] ある広告代理店が行なっている「人気テレビ番組トップ10」のリサーチ結果2部を手に入れることができたが、ミャンマーにおける視聴実態の一端を理解する助けにはなるだろう。最初の結果(標本数580)によれば、2004年4月19日から25日までに放映された番組の中で、最も人気のある番組は上位3位までが台湾(ないし中国)のドラマであり、4位と6位に韓国ドラマが入っている。2つ目(標本数703)は同年8月23日〜29日を対象としており、1位に『贈り物』、9位に『ナイスガイ』という韓国ドラマが入っている。台湾ドラマは2、3位を始め6本がランクインしている。アジアの外国ドラマに対する大きな人気は確かめられるが、韓国ドラマだけが突出しているわけでない。

コントロールの枠内における新たな潮流を代表している。ミャンマーの多文化的なメディア状況は、基本的に政府の規制の網の目をいかにくぐり抜けることができるかというゲリラ的戦術に依存しており、状況によっては外部との門が閉ざされてしまうおそれもないわけではない。アジアにおける文化の越境とは、多くはそのように政府の恣意に左右されがちである。その意味で安定した将来の軌道を見通すことが難しいが、こうした流れが完全に逆行してしまう可能性は少ないであろう。[14]

ミャンマーへと越境してくるポピュラー文化は、衛星放送やインターネットといった先端のテクノロジーというよりは、広大なアジア地域を貫く海賊コピーのグローバル・ネットワークが大部分は運んでくるものであるが、そのおかげで日本との見かけ上の経済格差は抑えられている。多様さにはかなりの違いがあるが、多文化的なメディア状況において好みのコンテンツを選ぶ自由は与えられており、そうした環境の中で韓国ドラマが大きな人気を得たという意味で、両国の事情に大きな差異はない。ミャンマーにおけるTVドラマは家族的受容を前提とし、韓国ドラマの流行もそうした条件を前提として起きたものだが、若い世代のサブカルチャーの動きもそこには認められる。

日本においてもミャンマーにおいても、韓国ドラマに夢中になり、韓国人の俳優に熱を上げるという現象は、ある「飛躍」を意味している。東南アジアでは一般に韓国に対するイメージは否定的なものが多く、ミャンマーにおいても韓国人といえば粗野で排他的というイメージが支配的であった。日常的な交流がない分、ゴルフ場でのマナーの悪さや、労働者として韓国に滞在しているミャンマー人への虐待のニュースが、韓国に対するイメージのすべてとなった。しかし、韓流の到来ですべてが変わった。ドラマの中には発達した社会に住み、自分たちと「同じ感情」を持つ人間がいた。

日本においても、韓国のポピュラー文化に対する関心が徐々に高まってきた

---

[14] 2005年に入り、ミャンマー政府は非合法コピーに対する取り締まりを強化していると言われている。これが単なるポーズなのかどうかはまだ見極められない。ちなみに、アジアで最も閉鎖的な体制である北朝鮮でも、中国から非合法のVCDなどが入り込むという現実に直面し、当局は「社会主義をむしばむ害毒」として「異色録画物」の取り締まりに躍起になっているという(『朝日新聞』2005年2月24日)。

流れとまったく無関係でないにせよ、韓流はそれとは基本的に断絶した現象である点を見た。それは韓国に無関心な人々に、劇的な親近感を植え込んだ。

しかし、韓流は韓国に対するイメージを変えただけではない。それは韓国的でありかつ非韓国的な流れにつながる何かでもある。その点を見るために、韓国ドラマのハイブリッド性、アジア志向、そして新世代サブカルチャーの潮流に触れておきたい。

まず、韓国ドラマそのものが持つハイブリッドな出自がある。先にも触れたとおり、韓国ドラマは、軍事政権時代の厳しい規制をくぐり抜けることで、政治的に無難でなおかつ刺激に満ちた作品世界を提供する手法を発達させてきた。そこにはまた別の出自がある。それは日本のテレビ番組であり、長い間、韓国のテレビ番組の制作にとって手近なモデルの役割を果たしてきた。そして、とりわけ90年代に入って視聴率競争が激化するとともに、日本のトレンディードラマやバラエティショーを剽窃したとする騒動がたびたび持ち上がった。日本のポピュラー文化が禁じられた時代には、なおさらそうした隠然たるコピーが繁殖したことも確かである［イ他 1998］。しかし、長い目で見た場合、韓国ドラマの歴史は日本ドラマの単なるコピーでなく、韓国人の嗜好に合わせて創造的に土着化する試みでもあった［リー 2000］。『冬のソナタ』を見て日本の女性が日本のドラマにない新鮮な魅力に夢中になるくらい、韓国のドラマは独自の個性を作り出すことに成功したのである。別の言葉で言えば、より韓国的な色彩を持つドラマは、アジアでは必ずしも受け入れられないと予測できる。ハイブリッドなドラマだからこそ、国境を越えることができたのである。

次に、韓国ドラマにはアジア志向とでも呼べる性向が顕在化しつつある。これは、ドラマに限った問題でなく、韓流が目立つにしたがって、韓国の政府や文化産業全体が声高に唱えるようになったスローガンである。盧大統領は、前政権からの姿勢を受け継ぎ、文化産業にてこ入れすることで韓国を「世界5大文化強国」に押し上げることを公言しているが、中国と日本に代表されるアジア市場はその最も重要な舞台である。釜山をアジア映像産業の拠点にし、アジア進出への足がかりとするだけでなく、「アジアがアジアを物語る横断の映画」がアジア人自身によって作り出される日が関係者の夢となっている（『Cine 21』2004年1月2日号特集「アジア映画のネットワーク、花火を上げ始める」）。

アジア各国で熱狂的な歓迎を受けた韓国人アイドルも、アジア進出の野心を隠さない。ペ・ヨンジュンも、韓国ドラマのヒットでアジア人の情緒の近さがはっきりしたと言い、多くのファンに触れることで「アジアが1つになった」と実感した経験について述べている(『現代』2004年7月号掲載インタビュー)。

　韓国の側に顕在化しているこうしたアジア志向にどのくらいの実質的な意味があるか、疑わしい面もある。「アジア」という修辞法で語られるのは、現実にはきわめて自民族中心的な志向性に他ならない場合が多いからだ［土佐1998］。2005年春に中国と韓国で激化した「反日デモ」があらためて示したように、「東アジア共同体」の夢はいかにももろくはかない。しかし、そうした懐疑と限界を超えて、韓国のグローバル化が進んでいる事実を認めないわけにはいかないし、また韓流を受容する側にも似たような志向性が存在する点も無視できない。そこに共通して見られるのは、しばしば欧米との対比で言及されるアジア人の情緒の近さである。ミャンマーでも、欧米のドラマは自由すぎてついていけないが、韓国のドラマには家族のきずなや伝統との関係がしっかり描かれているので、情緒の近さを感じるといった感想をよく聞いた。

　しかし、共通の情緒がアジアという枠組みを浮上させているといった言い方は、非常に根拠の薄弱な主張である。そういう場合に好んで引き合いに出される欧米は、現実というよりは対比的に誇張されたイメージにすぎず、実際に欧米に家族のきずなが欠如しているとか、伝統が消滅していると言える証拠はない。韓国ドラマがアジア人の情緒に依存して広汎な人気を得たというよりは、その中に喜怒哀楽や愛、友情、嫉妬といった普遍的な人間性を個性的なスタイルを通して巧みに描いているからこそ、国境を越える人気を獲得したと言うべきではあるまいか。通約可能性を現実化し、また制限しているのは情緒でなくスタイルであり、今のところ韓国ドラマのスタイルは東南アジアより西へと越えることはまれである。

　そしてさらに重要なのは、厳しい検閲社会であるはずのミャンマーを含め、アジアは欧米、とりわけアメリカのポピュラー文化の圧倒的な影響下に依然としてあるという事実だ。情緒が異なるはずの欧米文化をアジアは好んで取り入れてきた。韓流が顕在化させたのは、そうした体制に対するささやかな抵抗であるとも言えるが、ポピュラー文化が越境する意味はそこにとどまるものでは

ない。ただ、少なくとも主観的なレベルで、韓国ドラマを通じて「同じ」アジア人としての情緒が複数の社会で再確認されたことの意味については、別の形で考えてみる価値があるだろう。

　3番目に、サブカルチャーの問題に触れておきたい。90年代後半から韓国のポピュラー文化はまず国内市場で大きな盛り上がりを見せたが、そうした興隆を支えたのが新世代によるサブカルチャーであると言ってよい［土佐 2004］。ポップスや映画で表面化した新世代の文化的革新は、国境を越えたサブカルチャーの潮流に連動しているのと同時に、国内の儒教的伝統とは激しくぶつかり合う種類の運動であった。旧世代に対する反抗を歌い上げる歌手が英雄視され、伝統的な道徳や性倫理をあざ笑うような映画がヒットを繰り返した。90年代後半から顕著になった韓国の文化的活力は、そうした若者の「反体制」的なサブカルチャーが、政府の文化政策の転換や文化産業の商業主義的戦略とうまく結合することで生み出されたのである。

　韓流の性格を考える時、そこに簡単に図式化できない過剰な力が働いていることを忘れてはならない。たとえば、最近の韓国映画には、親殺し、インセスト、姦通、同性愛、性的放縦、暴力、嗜虐性、身分の逆転など、伝統的価値観から見ておよそ考えつく限りのタブーが好んで描かれている。家族で安心して見ていられるTVドラマとは対極にある世界だと言ってもよい。この意味においても、『冬のソナタ』のファンは韓国映画やK-popのファンとは断絶しているのである。サブカルチャーとしての韓流の中には、暖かな家族のきずなやアジアの伝統に対するノスタルジーというよりは、むしろそうした情緒を裏切るような危うい刺激が満ちている。そしてアジアの若者を惹き付けているのは、どちらかといえばこの反体制的で反アジア的なメッセージの魅力であるかもしれない。[15]

　こうした主張にはあやふやな憶測も含まれている。しかし、ミャンマーのように世代別のサブカルチャーが生まれにくい社会でも、若者は家族そろって楽しむTVドラマに飽きたらず、映画やポップスの世界へと踏み込む傾向を見

---

[15] 韓国製のオンラインゲームの普及を例に、ホァン・サンミンは次のように述べている。「韓流の属性となっている韓国文化は、我々の文化の精髄を見せてくれるものというよりは、斬新で新しい文化コードなのであり、既存世代とは異なる青少年文化のコードなのだ」［ホァン 2003：58］。

せている。韓国ドラマは、そうした危険な航海への格好の水先案内人だとも言える。たとえば、日本でヒットした『冬のソナタ』にも、ミャンマーでヒットした『秋の童話』にも、兄と妹のインセストが重要なモチーフとして使われている。それは TV ドラマに相応しく、タブーをロマンチックなベールで包んではいるけれど、「毒」が含まれていることに変わりはない。断言してもよいが、もし韓国ドラマに暖かい「アジア的家族」のきずなしか描かれていないとしたら、あっという間に飽きられ忘れ去られる運命にあるだろう。そうでないなら、そうした毒に惹かれた若者が、あるいは中年女性が、乗り出しつつある航海の行く先の不分明さについて想像してみよう。その先にあるのは、アジアの伝統を再確認した上で築かれるアイデンティティなどではなく、むしろそうしたものを徹底して崩してしまった上に築き上げる何かでありはしないか。

5. 歴史へ

　あらゆるブームと同じく、韓流もまた衰退する運命にあるだろう。しかし、この現象が歴史に残す教訓は小さいものではなかろう。まず、これまでグローバル化の周辺地域として、文化的発信力がきわめて乏しいと自他共に認めてきた単一民族社会の韓国から、これほどの規模でポピュラー文化が国境を越えて流通し、さまざまな地域で大きな人気を獲得したことの重要性は、どれほど強調してもいい。
　文化の越境が、なぜブームという一種の歴史的飛躍として起きたのかという問題も、さらに探求するべき大きな問題である。ブームはあくまで一過性の熱病であり、いったん収まれば韓国文化に対する関心も消えてしまうだろうという見方も可能である。とりわけ、中国や東南アジアではもともとの無関心に戻ってしまう可能性もある。しかし、たとえば日本では韓国文化の受容の蓄積が他の地域よりブーム以前から豊かであったとしても、それも結局はオリンピックやワールドカップといった大きなイベントと結び付いたブームから生まれた部分が大きかった。異文化の受容が進む状況は、戦争を含めた大変動や、ブームという名の歴史的飛躍であるという極論も可能であろう。

この点に関しては、サブカルチャーの動きに注目することで、補完的反論をすることができる。国家や民族の文化的主流から見れば小さな動きであるが、サブカルチャーは本来的に国境でなく嗜好にこだわるマニアが作り出す世界であり、ブームに左右される部分は少ない。韓流そのものは消え去っても、それによって生み出された外来文化に対する関心は、選択肢の広がりとしてその社会の中にある程度は定着していくであろう。

　最後に、韓流が提起した文明論的問題について触れておきたい。これまでアジア域内に見られたポピュラー文化の越境現象と韓流は、本質的に異なるものかどうか、さらに吟味を加える必要があるだろう。たとえば、インド映画や香港映画の越境は海外移民の存在と結びつけて理解される場合が多かったし、日本のアニメやマンガの越境も日本文化の特殊性や近代化の突出した地位と結びつけて理解される傾向にあった。つい最近まで、そうした現象はあくまで例外的な事象と位置づけることが可能であるように見えた。その意味で、韓流はアジア域内におけるポピュラー文化の越境現象がついに日常的な段階に突入したことを告げる最初の例だと言えよう。それは韓国の文化的創造力の高まりを告げるとともに、それを受け入れる側の社会的成熟を告げる出来事であった。日本や香港のポピュラー文化が越境する歴史に対しては、どちらかと言えば生産の側に目が向きがちであったが、韓流を通して初めてアジアにおける近代性の同時並行現象がはっきり意識されることになったのである。

　そこには、情緒の近さや「文化的近接性」といった観念では収まりきらない問題が提起されている。そうした考え方を代表するストローバーが依拠するのは、たとえばハンチントンの地政学的な文明論であるが［Straubhaar 1997］、韓流の広がりはそうした図式にすっきり収まるものではなく、日中韓に東南アジアを加え、さらにモンゴルや中央アジアの一部まで含むような複数の「文明圏」を貫く現象であることが明らかである。

　一方で、だからといってポピュラー文化の越境が一挙にグローバルなレベルに達することがないということもまた否定できない。インドや中東にも今のところこのブームが広がる様子はない。韓流があぶり出したこの限界線を単に「アジア」といった曖昧な修辞で済ますことはできない。国境を越えた文化が一挙にアジア全体にまで広がることが難しいとすれば、東アジア沿海部と東南

アジアを合わせた地域を「中域」とでも名付け、そうしたエリアの浮上を新たな政治経済的現象と位置付けるべきであろうか。あるいは、韓流の指し示すエリアが、いわゆる「醬油・魚醬文化圏」と呼ばれる伝統的なエリアにほぼ重なり合うことに驚きながら、ポピュラー文化の越境可能性をテイスト（味覚・嗜好・審美眼）の問題に投げ返すべきであろうか。それを見極めるには、もう少し歴史の経過にまかせるしかないが、その意味でも韓流の考察はまだ尽きせぬ魅力を秘めているのである。

【参考文献】

イ・ヨン他．1998．『日本大衆文化の引き写し』(韓国語)ソウル：ナムワスップ．
石井淳蔵．1993．『マーケティングの神話』日本経済新聞社．
岩渕功一編．2003．『グローバル・プリズム——＜アジアン・ドリーム＞としての日本のテレビドラマ』平凡社．
小倉紀蔵．2004．『韓国ドラマ、愛の方程式』ポプラ社．
キム・ヒギョ．2004．「韓流とともにつくっていく韓中関係」[チャン他 2004]所収．381-400頁．
キム・ヒョンミ．2003．「台湾の中の韓国大衆文化」．チョ他 2003．所収．155-78頁．
児玉昭義．2000．「アジアにおける著作権保護について」『文化庁月報』2000.3.17-8頁．
張競．2004．『文化のオフサイド／ノーサイド』岩波書店．
土佐昌樹．1998．「韓国の反アジア的パラダイム」青木保・佐伯啓思編著『「アジア的価値」とは何か』ＴＢＳブリタニカ．111-127頁．
_____．2004．『変わる韓国、変わらない韓国——グローバル時代の民族誌に向けて』洋泉社．
チャン・スヒョン他．2004．『中国はなぜ韓流を受容するのか』(韓国語)ソウル：學古房．
チョ・ハン・ヘジョン他．2003．『「韓流」とアジアの大衆文化』(韓国語)ソウル：延世大学出版部．
中野嘉子＆呉咏海．2003．「プチブルの暮らし方——中国の大学生が見た日本のドラマ」[岩渕 2003]所収．183-219頁．
ハン・ホンソク．2004．「中国大衆文化市場の形成と外国大衆文化の受容」[チャン他 2004]所収．121-54頁．
平田由紀江．2005．『韓国を消費する日本——韓流、女性、ドラマ』(韓国語)ソウル：チェクセサン．
フー、ケリー．2003．「再創造される日本のテレビドラマ」[岩渕 2003]所収．99-126頁．
ホァン・サンミン．2003．「韓流と大衆文化の心理——オンラインゲームを通じたアジア文化研究の方向」[チョ他 2003]所収．43-86頁．
毛利嘉孝編．2004．『日式韓流——『冬のソナタ』と日韓大衆文化の現在』せりか書房．
ブルックス、ピーター．2002．『メロドラマ的想像力』(四方田犬彦、木村慧子訳)産業図書．
ユン・ジェシク．2004．『「韓流」と放送映像コンテンツマーケティング——ベトナム、タイの市場拡大戦略』(韓国語)ソウル：韓国放送映像産業振興院．
李海峰．2004．『中国の大衆消費社会』ミネルヴァ書房．
李智旻．2004．「新聞に見る「ヨン様」浸透現象」[毛利 2004]所収．83-111頁．
リー・ドンフ．2003．「日本のテレビドラマとの文化的接触」[岩渕 2003]所収．253-85頁．
Straubhaar, J. D. 1997. Distinguishing the global: regional and national levels of world television. In Sreberny-Mohammadi, A. et al (eds.) *Media in Global Context: A Reader*. Arnold. Pp. 284-98.

あとがき

　本書は、ジャズの即興演奏のようなコミュニケーションから生まれた。編者はごく基本的なコードを提示しただけで、あとは演者の自由な演奏にまかせた。その結果、主題の現状（時空の広がり、現象の複雑さ、仄見える未来の影など）がある意味で非常に「正直に」映し出される論集になったと思う。

　良くも悪くも本書を貫いている特徴は、どこか一点に収斂する運動というよりは、予測困難な軌跡を残しながら拡散していく複数の運動である。しかし、その複数の運動の軌跡は互いに無関係に拡がりゆくわけではなく、無数の触手を絡み合わせて濃密な交感を続けながら、いくつかの凝縮点を浮かび上がらせようとしている。それはもはや「中心」と「周縁」といった空間的な比喩で記述できる運動ではなく、手近の材料とローカルな戦略を駆使しながら多様な参加者が不協和音ギリギリのところで気ままにがなり立てる壮大な合同演奏を聞くようであり、その一部をかろうじて書きとめるというのが観察者として許される限度である。

　このことは、本書を構成する 7 章の叙述の差違そのものが体現している。各著者はそれぞれの地域の専門家でありながら、事前に緻密な打ち合わせなしに議論を交わすことが可能であるほどに文化の越境は今や共通認識となっている。しかし、そこには語りのスタイルから問題設定に至るまで共通の基盤が固まっていないこともまた明らかである。各論考はお互い同質の問題をめぐって異質の言葉を交わし合い、まったく違う方向を向きながらもどこかねじれた空間で予期せぬ再会を果たしている。「アジア」という物語は安易な要約ができないことを繰り返し教えてくれるが、しかしどこかでその準備が着々と進行していることを教えてもくれる。

　序章でも述べたとおり、ポピュラー文化の越境を通じて新たな「アジア」の物語が浮かび上がってくるとしても、それは決して固定したアイデンティティへと向かうものではない。そこに仄見えるのは、矛盾とダイナミックな多層性

が支える錯綜とした運動であり、それこそがアジアという「どっちつかずの」夢幻的アイデンティティにほかならないのかもしれない。

しかし、そうした予言的なビジョンを描くのは、時期尚早であるだろう。それまでは、他者と自己の声が響き合う対話にさらに注意深く耳を傾けていきたい。そうした姿勢を、本書では「民族誌的アプローチ」と呼んだが、方向性がそう定まったのは偶然に負う部分も少なくない。ポピュラー文化に関心を持つ文化人類学者がメンバーの中心をなすという経緯から必然と言えなくもないが、執筆者の誰もがカルチュラル・スタディーズの「硬直した」言説にはほとほと嫌気がさしていた。その言説に触れるたびに感じるのだが、なにを題材にしてもどこかで聞いたことのある同じテーゼの退屈な反復ばかりが聞こえてくる。といったら言い過ぎかもしれないが、本書の萌芽的な模索を支えているのは、ポピュラー文化を主題化するのにもっと別の語り方があるはずだという確信である。それがどこまで成功したかは心許ないが、この試みがどこかで発展的に受け継がれていくことを願わずにはいられない。

*

本書の誕生は、2004年9月25日に国士舘大学アジア・日本研究センター主催で行なったワークショップ「越境するポピュラー文化と〈想像のアジア〉」に遡る。この企画が実現するにあたり、大澤英雄センター長および田所清人事務局長から多大の助力を得たことをまず感謝とともに記しておきたい。

当日は時間があっという間に過ぎ去るほど熱い討議が交わされ、ワークショップを組織した土佐・青柳は、身近な仲間や縁のある相手に声をかけて実現したワークショップではあったが、その成果を本として出版する確かな手応えを感じることができた。その時の個別発表をもとに本書は構成されているが、コメンテーターとして参加してくれた岡本真佐子氏(国士舘大学)、ペク・ソンス氏(神田外語大学)、およびギャビン・ホワイトロー氏(イェール大学)は、白熱した討議にさらに深みを与えてくれた。また、当日会場で討議に参加してくれた方々にも感謝したい。

最後に、めこんの桑原晨氏の理解と助力がなければ本書が日の目を見ること

はなかった。また、ワークショップから出版に至る過程を通じ、斎藤牧子氏と藤田恵理氏のお世話になった。感謝の意を表したい。

2005年9月　編者

索引

【あ行】

アイデンティティ（同一性）　6, 16, 79, 143
アジア　6, 8, 16, 97, 195〜196, 221〜222, 224
アジア映画　106, 107, 130〜131
　インド　105〜106, 110〜111, 115, 125〜127, 128〜130, 131, 132
　中国　108〜109, 112〜113
　中国語圏　105〜107, 109, 131, 132
　日本　107, 121, 123〜124
　香港　106〜107, 115, 117, 121, 124〜125, 127〜128, 130, 132
アニメ　113, 173〜174, 180, 187〜189
アパデュライ, A.　15〜16, 26〜27
アンダーソン, B.　15〜16
イデオロギー　169〜170, 184, 195
イメージ　5
妹（いも, いもうと）　52
インターネット　175, 183〜184, 190
岩渕功一　14, 31, 35, 38〜39
うちなんちゅ（沖縄人, 島人[しまんちゅ]）　74
運動会　149, 163
衛星放送　127, 175, 241
エスニックブーム　77〜78
越境（文化の）　7, 10, 15, 68, 75, 105〜108, 121〜123, 130, 225
映画祭　121〜122
演歌　36
大塚英志　51〜52
岡倉天心　8
沖縄県民同化政策　76
沖縄本土復帰30周年　73〜74, 76
沖流　78
オタク　13
オリエント　33〜34
オリンピック　154, 158

【か行】

海賊コピー（模倣）　172〜173, 203〜204, 214〜216, 220
合作　121〜122, 128
加藤周一　185〜186
嘉農棒球隊　151〜152
カルチュラル・スタディーズ　9〜11
かわいい系　64
韓国ドラマ　221
ギアーツ, C.　12, 195
キャセイ（國泰／電懋）　118〜122
ギャル
　ガングロ　44〜45
　ギャニマル　47
　コギャル　43
　ヤマンバ（山姥）　44
郷愁（ノスタルジー）　208〜209
近代スポーツ　146, 150, 163
グローカリゼーション　100
グローバル化　7, 9, 27
検閲　122, 213〜214, 217
健康観　142, 148, 164
紅葉隊　156
国策映画　111
黒人文化（黒人らしさ）　65
古謝美佐子　87〜88
コスプレ　188〜189
国家　75〜76

【さ行】

サブカルチャー　11, 209, 223, 225
受容　207, 217, 220
消費　100, 202〜203, 209〜210, 212
ショウ・ブラザーズ（邵氏兄弟）　110, 118〜123
少女文化　52〜53, 56〜57
少女研究　51〜53
少数民族　48
情緒（の近さ）　218, 222〜223
常民　52
植民地主義（コロニアリズム）　48, 76〜77, 163, 205
人種　47, 54〜55
身体
　身体言語　124, 131
　身体スポーツ人口倍増計画　162
　身体文化　142, 147, 163
　身体の国民化　146
Jカルト　26, 40〜41
青少年　168〜169
世代　167

スポーツ人口倍増計画　162
スポーツ文化　145〜146, 151, 163
想像　5〜6, 15,
ソフトパワー　35

【た行】

台北一中　151
台湾野球　144, 150, 156, 155
多文化的メディア　203, 210, 212〜214, 220
チェン，ジャッキー（成龍）　125, 133
中華台北（Chinese Taipei）　155, 158
中間階級のライフスタイル　160
テイスト（嗜好）　27, 226
ディアスポラ的公共圏　16
DIAMANTES　88〜89
ディスカバージャパン（エキゾチックジャパン）　51, 93
伝統　37
同性愛　193
都市中間層　160
ドンインニョ（同人女）　192〜193

【な行】

ナショナリズム　7〜9, 15〜16
南島幻想　99〜100
二・二八事件　153
日流　171, 176〜177
ニッポンフィール　191
日本
　日本精神　152
　日本文化　37〜38, 163〜164, 205
　日本的香り（日本らしさ）　36
　日本のイメージ　177, 184

【は行】

哈日族（ハーリーズ）　141, 159
ハイブリッド性（異種混淆）　8, 79, 68, 185〜186, 96〜97, 221
反日　175, 177, 183, 194
韓流（ハンリュウ）　105, 132〜133, 171〜172, 182, 201〜202, 207, 211
B系　60〜61
BEGIN　89〜90
ヒップホップ　11, 61〜62
フィールドワーク（エスノグラフィック）　75

『冬のソナタ』　205〜206, 212, 224
ブルデュー，P.　40
文化
　文化産業　38〜39, 180
　文化人類学（社会人類学）　39, 52
　文化帝国主義　9, 14
　文化的近似性　31, 131, 218, 222, 225
　文化的無臭　35〜39
文明論　225〜226
ペ・ヨンジュン　207, 209, 222
変体少女文字　52
ポピュラー文化　5, 10〜11, 105, 143, 159, 178〜179

【ま行】

まちぶい（混沌）　99
漫画　189〜190
ミュージカル　110〜111, 115
民族解放主義　88〜89
民族誌的アプローチ　5, 11, 15〜16
メディア・ミックス　132
メロドラマ　208

【や行】

ヤオイ　193
柳田国男　52, 99
やまとんちゅ（大和人，内地人[ないちゃー]）　74

【ら行】

ラジオ体操　148
リー，ブルース（李小龍）　124〜125, 133
琉球幻想（美ら島幻想）　74
流行（ブーム）　202, 224〜225
琉ポップ（琉球ポップ）　74〜75, 82〜83
ロリコン文化　52〜53

索引の作成に際し、その項目について一定の情報や説明が述べられているページだけをピックアップした。

【執筆者】

土佐昌樹（とさ　まさき）
国士舘大学 21 世紀アジア学部教授
大阪大学人間科学部博士課程単位取得退学。ハーバード大学人類学科客員研究員、神田外語大学教授などを歴任。主に韓国でフィールド調査を積み重ねながら、大衆文化をナショナリズムとグローバル化との関係の中で研究している。
著書『インターネットと宗教』（岩波書店. 1998 年）、『変わる韓国、変らない韓国――グローバル時代の民族誌に向けて』（洋泉社. 2004 年）など。

青柳　寛（あおやぎ　ひろし）
国士舘大学 21 世紀アジア学部助教授
ブリティッシュ・コロンビア大学人類学＆社会学部博士課程修了。人類学 Ph.D. ハーバード大学ライシャワー日本研究所研究員、テキサス大学オースティン校アジア学部講師などを経て現職。日本と日本外アジア諸国に見られるトレンドを窓口に、資本主義文化の批判的考察に携わる。2000 年より沖縄をベースに若者の世代的感覚に関する研究調査を実施。
著書『八百万の笑みの島々――現代日本のアイドルパフォーマンスと象徴生産』（ハーバード大学出版局. 2005 年）など。

ブライアン・モラン（Brian Moeran）
コペンハーゲン・ビジネススクール文化コミュニケーション学科教授
ロンドン大学人類学＆日本美術で博士課程修了。広告とメディア、経済人類学、日本の社会と文化を中心に研究。デンマーク研究局が支援する、5 カ国における女性のファッション雑誌に関するプロジェクトに携わっている。
著書『日本文化の記号学――下駄履きモーランが見たニッポン大衆文化』（東信堂. 1993 年）、『ロンドン大学日本語学科――イギリス人と日本人と』（情報センター出版局. 1988 年）など。

シャロン・キンセラ（Sharon Kinsella）
オックスフォード大学人類学科研究員
オックスフォード大学博士課程修了。イェール大学助教授を経て現職。漫画、オタク文化、コギャルなどをテーマに、現代日本社会について研究を重ねている。
著書『アダルト漫画：現代日本社会の文化と権力』（ハワイ大学出版局. 2000 年）など。

松岡　環（まつおか　たまき）
シネマ・アジア代表
大阪外国語大学インド・パキスタン語科卒業。1976 年よりインド映画の紹介を始め、現在はアジア映画全般の紹介と研究に従事。麗澤大学等での非常勤講師のほか、執筆や字幕翻訳等に携わっている。
著書『アジア・映画の都』（めこん. 1997 年）。字幕担当『ムトゥ 踊るマハラジャ』『ラジュー出世する』など。

清水　麗（しみず　うらら）
国士舘大学 21 世紀アジア学部助教授
筑波大学大学院博士課程国際政治経済学研究科単位取得退学。博士（国際政治経済学）。専門分野は、戦後日中台関係史、台湾の政治外交。
著書『中台危機の構造』（共著. 勁草書房. 1997 年）、『友好の架け橋を夢見て』（共著. 学陽書房. 2004 年）。論文「台湾における蒋介石外交」（『常磐国際紀要』第 6 号）、「オリンピック参加をめぐる台湾」（『21 世紀アジア学会紀要』第 1 号）など。

張竜傑（チャン　ヨンゴル）
慶南大学校日本語教育科副教授
啓明大学校大学院日語日文学修士、大阪大学大学院人間科学博士課程修了。
韓国における日本の大衆文化受容の研究を続けている。
著書『征韓論と朝鮮認識』（ボゴサ、2004 年）。
論文「日本大衆文化の受容に現れた文化摩擦と変容に関する考察」など。

越境するポピュラー文化と〈想像のアジア〉

初版第1刷発行 2005年11月10日

定価 2800円+税

編者 土佐昌樹・青柳寛

装丁 渡辺恭子

発行者 桑原晨

発行 株式会社めこん

〒113-0033 東京都文京区本郷3-7-1 電話03-3815-1688 FAX 03-3815-1810
ホームページ http://www.mekong-publishing.com

印刷 モリモト印刷株式会社

製本 三水舎

ISBN4-8396-0187-9 C3030 ¥2800E

3030-0508187-8347

JPCA 日本出版著作権協会
http://www.e-jpca.com/

本書は日本出版著作権協会(JPCA)が委託管理する著作物です。本書の無断複写などは著作権法上での例外を除き禁じられています。複写(コピー)・複製、その他著作物の利用については事前に日本出版著作権協会(電話03-3812-9424 e-mail:info@e-jpca.com)の許諾を得てください。

フィリピン歴史研究と植民地言説 レイナルド・C・イレート他 永野善子編・監訳 定価2800円＋税　四六判・392ページ	アメリカから歴史を取り戻す…。ホセ・リサールの再評価を中心に、アメリカが歪曲したフィリピンの歴史を作り直そうという試み。
変容する東南アジア社会 ──民族・宗教・文化の動態 加藤剛編・著 定価3800円＋税　A5判・482ページ	ダイナミックに変容しつつある東南アジアの周縁地域の状況を、気鋭の人類学者・社会学者・歴史学者がフィールドから報告。
東南アジアのキリスト教 寺田勇文編 定価3800円＋税　A5判・304ページ	フィリピン、タイ、ビルマ、カンボジア、ベトナム、マレーシア…多様な東南アジアのキリスト教について各地のフィールドからの報告。
入門東南アジア研究 上智大学アジア文化研究所編 定価2800円＋税　A5判・318ページ	①東南アジア世界の成立　②社会と文化　③政治と経済　④日本とのかかわり。東南アジアを総合的に学ぶための基本書。
緑色の野帖──東南アジアの歴史を歩く 桜井由躬雄 定価2800円＋税　四六判・444ページ	ドンソン文化、インド化、港市国家、イスラムの到来、商業の時代、高度成長、ドイ・モイ。各地を歩きながら3000年の歴史を学んでしまうという仕掛け。
ラオス概説 ラオス文化研究所編 定価5400円＋税　A5判・570ページ	歴史・政治・民族・宗教・文化・言語・経済・農業・運輸・マスメディア…ラオスと日本の研究者が総力を結集した決定版。
カルティニの風景 土屋健治 定価1900円＋税　四六判・280ページ	心に残る1冊の本と1枚の絵の思い出から、インドネシアの国民国家としてのなりたちを描きあげる。インドネシアへの情が香るような名品。
タイ仏教入門 石井米雄 定価1800円＋税　四六判・208ページ	タイで上座仏教が繁栄しているのはなぜか？　若き日の僧侶体験をもとに東南アジア研究の碩学がタイ仏教の構造をわかりやすく解き明かした名著。